・外国法与比较法文库・   何勤华 主编

原告资格的法律渊源
原告起诉资格的演变进程
原告资格的利益条件
原告资格的利益损害条件
原告资格的因果关系条件
原告资格的可救济性条件

A Comparative Study on the Standing of Judicial Review in Australia and America

澳美两国司法审查原告资格比较研究

朱应平 / 著

图书在版编目(CIP)数据

澳美两国司法审查原告资格比较研究/朱应平著．—北京：北京大学出版社，2013.3
（外国法与比较法文库）
ISBN 978-7-301-22134-1

Ⅰ．①澳…　Ⅱ．①朱…　Ⅲ．①司法监督-当事人-对比研究-澳大利亚、美国　Ⅳ．①D961.16　②D971.26

中国版本图书馆 CIP 数据核字（2013）第 026347 号

书　　　　名：澳美两国司法审查原告资格比较研究
著作责任者：朱应平　著
责 任 编 辑：旷书文　王业龙
标 准 书 号：ISBN 978-7-301-22134-1/D·3278
出 版 发 行：北京大学出版社
地　　　　址：北京市海淀区成府路 205 号　100871
网　　　　址：http://www.pup.cn
新 浪 微 博：@北京大学出版社
电 子 信 箱：law@pup.pku.edu.cn
电　　　　话：邮购部 62752015　发行部 62750672　编辑部 62752027
　　　　　　　出版部 62754962
印 刷 者：北京大学印刷厂
经 销 者：新华书店
　　　　　　890 毫米×1240 毫米　A5　9.125 印张　290 千字
　　　　　　2013 年 3 月第 1 版　2013 年 3 月第 1 次印刷
定　　　　价：36.00 元

未经许可，不得以任何方式复制或抄袭本书之部分或全部内容。
版权所有，侵权必究
举报电话：010-62752024　电子信箱：fd@pup.pku.edu.cn

序

应平教授把他的新作《澳美司法审查原告资格比较研究》发给我,让我为此书写一个序,令我十分不安。之前读过应平教授的《澳大利亚行政裁量司法审查研究》等著作,他是国内少有的专攻澳大利亚公法的学者之一。多年来,他一直在默默地耕耘,学术上取得了可喜的成果,出版了《论平等权的宪法保护》、《澳大利亚宪法权利研究》、《行政信访若干问题研究》、《澳美宪法权利比较研究》、《宪法中非权利条款人权保障功能研究》、《澳大利亚行政裁量司法审查研究》等专著。他是国内为数不多的兼做宪法学和行政法学的中年学者之一。特别值得一提的是,多年来他一直在研究澳大利亚的宪法学和行政法学,努力填补国内研究的缺项。我对澳美两国的行政法知识的了解十分有限,难以胜任为此书作序,但是,应平教授的热情、谦虚让我无法推辞。本书是他继《澳大利亚行政裁量司法审查研究》之后的又一本比较法著作。我拜读了本书后,谈几点读后心得:

1. 这本书研究的问题具有重要的理论意义和实践价值。这一选题在国内具有惟一性和新颖性,填补了我国行政法学研究中关于司法审查原告资格比较的空白。只有学者对各国行政法理论与实践情况都进行认真系统的研究,我国的行政法学才能获得更宽阔的视野,吸收更多国家的研究成果,从而推动行政法学理论的丰富和发展。只有更多地了解其他国家的行政法实践,才能使本国借鉴更多的好经验,推动本国行政法实践迈向良性发展的轨道。

2. 本书研究方法很有特色。全书能够把相关立法规定和案例分析紧密结合起来,既注重澳美两国立法条文方面的比较,也注重法院通过案例处理问题方法的比较。由此给我们展示了两国行政法律规定和行政法判例之间的联系和差异。本书对两国司法机关解释和适用法律的案例和技术规范作了总结梳理和比较,通过历史文献、规范分析、案例分析和比较分析等多种方法,为我们提供了澳美两国司法审查原告资格的立体式结构。

3. 本书反映出作者有较高的处理问题的技巧能力。澳大利亚司法审查原告资格有四个条件,美国一般概括为两个或者三个方面。本书并不为形式上的这种差异所限制,而是从实质着眼,逐项比较两国的共同点或联系点、不同点。再如,两国宪法的规定表面上看不出与司法审查原告资格的区别,但透过现象看本质,还是能挖掘出宪法与司法审查原告资格之间的密切关系。从这里看出作者宪法学和行政法学知识的完美结合。另外本书也很好地处理了澳美两国司法审查原告资格内容的重点和难点。由于国内关于美国的研究较多,关于澳大利亚的研究几乎空白,因此,本书将澳大利亚司法审查原告资格的立法和案例作为重点加以介绍,并以澳大利亚为切入问题的视角,对美国相关立法和案例进行选择。这样处理突出了重点,视角耳目一新。本书注重对法院案例技术方案的总结和提炼,这种做法更能突出本书的理论和实践价值。

4. 本书通过对两国的比较研究,得出了不少新颖的观点和看法。这是最具实质性价值的内容。主要包括:(1)本书第三至第六章对两国司法审查原告资格的四方面内容归纳和比较都很到位。(2)原告必须具有某种利益。两国的共同点或者密切联系是:利益主体不断扩展;都承认利益种类多种多样;都将充分利益作为起诉资格的重要条件;承认组织的代表性;解释利益时都经历了由传统的普通法到现代公法的发展过程;强调不能把起诉资格等同于对案件的是非曲直进行审查;强调不能把审查阶段要解决的实体问题,放在起诉资格确定阶段来解决。不同点是:立法对利益规定不同;法院解释利益的重点不同;美国进步性和阶段性明显。(3)利益须受损害。法院都强调对损害做广义的理解;都要求损害要具备相应的条件;都承认损害要有突出的特定性和个人性。而立法规定不同、解释损害标准的重点和方式不同、强调个人特有利益损害的要求和发展趋势不同。(4)利益损害由被诉公权行为引起。立法都对作为损害的行政行为即公权类型做了相应的规定和限制;对造成损害的主体有所限制;强调损害和行政行为之间的某种因果关系,承认直接性是确定起诉资格的条件;没有否定间接因果关系能构成资格要件,强调根据不同情况予以处理;认为立法不要求当事人提供特殊的个人利益或者个人损害的相关证据不意味着不需要提供其利益受损害和行政行为之间存在某种因果关系的证据或证明;损害的原因大小、多少要视具体情况决定;行政行为与损害关系有亲近性;可追溯性是重要的标准;因果关系要有可能性。但在阐述因果关系对起诉资格的构成要件时,美国法院阐述得更清楚,澳法院系统阐述利益损害与行政行为之间因果关系的案件不多。(5)申请救济必须能对损害有某种矫正:澳法院有时参考美国判例;将可救济性的直接可靠性和可能性有机地结合起来;都承认可救济性的变化性,强调其贯穿始终和可重复性;把可救济性与举证责任相联系。

5. 本书第一二两章从宏观上介绍了两国司法审查原告资格的法律渊源和演变进程,这部分内容处理得很好。这表现在:(1)两国原告资格的法律渊源相同或相似之处,都有宪法、法律和判例基础,有一定的渊源关系。具体渊源也有区别:宪法对起诉资格影响程度不同;确立资格的主要法律不同;立法重点和司法解释重点不同。(2)起诉资格案例揭示的演变原则不同。澳大利亚由早期采用传统的"特殊损害"标准,到使用"特殊利益"替代"特殊损害",再到逐步把成文法的"受害人"标准和传统普通法的"特殊利益"标准结合。但仍然深受传统普通法"特殊利益"标准的影响;对成文法"受害人"标准的解释和适用十分有限。法院通过各种方法放宽标准,使传统的严格要求逐渐松动,这特别表现在公益诉讼上。美国原告资格大体上经历了三个阶段,即合法利益标准、受害人标准与两步骤标准。

6. 本书还能结合现实情况,从人类治理社会的高度阐述了司法审查原告资格法律制度的重要意义,升华了主题。如本书指出:两国起诉资格四项标准具体内容不同,反映了各国法治建设的多元化和人类治理社会方法、经验的多样性,反映了人类的智慧。结束语部分强调:起诉资格法律制度的完善需要相应的理论支撑;起诉资格法律制度是人类治理社会、治理行政权的重要路径,值得我国借鉴和学习;宪法成为展开起诉资格实践的最高法律渊源,从宪法高度展开起诉资格是两国法律制度获得发展、社会治理获得成效的重要经验；两国立法进步对起诉资格起着直接的影响；人民信仰宪法法律,是起诉资格法律制度不断进步的最终力量源泉；法院与时俱进地解释和适用法律是起诉资格展开和完善的直接操盘手,法院应当密切关注民众和社会对司法的需求,推动起诉资格制度的发展；司法创新的根本路径在于按照宪法法律精神,把宪法法律的抽象规定转变成可以适用的技术规则,构建和完善符合时代发展潮流的起诉资格制度。目前我国法院强调司法创新,但是在适用宪法和法律推动实现人民权益保障方面还有很大差距。这是值得我们检讨的。

中国是一个法制后发国家,借鉴外国先进法学理论是不可或缺的。在当下并不很好的学术环境中,应平教授多年来专注于学术研究,取得了较有影响的成果。我们有理由期待,本书的出版无疑将进一步扩展他的学术影响。

是为序。

章剑生

2013 年 1 月 4 日于杭州中大文锦苑

内 容 提 要

本书包括导论和六章内容。主要内容概括如下:

1. 比较澳美两国司法审查原告资格法律制度具有理论意义和实践价值,可以填补我国行政法学研究的某些空白。实践上,可以为完善我国立法、司法制度提供借鉴经验。

2. 两国司法审查原告资格,一方面存在不同:(1)澳大利亚有成文法规定"受害人"的起诉资格标准,但是法院长期采用普通法上的"特殊利益"标准;(2)澳大利亚法院没有充分利用立法提供的有利条件,及时借鉴美国等国家的经验,推动起诉资格法律更好的发展;(3)美国法院充分利用了《行政程序法》规定的标准,不断拓宽起诉资格;(4)两国起诉资格四项标准具体内容有不同,这种不同反映了各国法治建设的多元化和人类治理社会方法、经验的多样性,反映了人类的智慧。另一方面,两国有共同点:(1)有成文宪法支持和限制;(2)有成文法律支持;(3)法院都围绕四个方面展开实践,积累了丰富的经验;(4)通过实践不断推动起诉资格法的发展,两国主要是通过解释和适用法律以及相关标准逐步扩大诉讼原告资格的范围,放宽诉讼原告资格的条件。

3. 两国原告资格的法律渊源有很多相同或相似之处。具体包括:(1)都有宪法、法律和判例基础,有一定的渊源关系:澳联邦宪法主要参考美国联邦宪法制定,受美国影响较大。(2)两国宪法对起诉资格都有支持和限制。(3)两国法律都呈现放宽起诉资格的趋势。(4)判例都确认起诉资格条件包括四方面内容:原告有某种利益;原告遭受利益损害;这种伤害或者干涉是由受审查的决定引起的;由审查法院所作的有利的判决将会纠正或者减小这种伤害。

具体渊源的区别有:(1)宪法对起诉资格影响程度不同。美国司法审查原告资格不仅受宪法确立的"案件或者争端"限制,而且从中推导出"事实损害"这一宪法性标准;美国更强调宪法的限制。

(2)确立资格的主要法律不同。美国主要规定在《行政程序法》关于行政机关行使权力程序的内容中,而澳在规定于专门的《行政决定(司法审查)法》中。前一部法律属于典型的行政法特别是行政程序法,后一部主要属于司法诉讼程序法。(3)立法重点不同。澳立法没有把起诉资格限制在"法定权利"上,立法重点在"受害"、"不利影响"上。美国联邦《行政程序法》把非法定利益等纳入起诉资格范围之中。该规定最终促进了原告资格范围的放宽。(4)两国司法解释重点不同。澳重点在普通法传统的"当事人在诉讼主题事项中有特殊利益"标准上。这种特殊利益要高于一般社会公众的利益且为当事人所特有。这些要求严重限制了起诉资格。美国法院长期将解释集中在如何突破"法律权利"的限制,以及对联邦《行政程序法》"受到在有关法律规定内的机关行为的不利影响或损害的人"的解释上。

4. 起诉资格案例揭示的演变原则不同。澳大利亚方面的特点是:(1)在1977年联邦《行政决定(司法审查)法》颁布之前,其起诉资格基本采用英国传统的普通法做法,采用"特殊损害"标准。1980年法院开始使用"特殊利益"替代"特殊损害",标准更灵活。法院逐步把成文法的"受害人"标准和传统普通法的"特殊利益"标准结合。但总体看,仍然深受传统普通法"特殊利益"标准的影响,对成文法"受害人"标准的解释和适用十分有限。(2)法院通过各种方法放宽标准,使传统的严格要求逐渐松动。比如,原来对公权利受侵害现象强调只能由总检察长提起诉讼,后来承认个人或者组织在某些条件下可以提起诉讼,扩大了原告主体的范围;原来公益诉讼特别是环境保护类的公益诉讼不符合传统的"特殊利益"标准,法院放宽了对它的解释,如扩大了利益的范围,再者总结出环境保护领域特有的五标准等来增强"特殊利益"标准的灵活性。(3)法院也研究了美国的做法,但是研究深度不够,甚至还有错误理解和适用的情况。美国原告资格大体上经历了三个阶段,即合法利益标准、受害人标准与两步骤标准,20世纪40年代前采用"合法利益"标准,40年代开始采用"受害人"标准,70年代形成两步骤标准。

5. 原告必须具有某种利益。两国的共同点或者密切联系表现在:(1)利益主体不断扩展。由只承认直接当事人享有起诉资格,到承认非传统的主体享有起诉资格,特别是公益诉讼,如环境保护、纳税等方面的公益组织诉讼;都承认总检察长代表公益诉讼的原告资格,以及在总检察长许可的情况下私人可以提起诉讼。(2)都承认利益种类多种多样。(3)都将充分利益作为起诉资格的重要条件。(4)承认组织的代表性。(5)解释利益时都经历了由传统的普通法到现代公法的发展过程。(6)都讨论了起诉资格与是非曲直的区别,强调不能把起诉资格等同于对案件的是非曲直进行审查;强调不能把审查阶段要解决的实体问题,放在起诉资格确定阶段来解决,否则就会提高起诉资格的利益标准。

两国的不同点包括:(1)立法对利益规定不同。澳法律直接规定了"利益",美国《行政程序法》没有规定。(2)法院解释利益的重点不同。美长期将资格条件局限在"法律权利"范围内,直到20世纪70年代才突破。澳法院争议较多的是"特殊利益",强调原告在主题事项中的利益必须大于一般社会公众的利益;法院强调,符合原告起诉资格条件的特殊利益只能为当事人特有。前者限制了利益的数量和程度,后者限制了起诉资格的享有主体。另外,澳法院还注意对利益主题多样化的探讨。(3)美国的进步性和阶段性明显。(4)两国相互借鉴情况不多。

6. 利益必须受到损害。两国的共同点包括:(1)法院都强调对损害作广义的理解。损害不仅指物质利益的损害,还有非物质利益的损害;损害不一定就是指遭受的损害,也可能是对某种利益造成不利影响;不仅包括已经造成的实际损害,也包括可能的损害或威胁、风险等。(2)都强调损害要具备相应的条件。(3)都承认损害要有突出的特定性和个人性。损害必须是当事人自己所遭受的,必须特定化,不能泛化,一般的损害通常不具有起诉资格。它要求申请人必须阐明自己所遭受的特有的损害,而不能以公众遭受损害代替自己个人的损害。

两国的不同点包括:(1)立法规定上不同:澳立法没有明确使用"损害"概念,给法院解释带来了不便;美国立法直接规定"损害",法院也直接解释"损害"。（2）解释损害标准的重点和方式不同。澳法院很少解释"损害"，而侧重解释"特殊利益"；美国法院对利益损害作了很多案例，直接对是否构成"损害"进行判断。（3）强调个人特有利益损害的要求和发展趋势不同。澳对个人遭受损害的要求比美国高，强调个人损害更大或者受损害方式比一般公众受损害方式更严重。

7. 利益损害由被诉公权行为引起。两国的共同点包括：（1）立法都对造成损害的行政行为即公权类型作了相应的规定和限制；（2）对造成损害的主体有所限制；（3）强调损害和行政行为之间存在某种因果关系，承认直接性是确定起诉资格的条件；（4）没有否定间接因果关系能构成资格要件，强调根据不同情况予以处理；（5）认为立法不要求当事人提供特殊的个人利益或者个人损害的相关证据，不意味着不需要提供其利益受损害和行政行为之间存在某种因果关系的证据或证明；（6）损害的原因大小、多少要视具体情况决定；（7）行政行为与损害关系有亲近性；（8）可追溯性是重要的标准；（9）因果关系有可能性。不同点在于：在阐述因果关系对起诉资格的构成要件时，美国法院阐述得更清楚，澳法院系统阐述利益损害与行政行为之间因果关系的案件不多。

8. 申请救济必须能对损害有某种矫正效果。在是否将可救济性与因果关系结合起来上，两国有渊源关系，澳法院有时参考美国判例；都将可救济性的直接可靠性和可能性有机地结合起来；都承认可救济性的变化性，强调其贯穿始终和可重复性；都把可救济性与举证责任相联系。

9. 结束语部分。（1）起诉资格法律制度的完善需要相应的理论支撑。（2）起诉资格法律制度是人类治理社会、治理行政权的重要路径，值得我国借鉴和学习：宪法成为展开起诉资格实践的最高法律渊源，从宪法高度展开起诉资格是澳美两国法律制度获得发展、社会治理获得成效的重要经验；两国立法进步对起诉资格起着直接的影响；人民信仰宪法法律，是起诉资格法律制度不断进步的最终力量源泉；法院与时俱进地解释和适用法律是起诉资格展开和完善的直接操盘手,法院应当密切关注民众和社会对司法的需求,推动起诉资格制度的发展;司法创新的根本路径在于按照宪法法律精神,把宪法法律的抽象规定转变成可以适用的技术规则,构建和完善符合时代发展潮流的起诉资格制度。目前我国法院强调司法创新,但是在适用宪法和法律推动实现权益保障方面还有很大差距。这是值得我们检讨的。

目　录

导　论 …………………………………………………………（1）

第一章　原告资格的法律渊源 ……………………………（5）
第一节　澳大利亚司法审查原告资格的法律渊源 ………（5）
第二节　美国司法审查原告资格的法律渊源 ……………（14）
第三节　比较 ………………………………………………（18）

第二章　原告起诉资格的演变进程 ………………………（31）
第一节　澳大利亚司法审查原告起诉资格的演变进程 …（31）
第二节　美国司法审查原告起诉资格的演变进程 ………（79）
第三节　比较 ………………………………………………（82）

第三章　原告资格的利益条件 ……………………………（92）
第一节　澳大利亚司法审查原告资格的利益要素 ………（92）
第二节　美国司法审查原告资格的利益要素 ……………（127）
第三节　比较 ………………………………………………（136）

第四章　原告资格的利益损害条件 ………………………（146）
第一节　澳大利亚司法审查原告资格的利益损害条件 …（146）
第二节　美国司法审查原告资格的利益损害条件 ………（169）
第三节　比较 ………………………………………………（182）

第五章　原告资格的因果关系条件 ………………………（188）
第一节　澳大利亚司法审查原告资格的因果关系条件 …（188）
第二节　美国司法审查原告资格的因果关系条件 ………（204）
第三节　比较 ………………………………………………（220）

第六章 原告资格的可救济性条件 …………………… （224）
　　第一节　澳大利亚司法审查原告资格的可救济性条件 … （224）
　　第二节　美国司法审查原告资格的可救济性条件 ……… （233）
　　第三节　比较 …………………………………………… （244）

附录一　中英文对照表 ……………………………………… （246）

附录二　注释体例说明 ……………………………………… （262）

结束语 …………………………………………………………… （269）

参考文献 ………………………………………………………… （276）

导　论

一、研究背景和意义

2007年年底作者承担了国家重点学科华东政法大学法律史学科建设的一项课题《澳美两国司法审查原告资格比较研究》。研究这个课题非常艰难，因为要做好这一项目，首先必须研究澳大利亚和美国各自的司法审查原告资格。国内外学者研究美国的资料相对较多，主要做好归纳整理工作，再适当增加一些新的研究资料即可。难点在澳大利亚，国内几乎没有这方面的研究成果，研究工作只能从翻译开始。手头的一些专著和教材涉及的内容很快翻译整理完了。但我发现，仅靠这些资料还不足以全面了解澳司法审查原告起诉资格的情况，于是又通过各种途径收集论文、报告和法院判例，掌握了其发展脉络和重要案例。与此同时，开始整理归纳美国资料，并尽可能按照澳大利亚起诉资格的思路去整理美国的案例。在此基础上，对两国进行比较。呈现在读者面前的这本书就是这一研究成果的结晶。本书得以出版，要特别感谢何勤华教授主持的国家重点学科华东政法大学法律史学科的经费支持。

研究澳美两国司法审查原告资格法律制度具有重要的理论意义和实践价值。理论上，可以填补我国行政法学研究的某些空白。本书可以为学界做比较研究提供有益的资料，有助于丰富和深化比较行政法学理论。实践上，探讨这一问题，了解澳美两国关于司法审查原告资格的立法和司法做法，可以为我国完善立法、通过司法判例推进起诉资格法的发展提供有益的启示:扩大原告资格需要加强立法,通过完善立法给开展司法工作提供好的依据;但是两国实践证明,仅仅靠立法还不够,主要靠司法判决逐步推进原告范围的扩大和资格条件的放松,实现原告权利的保障;法院在解释和适用法律处理案件过程中,要与时俱进,不能拘泥于简单的法律条文规定,更不能简单地受到传统的解释和适用方法的限制,澳大利亚在此方面有深刻的教训值得吸取;通过各种途径和方法,不断放宽起诉资格的要求,促使公益诉讼资格的发展,两国在此方面有成功的经验。

澳美两国在通过司法途径治理社会方面有丰富的经验和值得汲取的教训。一方面,两国司法审查原告资格存在不同。如澳大利亚虽然有成文法规定了"受害人"的起诉资格标准,但是法院长期采用普通法上的"特殊利益"标准。法院没有充分利用立法提供的有利条件,没有及时借鉴美国等国家的经验,推动起诉资格法律更好地发展。美国法院充分利用《行政程序法》规定的标准,不断拓宽起诉资格条件。两国在起诉资格的四项标准具体内容上有所不同。这种不同反映了世界各国行政法治建设的多元化和人类治理社会方法、经验的多样性,反映了人类的智慧。另一方面,两国也有共同点。两国都有成文宪法支持和限制;有不断完善的成文立法支持;法院积累了丰富的经验;都通过实践不断推动起诉资格法的扩展,两国主要是通过解释和适用法律和相关标准逐步扩大诉讼原告资格的范围,放宽诉讼原告资格的条件。有趣的是,从历史渊源来说,澳美在司法审查起诉资格上的联系本来较少,澳大利亚行政法主要受到英国的影响,但是澳美两国在起诉资格法律制度方面有许多相同或者相似点,这绝非偶然巧合。它说明,不同国家的人民在治理行政权过程中,虽然各有特色,但一些基本的做法反映了权力运行的基本规律,反映了人类社会对司法保障人权、遏制行政权违法的渴望。起诉资格法律制度一方面要对起诉者设置必要的门槛,以便对不当的诉求进行过滤,提高司法效率,避免浪费司法资源。另一方面,又不能设置过高的门槛,否则个人权益不能获得司法保障、公权行为不能得到有效控制,甚至公权损害公益的行为无法获得控制和纠正。法院的任务是在二者之间进行平衡,既不能没有门槛地允许任意诉讼,又不能门槛限制太高,以至于剥夺很多人的权益。起诉资格法律制度是人类通过艰难的探索,总结出来的治理社会的经验。两国法院依据宪法法律精神,积极开展司法实践,推动起诉资格法律制度完善,这种孜孜追求法治的精神值得我国学习。

二、研究重点和难点

国内研究美国行政诉讼原告起诉资格成果较多,而研究澳大利亚司法审查原告起诉资格资料很少,所以本书重点和难点放在后一部分。基于这种考虑,本书没有对美国相关内容作更详细的介绍。对美国起诉资格法律制度内容的选择,主要立足于与澳大利亚对比而筛选相关资料。

为了便于对后文整体内容有所了解,这里对起诉资格基本要素结构作一简单概述。

在澳大利亚,起诉资格被形容为一种"描述必须的利益的隐喻,除了在普通法中被理解的诉由(cause of action)之外,还有获得各种普通法、衡平法和宪法救济"。某人缺乏"必需的利益"这个裁决意味着,他们没有被赋予对其有利的命令的资格,即使他们以其他方式显示出,他们过去以其他方式被赋予对其有利的命令。[①] 也有人如是解释:某位"公众中的普通成员"没有"一般的权利请求民事法院强制实施公法权利或义务"。在通常情况下,实施公法权利或义务是行政机关最大的职责,常常通过总检察长办公室。这一命题的主要例外是,在许多案件中,法定条款或普通法条款通常授予在该行政决定中有充分利益的某个公民享有一项要求强制实施公法的诉讼权。这一要求被称为起诉资格(standing),或者在拉丁语中称为出庭资格(locus standi)。起诉资格既是联邦《行政决定(司法审查)法》

[①] Matthew Groves HP Lee, Australian Administrative Law, Cambridge University Press 2007, p.158.

的司法上的要求,也是普通法上的司法要求。① 简单地说,资格或者出庭资格是决定谁可以提起并坚持法律诉讼的规则和概念的条件。有资格的某当事人能获得司法或行政审查。没有资格的当事人则不能。② 在美国,司法审查中的起诉资格是指什么人可以对行政决定提出申诉,请求法院审查行政行为的合法性并给予补救,这是诉讼程序方面的问题。不具备起诉资格的人提出的诉讼,法院不能受理。③

澳大利亚法院和学者概括的四要素明显受美国判例的影响,当然就整体而言受到英国影响也较大。澳大利亚将起诉资格条件概括为四个组成元素:④第一,原告要求的利益。第二,原告的损害,它是由对这种利益的干涉构成的。第三,损害(伤害)或者干涉是由受审查的行政决定引起的。第四,由审查法院所作的有利判决将纠正或者减小这种损害(伤害)。⑤ 美国概括出的起诉资格为两个:实际损害和利益范围。但如果把它们的具体内容展开,实际上也包括四个方面要素。具体概括有两要素、三要素和四要素之分。

三、研究方法

本书采用法学常规的研究方法,即规范条文解读、案例研究和比较分析。但重点是案例研究和比较分析。因为案例研究更能从实践操作层面了解一国的相关制度。本书重点介绍澳大利亚案例。

---

① Christopher Enright, Federal Administrative Law, The Federation Press, 2001, p. 322.
② Australian Law Reform Commission Report No 27: Standing in Public Interest Litigation (1985) para 20. 转引自 Kathleen M Mack, Standing to Sue under Federal Administrative Law, Federal Law Review 1986, Volume 16 p. 319.
③ 王名扬著:《美国行政法》(下),中国法制出版社 2005 年第 2 版,第 611—612 页。
④ 这些得到采用并有所发展,是来自斯卡利亚(Scalia)法官在 Lujan v. Defender of Wildlife 504 US. 555 at 560—561(1992)案中的分析。Truth About Motorways v. Macquarie Infrastructure (2000) 200 CLR 591 at 634[113] per Gummow J, at 656[169] per Kirby J
⑤ See Christopher Enright, Federal Administrative Law, The Federation Press, 2001, p. 338.

第一章

原告资格的法律渊源

澳美两国在司法审查原告资格的法律来源类型上有很多相同或者相似之处。总体看,两国起诉资格法律制度都有宪法、法律和判例基础。在具体渊源表现上有所区别,毕竟两国在历史传统、法治基础和发展路径、国情、法官素养和解释方法及思路方面有很多不同。

第一节 澳大利亚司法审查原告资格的法律渊源

澳大利亚司法审查原告资格既有宪法和法律规定,也有判例的来源。

一、宪法

1900年澳大利亚联邦宪法是司法审查原告起诉资格的最高法律渊源。宪法既为司法审查原告资格提供依据,又有相应的限制。对起诉资格的限制主要体现在,当事人只能就个案或者争议才能提起诉讼。具体到起诉资格四个构成要件上,表现在要求当事人要有具体的事实损害。不符合这一要求的,不能被授予起诉资格。

虽然联邦宪法没有直接规定原告资格的具体要求,但是它是参考美国宪法制定的。① 与美国相同，作为普通法系国家，法院受理案件也是基于案件或者争议。"无论如何，制宪者们并不怀疑，美国的司法审查传统应当为澳大利亚所遵循。"②澳大利亚联邦1900年宪法第71条规定："联邦的司法权属于定名为澳大利亚高等法院的联邦最高法院，议会设置的其他联邦法院，以及授予联邦管辖权的其他法院。"这一规定为法院受理审查行政行为提供了个案争议的前提基础。

实际上，法院已经承认"真实争议"是宪法对起诉资格的限制。③联邦宪法第三章把联邦司法权授予管辖"事项"（matters）的各种法院。法院根据相对严格的宪法分权原则解释了这一点，意味着必须有真实的争议，而不仅仅是请求某种法律观点（legal opinion）。④ 可见，真实争议是法院确定原告资格的条件，是不得取消的标准。

二、法律规定

澳大利亚联邦议会制定的法律也有对原告资格作出规定的。立法既调整申请司法审查的资格条件，也调整参与某项行政决定过程的资格条件。

（一）《行政决定（司法审查）法》

1977年澳大利亚联邦《行政决定（司法审查）法》是最重要的联邦立法，它对与司法审查有关的资格规则做了规定。据此规定，有三方当事人的起诉资格必须得到考虑。

1. 直接原告。为了获得第5—7条规定的审查和第13条规定

---

① 参见朱应平著：《澳美宪法权利比较研究》，上海人民出版社2008年版，第2页。
② Official Report of the National Australian Convention Debates, 473—476 (Sydney, 2 March-9 April, 1891). 参见朱应平著：《澳大利亚宪法权利研究》，法律出版社2006年版，第204—205页。
③ 参见 Christopher Enright, Federal Administrative Law, The Federation Press, 2001, p.361.
④ ICI Australia v. Trade Practices Commission (1992) 110 ALR 47 at 64—65.

的理由①,原告必须是受到损害的人,包括受到行政决定②、行政措施③或懈怠作出行政决定的侵害④。就是说,它确立了起诉资格的标准是受害人,即受到行政决定、行政措施或者懈怠作出行政决定不利影响的当事人。

下文研究表明,《行政决定(司法审查)法》中的"受害人"标准在很长时间没有得到法院的重视,法院一直偏好采用传统的"特殊利益"标准,在某些情况下与《行政决定(司法审查)法》中的"受害人"交替或者结合起来使用。

2. 利害关系人。根据第12条规定,如果某人提出一项申请,他就可以申请加入此项司法审查活动。为此他必须是一个有利益关系的人。⑤ 由于法律规定简单,法院很少解释过,具体条件不清楚。一般认为,利害关系人是广义的原告,享有与原告基本相同的权利和义务,因此,也适用原告的起诉资格标准。

3. 总检察长作为原告起诉。⑥ 总检察长行使此项权利是对行政机关进行的干预。其具体适用条件在第三章说明。

---

① 此即申请说明理由制度。《行政决定(司法审查)法》第13条第1款规定,在某人作出本条所适用的行政决定的情况下,被授予资格向联邦法院或者联邦治安法院根据第5条规定就与该项行政决定有关事项提出申请的任何人,可以通过书面通知的形式向作出决定的人员,向他或者她申请提供陈述,该陈述以书面形式列举出关于事实的物质性问题的事实认定、那些事实认定所基于的证据或其他材料,以及此项行政决定的理由。
② 《行政决定(司法审查)法》第5条,参见第五章脚注列举。
③ 《行政决定(司法审查)法》第6条,参见第五章脚注列举。
④ 《行政决定(司法审查)法》第7条,参见第五章脚注列举。
⑤ 《行政决定(司法审查)法》第12条:
与所做决定,与为作出行政决定所采取、正在采取或者准备采取的措施,或者拖延作出决定有利害关系的人,对决定、措施或者拖延根据本法已向法院提出申请的,可以向法院请求成为上述申请的当事人。
法院可以运用其自由裁量权,无条件地或者按照它认为合适的某些条件批准其申请,或拒绝该申请。
⑥ 《行政决定(司法审查)法》第18条:
总检察长根据本法,可以代表联邦在法院参与诉讼活动。
在总检察长根据本条规定参与诉讼活动时,法院在上述诉讼活动中可以就联邦的诉讼费用颁发它认为合适的令状。
在总检察长根据本条规定参与诉讼活动中,他被认为是诉讼活动的当事人。

（二）其他法律①

除了上述一般立法外，联邦和各州议会还在一些单行法中对某些领域的原告资格做了特殊的规定。高等法院认为，议会立法只要不违反宪法，可以设定更宽松的起诉资格条件。在特鲁斯阿布特高速公路有限公司诉麦格理基础设施案中②，特鲁斯有限公司主张，它满足了在《贸易惯例法》(Trade Practice Act)中"任何人"这个词语的要求，即使它自己在主题事项中没有特殊利益，它在该案中唯一的利益是确保麦格理公司遵守联邦法律。法院要做出决定的主要问题是，基于《贸易惯例法》规定议会是否能应任何人的指控要求司法机关强制执行法律。高等法院多数法官说：不可能如此。③ 法院多数法官把主要注意力集中在合宪性问题上，只有科比法官表达了更宽泛的原告资格问题，以及处于"公法"标题之下那些事项的类型。

科比法官说，大量联邦立法有一种趋势是"偏离施加一项一般要求，即批准司法审查必须提供关于特殊的个人利益或者个人损害的相关证据"。④ 就是说，议会很多立法不要求个人提供特殊利益或者个人损害，也能获得司法审查的资格。高等法院一致拒绝了当事人提出的《贸易惯例法》违宪的主张。法院认为，联邦议会可以扩展资格规则（如同本案显示的）。在联邦司法权中没有什么东西暗示，申请司法审查的人必须直接受到争议问题的影响。实际上，禁令特权令（有宪法性条文）是一种在历史上就可以被某个"陌生人"(stranger)寻求的命令。只有在非常有限的情况下，拓宽起诉资格的规则才有宪法上的障碍。资格不得被扩展到允许某人在法院不能作

---

① See Matthew Groves HP Lee, Australian Administrative Law, Cambridge University Press 2007, pp. 170—171. Standing in Public Interest Cases, Queensland Public Interest Law Clearing House Incorporated, July 2005, at 14—16, http://www.qpilch.org.au/_dbase_upl/Standing.pdf.
② Truth About Motorways Pty Ltd v. Macquarie Infrastructure (2000) 200 CLR 591 at 634[113] per Gummow J, at 656[169] per Kirby J.
③ 科比法官认为申请人有原告资格。
④ Truth About Motorways Pty Ltd v. Macquarie Infrastructure (2000) 200 CLR 591, 642 at [135]。

出"最后的和约束性的裁判"的事项中提出诉讼(高准法官,第46段)。就是说,起诉资格适用于法院有权作出最后的和约束性的裁判事项中,不能被扩大使用。这里所述的"最后的和约束性的裁判事项"就是前文所述的宪法的限制,即法院只能针对案件和争端进行审理,除了这样的限制之外,放松起诉资格条件的议会立法不会构成违宪。法院这一解释为议会立法放松起诉资格要求提供了宪法基础。

从实际情况看,在某些领域,立法已经使得起诉资格的要求相当地自由主义化了,特别是在规划法领域。① 以下立法包含了特殊的资格标准:

1. 1999年联邦《环境保护和生物多样化保护法》

第487条意指,环境活动家和环境团体将有资格根据该法规定申请审查行政决定的命令。

根据该法第475条规定,"利害关系人"(interested person)可以向联邦法院申请禁制令限制另一个人实施某项违法犯罪或者违反法律或法规的行为。

该条将利害关系人界定如下:

(1)就个人而言:个人是指某个澳大利亚公民,或者通常居住在澳大利亚或者某个外部领地(External Territory)的人:(a)该个人利益已经受到、正受到或者将受到该措施或被建议采取的措施(conduct or proposed conduct)的影响;(b)在该行为之前,或者在被建议行为的情况下提出禁制令申请之前紧挨着两年内的任何时间,从事一系列保护、保育或者研究环境活动的个人。

(2)就组织而言:该组织被法人化或者被建立于澳大利亚或者

---

① See Truth About Motorways Pty Ltd v. Macquarie Infrastructure Investment Management Ltd (2000) 200 CLR 591 at 640—642,科比法官对授予联邦立法之下起诉资格的公式进行了综合性的全面审查,包括放松起诉资格要求的公式。也参见 Michael L Barker, Standing to sue in public interest environmental Litigation—from ACF v. Commonwealth to Tasmanian Trust v. Minister for Resources, (1996) 13 Environmental and Planning Law Journal 186 at 202—204.

外部领地,而且:(a)该组织的利益已经受到、正在受到或者将受到行为或被建议行为的影响;(b)在该行为之前,或者在被建议行为的情况下提出禁制令申请之前紧挨着两年内的任何时候;该组织的目标或者目的包括了保护、保育或者研究环境;该组织从事一系列与环境保护、保育或者研究相关的活动。

2. 1974年联邦《贸易惯例法》

该法允许"任何人"有权对违反该法条款的行为采取措施,且"任何人"被解释为意指不管其是否有某种特殊利益的任何人。①

第80条第1款规定:根据第1A、1AAA或1B条,在该委员会或者任何其他人申请的基础上,(联邦)法院确信,某人已经从事、正在打算从事构成或将构成的措施(conduct):(a)违反第四部分、第四A部分、第四B部分或第五部分的某个条款的;(b)试图违反该条款;(c)帮助、教唆、劝告或促成某人违反该条款;……

法院可以以法院认为适当条件的方式授予一项禁制令。②

3. 1989年联邦《危险废物进出口法实施办法》

该法第58A条规定,对行政决定申请审查命令的资格规则非常广泛。

4. 1979年新南威尔士州《环境规划和评估法》

第123条规定:(a)任何人可以在(土地和环境法院)提起诉讼程序,申请纠正或者限制违反这部法律的命令,无论该当事人的任何权利是否已经受到或者可能受到这种违反的侵害或者作为这种侵犯的一个结果。(b)在本条之下的程序可以由某个人为了自己的利益或者任何其他人(获得他们的同意)、某个法人机构或非法人机构(经过其委员会或其他控制或调控机构的同意)的利益而提起诉讼程序,只要在这些程序中有类似的或共同的利益即可。(c)为了其

---

① Truth About Motorways Pty Ltd v. Macquarie Infrastructure Investment Management Ltd (2000) 200 CLR 591.

② See Hornsby Building Information Centre v. Sydney Building Information Centre (1978) 18 ALR 639(Federal Court); Truth About Motorways Pty Ltd v. Macquarie Infrastructure Investment Ltd (2000) 200 CLR 591;[2000] HCA 11.

自身利益而在已经启动的程序中的任何人被授予资格,可以为提起诉讼的人所招致的合法的花费和支出予以捐款或提供金钱帮助。

5. 1994年昆士兰州《环境保护法》

限制命令(restraint orders)

根据第505条规定,一项限制令可以由下列主体申请:(1)部长;(2)管理当局;(3)其利益受到该程序主题事项影响的某人;(4)基于法院许可的其他某人(即使这个人在该程序主题事项中没有某种财产性的、物质性的、财政性的或特殊的利益)。

与第四项相关,在决定是否授予许可时,法院可以考虑其认为与当事人提起和坚持这一程序资格相关的任何事项,但是必须满足下列条件:环境损害已经或者可能被引起;此程序不会是对法院程序的滥用;有一种真实的或重大的可能性,根据该条规定制作一项命令将得到满足;为了公共利益应该提起该程序;该当事人已经给部长或相关管理机构提供书面通知,请求他们根据本条提起程序,而部长或行政机关没有在合理的时间内作出行为;当事人能在程序的过程中适当地代表公共利益。

然而,这部法律明确规定,法院不能因为该当事人在程序主题事项中的利益没有区别于该主题事项中其他人的利益,就拒绝授予许可(第505条第3款)。就是说,当事人没有必要显示出其具有"特殊利益"。

可以在服从条件的情况下授予其诉讼资格,如在保证其支付伤害费用或者对损害的担保的条件下(第505条第4款)。对启动起诉行为的另一个阻碍因素是,如果在法院确信该程序是因为阻碍或者迟延而提起的情况下,法院必须命令某原告支付成本(第505条第10款)。

6. 昆士兰州《综合规划法》(Integrated planning act)

《综合规划法》有开放的资格条款,因为"任何人"可以在规划和环境法院启动执行该法律的宣告令的程序。

上述这些成文法是推动起诉资格法律制度的构建和完善的重要途径。

三、法院判例是原告起诉资格的重要渊源①

澳大利亚各类法院作出的判例(也包括早期英国的部分案例)为原告起诉资格法奠定了基础,法院包括英国法院、澳大利亚高等法院、澳大利亚联邦法院、某些州最高法院。

法院在不同案件中多次陈述说,原告资格取决于案件的特定背景,而且没有固定的或穷尽性的利益来确定资格。这里列举部分陈述②:第一,在某个特定案件中所申请的救济的特征与原告起诉资格问题是相关的。③ 第二,没有穷尽性的利益清单,可以服务于支持原告资格的申请。④ 第三,在诉讼主题事项中有特殊利益这一规则是灵活的,而且诉讼的性质和主题事项支配着什么情况才能达到某种特殊的利益。⑤ 第四,审查某项行政决定的资格问题将通过查阅申请人与受到审查的行政决定所涉及的利益加以决定。它将经由查阅该审查的性质和主题事项,以及申请人个人或者其代表机构与之具有的关系加以决定。在审查结果中的某种利益可以授予原告资格。但是在该审查的实际结果对申请人没有影响的情况下,则没有原告资格。在许多案件中有一个程度的问题。⑥ 当然,有关起诉资格的案件远不止这些。下列一些重要案例,后文有更详细的介绍。

---

① Dr Joshua D Wilson SC and Michael McKiterick, Locus Standing in Australia—A Review of the Principal Authorities and Where it is All Going, The University of Melbourne 2010 Conference of the CIVL Justice Research Group. http://www. bawp. org. au/attachments/article/15/LOCUS% 20STANDI% 20IN% 20AUSTRALIA% 20-% 20A% 20REVIEW% 20OF% 20THE% 20PRINCIPAL% 20AUTHORITIES. pdf. 2011 年 8 月 8 日下载。

② Standing in Public Interest Cases, Queensland Public Interest Law Clearing House Incorporated July 2005, http://www. qpilch. org. au/_dbase_upl/Standing. pdf.

③ Robinson v. Western Australia Museum (1977) 138 CLR 243 at 327.

④ Australian Conservation Foundation Inc v. Commonwealth (1980) 146 CLR 493(Mason J at 547).

⑤ Shop Distributive and Allied Employees Association v. Minister for Industrial Affairs (SA) (1995) 183 CLR 552.

⑥ Transurban City Link Ltd v. Allan (1999) 168 ALR 687 at 698,在 Allan v. Transurban City Link Limited [2001] HCA 58 案中高等法院予以支持。

1. 英国主要案例

博伊斯诉帕丁顿镇议事会案[①]、麦克沃特诉独立广播管理局案[②]、古里特诉邮电工人工会案[③]。

2. 澳大利亚高等法院判例

安德森诉联邦案[④]、罗宾逊诉西澳大利亚博物馆案[⑤]、澳大利亚保育基金会诉联邦案[⑥]、昂纳斯诉澳大利亚铝业有限公司案[⑦]、巴特曼斯湾地方原住民土地委员会诉原住民共同体利益基金有限公司案[⑧]、特鲁斯阿布特高速公路有限公司诉麦格理基础设施投资管理公司案[⑨]、艾伦诉市内交通系统环城公司案[⑩]。

3. 联邦法院判例

澳大利亚海洋和电力工程师研究所诉部长案[⑪]、奥格尔诉斯特里克兰案[⑫]、澳大利亚码头搬运工头协会诉克龙案[⑬]、澳大利亚保育基金公司诉能源部长案[⑭]、耶茨证券服务有限公司诉基廷案[⑮]、阿尔法法尔姆有限公司诉史密丝克莱恩比彻姆（澳大利亚）有限公司案[⑯]、

---

① Boyce v. Paddington Borough Council [1903] 1Ch 109.
② McWhirter v. independent Broadcasting Authority [1973] QB 629.
③ Gouriet v. Union of Post Office Workers [1978] AC 435.
④ Anderson v. Commonwealth (1932) 47 CLR 50.
⑤ Robinson v. Western Australian Museum (1977) 138 CLR 283.
⑥ Australian Conservation Foundation v. Commonwealth (1980) 146 CLR 493.
⑦ Onus v. Alcoa of Australia, Ltd (1981) 149 CLR 27.
⑧ Bateman's Bay Local Aboriginal Land Council v. Aboriginal Community Benefit Fund Pty Ltd (1998) 194 CLR 247.
⑨ Truth about Motorways Pty Limited v. Macquarie Infrastructure Investment Management Limited (2000) 200 CLR 591; (2000) 169 ALR 616.
⑩ Allan v. Transurban City Link Ltd (2001) 208 CLR 167.
⑪ Re Australian Institute of Marine and Power Engineers v. The Secretary (1986) 13 FCR 124, 133.
⑫ Ogle v. Strickland (1987) 71 ALR 41;13 FCR 306.
⑬ Australian Foremen Stevedores Association v. Crone (1989) 98 ALR 276; 20 FCR 377.
⑭ Australian Conservation Foundation v. Minister for Resources (1989) 19 ALD 70.
⑮ Yates Security Services Pty Ltd v. Keating (1990) 98 ALR 68; [1990] FCA 432; (1990)25 FCR 1.
⑯ Alphapharm Pty Ltd v. Smithkline Beecham (Australia) Pty Ltd (1994) 49 FCR 250; [1994] FCA 996.

北部海岸环境委员会股份有限公司诉能源部长案①、塔斯马尼亚州保育信托有限公司诉能源部长案②、拜伦环境中心有限公司诉阿拉瓦克尔人案③、澳大利亚犹太人行政委员会诉斯库利案④、防卫联盟诉部长案⑤、彼得艾伦诉发展津贴署系列案⑥、市内交通系统环城公司诉艾伦案⑦。

4. 维多利亚州最高法院判例

布卢韦奇斯公司诉墨尔本港口公司案⑧、东吉普斯兰环境公司诉维多福利斯特公司案⑨。

5. 南澳大利亚州最高法院判例

一钢生产有限公司诉怀阿拉红尘行动小组公司案⑩。

上述案例中,英国案例主要确立了"特殊损害"标准,澳大利亚法院多数确立的是"特殊利益"标准,也有少数直接采用"受害人"标准。还有一些案件反映不同领域起诉资格的具体标准。如有关环境保护方面公益团体组织的起诉资格等五要点标准等。

第二节　美国司法审查原告资格的法律渊源

美国起诉资格也有三种不同的渊源:宪法、成文法和判例。

---

① North Coast Environment Council Inc v. Minister of Resources (1994) 55 FCR 492; [1994] FCA 1556.

② Tasmanian Conservation Trust v. Minister for Resources (1995) 55 FCR 516; (1995) 127 ALR 580.

③ Byron Environment Centre Inc v. Arakwal People (1997) 78 FCR 1.

④ Executive Council of Australian Jewry v. Scully (1998) 79 FCR 537.

⑤ Defence Coalition Against RDC Inc v. Minister [1997] FCA 163.

⑥ Peter Allan v. Development Allowance Authority [1997] 738 FCA; Allan v. Development Allowance Authority (1998) 152 ALR 439; Allan v. Development Allowance Authority [1999] FCA 426.

⑦ Transurban city Link Ltd v. Allan [1999] FCA 1723.

⑧ Blue Wedges Inc. v. Port of Melbourne Corporation [2005] VSC 305.

⑨ Environment East Gippsland Inc v. Vicforests [2009] VSC 386.

⑩ Onesteel Manufacturing Pty Ltd v. Whyalla Red Dust Action Group Inc (2006) 94 SASR 357.

一、宪法

美国联邦宪法没有直接规定起诉资格,但宪法关于司法权范围的规定为起诉资格确立了最基本的原则。宪法第 3 条第 2 款规定:"司法权包括在本宪法、美国法律和美国现在及将来缔结的条约下发生的法律案件,和平衡法的案件……,以及美国为一方当事人的、两个或更多的州之间的……,以及不同州公民之间的争端"。据此法院只能对构成"案件"和"争端"的问题行使司法权。法院能够受理原告的申诉,只在原告事实上受到损害的时候,只在原告的申诉是一个案件或一个争端的时候。如果没有受到损害,其申诉就不是案件或争端。因为法院存在的目的不是对当事人提供意见的咨询机关。法院的本质是一个解决争端的机构。违反这个限制,法院就可能侵犯行政机关或者国会的职权。如果行政机关的决定没有对当事人产生损害或不利结果,当事人就没有起诉资格。事实上受到损害是宪法要求的原告起诉资格。[①]

司法判例也确认了宪法上的这些要求。根据学者研究[②],最高法院特别确立了三项宪法性的原告资格要求。第一,原告必须主张其已遭受损害或者有遭受损害的急迫危险。第二,原告必须主张其损害能够合理地归咎于被告的行为。第三,原告必须主张,倘若联邦法院作出对其有利的判决,就能救济该损害。后两个标准分别被称为因果关系和可救济性(redressability),但通常又被法院看作像一个标准一样,即被告是否导致损害而限制被告将使损害获得救济?[③]需要指出的是,这三个标准又被学者称为损害标准。另一个在后文被称为法律标准即利益范围标准。学界和实务界的说法不一致,有的概括为两个标准,有的概括为三个标准。本文为了比较的方便,将两国

[①] 王名扬著:《美国行政法》(下),中国法制出版社 2005 年第 2 版,第 612—613 页。
[②] 孔祥俊著:《行政行为可诉性》,人民法院出版社 2005 年版,第 200—201 页。
[③] Erwin Chemerinsky: Federal Jurisdiction (the third edition), Aspen Law & Business, A Division of Aspen Publishers, Inc. Gaithersburg, Maryland, 1999, p. 59. 最高法院曾指出,因果关系和可救济性是互不相同的和独立的原告资格要求。见 Allen v. Wright, 468 U.S. at 758—759.

起诉资格概括为四个方面:当事人必须有利益;利益受到损害;利益损害是由公权力造成的;申请的救济对纠正损害有某种作用。

二、法律

美国国会立法可以设定起诉资格,只要不违反宪法,法院必须遵守。国会在法律中规定起诉资格时,往往从政策角度考虑问题,有时要求比较严格的起诉资格。但立法趋势是放宽起诉资格的要求,使更多的人能对行政行为提起诉讼。成文法中规定的起诉资格,绝大部分是对某一特定行政事项的起诉资格。对起诉资格作出一般规定的法律是 1946 年联邦《行政程序法》。该法第 702 条第一句话是联邦立法关于起诉资格最重要的规定。[①] 后文将指出,有学者认为,该条规定不是授予起诉资格。传统上,法院一向要求:只有能证明其遭受法律所承认的具体损害者,才能提起诉讼。《行政程序法》第 702 条除将传统法则法典化以外,更作出重大突破,规定:"凡因机关之行为而遭受到法律上之损害,或因机关之行为而受有关法律所谓不利影响或侵害之个人,均得以此为由请求司法审查。"[②] 此项规定有

[①] 王名扬著:《美国行政法》(下),中国法制出版社 2005 年第 2 版,第 613 页。

[②] 对于该条有各种翻译:第一:任何人因行政行为而受到法律损害,或在有关立法的意义范围内受到损害或不利影响,都有权获得司法审查。参见张千帆、赵娟、黄建军著:《比较行政法》,法律出版社 2008 年版,第 691 页。第二,任何人因机关之行为而遭受法律损害,或因机关执行有关法律,而使其遭受不利益或受害时,得请求司法审查。《论行政诉讼中诉之利益》,载法治斌:《人权保障与司法审查》(宪法专论二),月旦出版公司 1994 年版,第 168 页。第三,人民因机关之处分而遭受不法待遇,或因有关法律涵义内之处分,而受不利影响或侵害者,均有权提请司法审查。参见张剑寒:《美国联邦行政程序法》,收于"行政院"研究发展考核委员会编印《各国行政程序法比较研究》,1979 年 11 月,第 240 页。罗传贤著:《美国行政程序法论》,五南图书出版公司 1985 年版,第 336 页。第四,因为行政行为而致使其法定权利受到侵害的人,或受到有关法律规定之行政行为的不利影响或损害的人,均有权诉诸司法复审。参见伯纳德·施瓦茨著:《行政法》,徐炳译,群众出版社 1986 年版,第 429 页。第五,受到有关法律规定范围之内的机关行为的不利影响或损害的个人,可以获得司法复审。参见〔美〕欧内斯特·盖尔霍恩、罗纳德·M.利文著:《行政法和行政程序概要》,黄列译,中国社会科学出版社 1996 年版,第 227 页。第六,因机关行为致使其法定权利受到侵害的人,或受到在有关法律规定内的机关行为的不利影响或损害的人,均有权诉诸司法复审。萧榕主编:《世界著名法典选编·行政法卷》,中国民主法制出版社 1997 年版,第 8 页。

两个意涵：第一，凡某人在普通法或实定法所保障的利益遭受侵害时，即有原告资格。第二，即使所受损害不在法律保障之列，但确因政府行为而受有不利影响或侵害者，也有原告适格，可提起诉讼。此一弹性规定，经过法院灵活解释，使美国自20世纪60年代末期以来，法院之门敞开，受理了许多高度争议性的社会问题。①

此外，美国也有专门法律规定了相应的起诉资格，逐渐拓宽起诉资格的范围。比如自20世纪70年代开始，若干保护环境法律以立法明定方式，具体承认有提起公民诉讼的可能；联邦《空气清洁法》、《水污染防治法》、《噪音管制法》等均分别制定或修正，针对公私团体违反管制标准的污染行为，及行政机关怠于执行非属其裁量之职务行为，允许个人诉诸于法，而无需证明其利益受有损害。密西根州、明尼苏达州、佛罗里达州等地环境保护法亦跟进，均有类似规定。② 可见，联邦和州立法是推进起诉资格法律制度发展的重要渊源。

三、判例③

美国起诉资格的法律主要由判例法产生，因为宪法规定非常抽象，如何适用由法院决定。联邦《行政程序法》关于起诉资格的意义在解释上存在重大分歧。法院有时不适用这个法律，有时根据自己观点适用这个法律，只有了解法院判例才能了解美国起诉资格的法律。

最高法院已经宣布了原告资格的若干要求，除前文提到的三项宪法要求外，最高法院还确立了三项更为具体的原告资格原则。最高法院指出，这些要求不是基于宪法，而是基于司法职能，国会可以通过制定法推翻这些要求。第一，当事人一般只能主张其自己的权

---

① 参见翁岳生编：《行政法》（下册），中国法制出版社2002年版，第973—974页。
② 法治斌著：《人权保障与司法审查》（宪法专论二），月旦出版公司1994年版，第179页。
③ 参见孔祥俊著：《行政行为可诉性》，人民法院出版社2005年版。王名扬著：《美国行政法》（下），中国法制出版社2005年第2版。

利,不能代替第三人提出诉讼请求。第二,原告不能以纳税人的身份就其与其他纳税人共同受害的事项提起诉讼。① 第三,当事人提出的请求必须属于有关制定法保护的利益范围(the zone of interests)。其中第三个在起诉资格发展史上是重大的进步。后面各章介绍相关标准具体内容。

第三节 比 较

研究表明,澳美两国司法审查原告起诉资格既有共同点和某种联系,也有不同之处。从未来发展趋势看,澳大利亚法院有可能借鉴美国在起诉资格方面已经取得的某些经验。在某种程度上说,美国法院的做法反映了当代民众对司法救济的期待和要求,也是促使行政权健康运行的重要措施。

一、共同点和联系

(一) 两国司法审查起诉资格有一定的渊源关系

澳美两国在司法审查原告起诉资格上有很多共同点,也有一定的联系。这种情况与澳大利亚法律体系本身属于普通法制度分不开。在20世纪70年代以前,澳大利亚行政法还不发达,联邦制定法较少,当时行政法受英国行政法影响大。20世纪70年代开始,联邦议会制定了不少成文法,进入新行政法阶段。此时,澳大利亚行政法仍然受英国行政法的影响,同时受到美国行政法的影响。澳大利亚行政法受美国行政法影响有多种原因,其中一个重要原因是,澳大利亚联邦宪法主要参考美国联邦宪法制定,受到美国影响较大。② 宪法是行政法的重要渊源,作为公法组成部分的行政法本身受到宪法的强烈影响,其行政法自然受到美国宪法和行政法的影响。

---

① Lujan v. Defenders of Wildlife, 504 U.S. 555 (1992).
② 参见朱应平著:《澳大利亚宪法权利研究》,法律出版社2006年版;朱应平著:《澳美宪法权利比较研究》,上海人民出版社2008年版。

事实上,不仅澳大利亚行政法受美国影响,英国行政法也受美国的影响。在谈到英国起诉资格的自由化的倾向出现的原因时,除了英国丹宁勋爵的影响外,就是美国的影响。"此变化的灵感也来自美国,美国最高法院已经敞开司法制度之门,允许各宽泛的利益进入法院,它对认可团体的直接起诉资格发挥着相当重要的作用。当1978年引入司法审查程序时,法律委员会的建议中包括了目的不在于束缚司法裁量的美国式的'充分'利益标准。"①

需要指出的是,虽然英国的普通法对澳大利亚有重大影响,但是在制定成文法简化普通法的繁琐技术要求方面,澳大利亚实际上与英国差不多同时,甚至还有领先英国之处。因为在1976年英国法律委员会提出《行政法上的救济制度》报告之后,先是最高法院第53号令,后是1981年《最高法院法》,在1977—1982年间推行了一系列改革,其目的在于确立单一的司法审查救济程序。这些改革举措摒弃了先前规范当事人选择救济手段的繁琐的技术规则,从而确立了可以视为正当救济手段的综合性方法。② 而澳大利亚在1977年就制定了《行政决定(司法审查)法》。可见,在司法审查的起诉资格制度改革方面,英国还有落后于澳大利亚的地方。而美国则可以给澳大利亚提供更多的借鉴。

(二) 法律源渊种类

两国对行政行为司法审查的原告资格法律渊源的种类相同,都有宪法、法律和判例。

1. 两国宪法对起诉资格都有相应的限制

美国宪法明确规定了法院受理的案件和争议。在美国宪法之

---

① 〔英〕卡罗尔·哈洛、理查德·罗林斯著:《法律与行政》(下卷),杨伟东等译,商务印书馆2004年版,第993—994页。

② 〔英〕彼得·莱兰、戈登·安东尼著:《英国行政法教科书》(第5版),北京大学出版社2007年版,第518页。

下,它将司法权限制在"案件和争端"上。① 如果没有现实的案件或者争端,司法权不能对争议作出决定。

澳大利亚联邦宪法没有明确使用"案件和争端"术语,但宪法使用"事项"等表达了案件和争议也是起诉资格的限制条件。理由是:

(1) 联邦宪法规定的管辖权限于"事项"

联邦宪法第 75 条和第 76 条赋予高等法院"原始的管辖权"。第 75 条规定,高等法院对下列事项有初审权:因条约而发生的事项;影响外国领事或者其他代表的事项;联邦或者个人代表联邦为诉讼当事人一方的事项;州与州之间、不同州居民之间或州与另一州的居民之间的事项;申请对联邦官员发出命令状、诉讼中止令状或者禁止令等事项。② 第 76 条规定:国会可以制定法律,将下列任何事项的初审管辖权授予高等法院:由本宪法而发出或者关于宪法解释的事项;由议会所制定的任何法律而发生的事项;关于海事和海上管辖权的事项;对同一问题不同的州法律均主张其权利的事项。奇怪的是,该条第 1 项"由本宪法发出或者关于宪法解释"的事项,是指根据第 76 条第 1 项列举的,并作为国会可以在高等法院管辖权范围内列举的事项,而不是第 75 条中高等法院应当具有管辖权的事项。据此,

---

① 美国联邦宪法第 3 条第 2 款:

司法权的适用范围包括:由于本宪法、合众国法律和根据合众国权力已经缔结或将缔结的条约而产生的一切法律的和衡平法的案件;涉及大使、其他使节和领事的一切案件;关于海事法和海事管辖权的一切案件;合众国为一方当事人的诉讼;两个或两个以上州之间的诉讼;(一州和他州公民之间的诉讼;)不同州公民之间的诉讼;同州公民之间对不同州让与土地的所有权的诉讼;一州或其公民同外国或外国公民或公民之间的诉讼。

就该领域早期案件的审查来说,参见 G L Haskins and H A Johnson, "Foundations of Power: John Marshall 1801—15" in History of the Supreme Court of the United States (New York, 1981) Vol II Part II Ch 8. 就后来案件做了很好的讨论,参见 F K Benfield and R J Lazarus, "Standing to Sue the Federal Government: Current Law and Congressional Power" (1981) 18 U. S. Dept of Justice Land and Natural Resources Division Journal No. 3,2.

② 参见萧榕主编:《世界著名法典选编·宪法卷》,中国法制出版社 1997 年版,第 46—56 页。另参见金太军:《当代各国政治体制——澳大利亚》,兰州大学出版社 1998 年版,第 242—272 页。

宪法赋予高等法院有权对立法和行政行为是否与宪法一致进行审查。①

司法审查的起诉资格要求可以说是在宪法上被迫如此而且是管辖性的,这样一种意义是澳大利亚联邦宪法第三章第 77 条中"事项"(matter)②的要求。至少在理论上有可能出现下列情况,即原告试图主张的某种诉讼主题与原告的利益是如此之遥远,以至于它不可能构成一种"事项"。因此,联邦法院常常缺乏管辖权审理此种案件。同样,国会也有可能颁布立法批准此类诉讼。可以推测,这样的立法是违宪的,而且根据此类立法提起的任何诉讼都将超出法院的管辖权。在此意义上,宪法"事项"的要求可能施加了一种绝对最低的资格要求,它是法院必须执行的。③

(2) 澳大利亚实行普通法系国家的主要制度

澳大利亚联邦宪法借鉴了美国宪法主要制度,实行判例法,也将案件和争议作为是否受理的重要条件。澳联邦高等法院司法审查权的行使前提是:只有当事人在法律程序中提出合宪性问题;法院不能单方作出行为,也不能给出咨询性的意见。④

2. 两国法律都有相应规定,立法都呈现放宽起诉资格的趋势

如前指出,澳大利亚联邦《行政决定(司法审查)法》规定原告必

---

① P. H. Lane, The Australian Federal System, 2nd ed., LBC, 1979, pp. 1135—44; G. Lindell, 'The Justiciablity of Political Questions: Recent Developments', in H. P. Lee and G. Winterton (eds), Australian Constitutional Perspectives, LBC, 1992, pp. 218—29; R. D. Lumb, 'The Judiciary, the Interpretation of the Constitution and the Australian Constitutional Convention' (1983) 57 Australian Law Journal 229, p. 229.

② 第 77 条规定,关于前两条规定的事项,议会得制定法律:(1)确定除高等法院以外的各联邦法院的管辖权;(2)确定不属于或授予各州法院管辖权的各联邦法院管辖权的范围;(3)将属于联邦的管辖权授予州法院。

③ Australian Conservation Foundation v. Commonwealth (1980) 28 ALR 257, 286—287 per Mason J;澳大利亚法律改革委员会报告第 80—81 段。转引自 Kathleen M Mack, Standing to Sue under Federal Administrative Law, Federal Law Review 1986, Volume 16, p. 324.

④ 参见何勤华主编:《澳大利亚法律发达史》,法律出版社 2004 年版,第 87 页。朱应平:《论澳高等法院对制宪会议辩论记录的运用》,载《西南政法大学学报》2006 年第 2 期;朱应平、有笑晨:《论澳大利亚违宪审查制度的建立》,《公法评论》第 4 卷,北京大学出版社 2007 年版,第 282—298 页。

须是受到损害的人,即"受害人"。具体规定在 3、5—7 条四个条文中。第 5—7 条规定的起诉资格条件是,受行政决定、行政措施或懈怠行为侵害的个人。第 3 条第 4 款规定的受害人是指受行政决定、行政措施或懈怠行为不利影响的人。美国 1946 年联邦《行政程序法》第 702 条规定:因机关行为致使其法定权利受到损害的人,或受到在有关法律规定内的机关行为的不利影响或损害的人,均有权诉诸司法审查。除了上述立法对起诉资格做了一般规定外,还有不少单行法规定了不同行业或领域的起诉资格。这些立法对起诉资格的规定总体上呈现放宽的趋势。

虽然上述立法没有明确规定本文所说的四个起诉资格标准,但是这些立法为法院抽象出四个标准提供了依据。

(三)起诉资格条件包括四个基本方面内容

通过司法和学者努力,两国都将受侵害、受损害、受不利影响作为起诉资格的标准。这种共同性说明,人类治理社会的经验有很多共同之处。实践证明,将这些内容作为标准是合适的。实际上,越来越多的国家都将这些标准作为起诉资格的条件。

澳大利亚法院概括的四要素明显受美国判例的影响。资格条件是由四个元素构成的:①(1)元素之一是原告要求的利益。(2)第二个元素是原告的损害,它是由对这种利益的干涉构成的。(3)第三个元素是,这种伤害或者干涉是由受审查的决定引起的。(4)第四个元素是,有可能情况是,由审查法院所作的有利的判决将会纠正或者减小这种伤害。②

前文和后文分析表明,美国起诉资格为两个:实际损害和利益范围。但如果把它们的具体内容展开,实际上也涉及四方面内容。美国学者有不同的概括。有的学者将此称为审慎性规则的资格

---

① 这些得到采用并发展,是来自斯卡利亚法官在 Lujan v. Defender of Wildlife 504 US. 555 at 560—561(1992)案件中的分析。Truth About Motorways v. Macquarie Infrastructure (2000) 200 CLR 591 at 634[113] per Gummow J, at 656[169] per Kirby J

② See Christopher Enright, Federal Administrative Law, The Federation Press,2001,p. 338.

(standing as a prudential rule)。① 它是法院"自我限制"(self-restraint))的规则,以便于"避免在没有个人权利提出主张时以及把接近联邦法院限制在那些最适合于主张某项特定申诉的诉讼当事人时,对宽泛的社会意义(social import)问题加以决定"。② 它有几项具体要求:其一,"利益区域"测试("zone of interests" test)。只有在下列情况下才授予资格:"被原告申请保护的这种利益是可以争辩地处于法律或者宪法保障所保护或调控的利益范围内"。③ 在它第一次被陈述出来之时,持反对意见的法官④和评论者⑤认为它是宪法性测试。但是现在很清楚,这只是一个审慎的规则⑥。其二,禁止某原告只主张第三当事人的权利。这可以被称作为"最好的原告规则"。自从 1975 年获得阐述以来,很长时间从最高法院的视野中消失了。⑦ 但是 20 世纪 90 年代,法院又使用这一规则。最高法院的解释是,"即使原告主张的损害足以满足'案件或者争议'的要求,最高法院也认为,原告一般必须主张自己的法律权利和利益,不能将其救济请求建立于第三人的法律权利或者利益之上"。⑧ 同样也可以被称为所谓"概括性不满"(有的翻译为普遍性不满)规则("generalized

---

① 除另外注释外,主要参见 Daniel A Bronstein, An American Perspective on Australian Conservation Foundation Incorporated v. Commonwealth of Australian and the Status of Environmental Law in Australia, (1982) Federal Law Review 78—80.
② Gladstone, Realtors v. Village of Bellwood 441 US 91, 99—100 (1979).
③ Association of Data Processing Service Organizations v. Camp 397 US 150, 153 (1970).
④ Brennan and White JJ.
⑤ 戴维斯教授把他的大部分文章用来攻击这个测试(test)。
⑥ "Data Processing 判决确立了第二个、非宪法性资格的要求:原告的利益……至少是'可以争辩地处于受保护或受规制的范围内……" Simon v. Eastern Kentucky Welfare Rights Organization 426 US 26, 39 (1976).
⑦ Warth v. Seldin 422 US 490, 499 (1975). 对此讨论参见 F K Benfield and R J Lazarus, "Standing to Sue the Federal Government: Current Law and Congressional Power" (1981) 18 U. S. Dept of Justice Land and Natural Resources Division Journal No. 3, 15—19.
⑧ United Food and Commercial Workers v. Brown Group, 517 U. S. 544, 557 (1996). 参见孔祥俊著:《行政行为可诉性》,人民法院出版社 2005 年版,第 239 页。

grievance"rule)。① 最后一个规则是,因果关系/矫正标准,当它最初被阐述时,法院明确地将之陈述为宪法性而非审慎的规则。尽管法院做了这种清楚的陈述,在这里它被包括在审慎规则的类别中,因为那是它能被适用的唯一方式。因为法院从未概括性地将之公式化,采用本菲尔德(Benfield)和拉热勒斯(Lazarus)的话:"必须有一种'适当地追溯的'(fairly traceable)因果关系存在于被告所声称的违法行为与原告的损害之间,如此,所申请的这种救济将矫正这种损害"。② 这里概括的几个方面基本反映了上述四要素。

需要指出的是,虽然本书介绍了两国原告起诉资格的一般做法,但实际情况往往很复杂,不能机械地理解这种一般的做法。澳美两国法院在上述四方面的做法并非机械的教条。

二、不同点

两国也有不同之处,这是因为每个国家有自己的国情。

(一)法律渊源种类

1. 两国分类不同和宪法对起诉资格影响程度不同

澳大利亚所说的行政法上的起诉资格就是单纯地指行政法意义上的四点要求。一般不提宪法上的要求。宪法上的要求主要是强调个案,但这一点通常不纳入起诉资格范围内,而置于法律渊源范畴。

美国则不同,其起诉资格标准分为宪法上和法律上两类。如前文提到宪法上三个宏观的标准,主要围绕损害展开。法律上的三个

---

① "……当所声称的损害是一种'概括性损害'(generalized grievance),而且在实质上为所有公民或者很大群体的公民以同样程度所共有时,通常情况下,那种损害不能保证管辖权的行使。"Warth v. Seldin 422 US 490, 499 (1975) 案件对此加以讨论。在 F K Benfield and R J Lazarus, "Standing to Sue the Federal Government: Current Law and Congressional Power" (1981) 18 U.S. Dept of Justice Land and Natural Resources Division Journal No. 3, 19—20. 比较上面的陈述与来自下列美国案件 US v. Students Challenging Regulatory Agency Procedures 412 US 669, 688 (1973) 中的一段话:"否认给事实上受到损害的人资格仅仅由于许多其他人也受到损害,这意味着,最受害的和最广泛的政府行为可能不受任何人挑战。我们不接受那个结论。"这说明法院的看法还不一致。

② F K Benfield and R J Lazarus, "Standing to Sue the Federal Government: Current Law and Congressional Power" (1981) 18 U.S. Dept of Justice Land and Natural Resources Division Journal No. 3, 9.

标准主要围绕利益范围。这种分类说明美国对起诉资格的认识更深刻。学者指出①,作为预备性事项(preliminary matter),必须认识到,当"起诉资格"这个术语在美国使用时,与在大多数其他普通法国家使用的"出庭资格"不能直接相互交换,尽管它们来自同样的起源。美国的资格法有两个不同部分:宪法性的"(constitutional)和"审慎性的"(prudential)②。第一个与"管辖权"和"可诉性"密切相关;第二个更接近"出庭资格"的争议。作为宪法性规则的资格,作为对实际"案件或者争端"的宪法性要求的解释的组成部分,最高法院设计出对能够提出争议的当事人的限制。换言之,它已经施加了资格的限制。这些限制的目的是保障,提起争议的当事人在"该项争端的结果中"有某种充分的"个人利害关系"③,以确保诉讼中呈现出最好的辩论。……尽管没有直接批评早期法院审理的此类案件,但是最高法院在 1930 年代开始把资格的某些方面合并进宪法"案件和争端"的要求之中。④ 在 1968 年以来的一个长长的案件系列中⑤,最高

---

① Daniel A Bronstein, An American Perspective on Australian Conservation Foundation Incorporated v. Commonwealth of Australian and the Status of Environmental Law in Australia, (1982) Federal Law Review 78—80.

② 联邦最高法院依据司法制约理论发展成"审慎考量原则"(prudential concerns principle),认为法院最重要及最慎重之职权乃系审理宪法上之争点,故于行使此项职权时,应遵循绝对必要之政策。参见史庆璞著:《行政行为与美国行政争讼制度之研究》,载《美国宪法与政府权力》,三民书局 2001 年版,第 35 页。

③ Baker v. Carr 369 US 186, 204 (1962).

④ 这一历史可以在下列文献中发现:R Berger, Standing to Sue in Public Actions: Is it a Constitutional Requirement? (1969) 78 Yale LJ 816; L L Jaffe, The Citizen as a Litigant in Public Actions: the Non-Hohfeldian or Ideological Plaintiff (1968) 116 U Pa L Rev 1033; A M Bickel, The Least Dangerous Branch: the Supreme Court at the Bar of Politics (Indianapolis, 1962) Ch 4.

⑤ Hardin v. Kentucky Utilities Co 390 US 1 (1968); Flast v. Cohen 392 US. 83 (1970); Barlowe v. Collins 397 US 159 (1970); Sierra Club v. Morton 405 US 727 (1972); US v. Students Challenging Regulatory Agency Procedures 412 US 669 (1973); Schlesinger v. Reservists Committee to Stop the War 418 US 208 (1974); Warth v. Seldin 422 US 490 (1975); Franks v. Bowman Transportation 426 US 26 (1976); Arlington Heights v. Metropolitan Housing Development Corporation 429 US 252 (1977); Duke Power Co v. Carolina Environmental Study Group Inc 438 US 59 (1978); Gladstone, Realtors v. Village of Bellwood 441 US 91 (1979); Davis v. Passman 442 US 228 (1979).

法院一直在努力处理这一争议,而且后来的审查推断,它最终采用了这个观点,自1970年以来为戴维斯教授强烈地支持①,那就是,资格的宪法性标准(constitutional test of standing)是"事实损害"(injury in fact)。② 这种损害不必是经济上的或者金钱方面的,它"可以反映'美学的、保育的(conservational)和娱乐的'价值,也包括经济上的价值"。③ 也不需要这种损害很大,正如最高法院已经"允许重要的利益将被原告证明那样……这些原告的利害关系就如同一场投票的一片段,……五分钱罚款……以及1.5元的人头税那样"。④ 如果某组织的任何成员对有利于他们自己的利益享有资格,那么该组织就有资格⑤,而且许多人都受到的普遍性损害这一事实不足以否认某当事人的起诉资格。⑥

澳美两国宪法都对起诉资格有限制,但美国更强调宪法的限制,而且限制更严格。在美国宪法之下,第三条第2款限制了联邦法院司法权到"案件"和"争端"上。这一点与澳大利亚宪法中的"事项"限制类似,但是美国宪法的限制可能更具有限制性。⑦

可见,美国司法审查原告资格不仅受到宪法确立的"案件或者争端"限制,而且从中推导出"事实损害"这一宪法性标准。美国法院更强调其起诉资格受到宪法的限制。

---

① K C Davis, The Liberalized Law of Standing, (1970) 37 U Chicago L Rev 450.

② F K Benfield and R J Lazarus, Standing to Sue the Federal Government: Current Law and Congressional Power, (1981) 18 U. S. Dept of Justice Land and Natural Resources Division Journal No. 3,2.

③ Association of Data Processing Service Organizations v. Camp 397 US 150, 154 (1970). 它在 Sierra Club v. Morton 405 US 727, 738(1972)案件中被引用来支持其观点。

④ US v. Students Challenging Regulatory Agency Procedures 412 US 669, 689 n 14 (1973). 在同样的注释中,法院引用戴维斯教授的话加以证明:"某个可以识别为不重要的事情足以为一个原则的问题争辩提供资格;该不重要的事情是其资格的基础,而且该原则补充了这一动议。"

⑤ "其成员受到损害的某个组织可以代表那些成员。"Sierra Club v. Morton 405 US 727, 739 (1972).

⑥ "……资格不能仅仅因为许多人遭受同样的损害而被拒绝"。US v. Students Challenging Regulatory Agency Procedures 412 US 669, 687 (1973).

⑦ Australian Conservation Foundation v. Commonwealth (1980) 28 ALR 286 per Mason J.

2. 法律规定的重点不同

两国法律对起诉资格的一般规定不同。美国主要在《行政程序法》中规定。而澳大利亚则在专门的《行政决定(司法审查)法》中规定。前一部法律属于典型的行政法特别是行政程序法,后一部则主要属于司法诉讼程序法,当然也有不少实体内容。

澳大利亚没有与美国《行政程序法》直接的对应立法。澳大利亚联邦《行政决定(司法审查)法》规定原告必须是受到损害的人,具体规定在3、5—7条四个条文中,内容非常详细。立法把起诉资格界定为"受害人";明确造成损害的三大类情形:作出决定、措施或者怠于作出行为;规定了详细的诉讼理由;明确界定了受害人的含义及受到不利影响的人。可见,澳大利亚的立法不像美国联邦《行政程序法》出台之前的判例时候那样仅仅局限于"法律权利"标准上,甚至在美国《行政程序法》出台之后,法院还有一段时间仍然局限于"法定权利"受损害才有起诉资格。直到20世纪70年代这种状况才改变。澳大利亚立法使用的"损害"、"不利影响"等标准给法院放宽起诉资格的条件提供了极大的立法便利,遗憾的是,至今法院在解释这部法律条文时,仍然比较保守。虽然与早期相比有了很大扩展,但仍然局限在普通法确立的"特殊利益"标准的框架内。高等法院的判决在此方面负有主要的责任。它们经常以20世纪80年代的澳大利亚保育基金公司诉联邦等判例作为解释的主要判例,刻意强调在诉讼主题中的特殊利益,以及当事人自己特有的利益受损害等。

美国1946年联邦《行政程序法》第702条规定:因机关行为致使其法定权利受到损害的人,或受到在有关法律规定内的机关行为的不利影响或损害的人,均有权诉诸司法复审。如向美国法院提起的诉讼要求获得非金钱补偿的救济,并且说明它控告的是机关或某个官员或职员以官方身份或打算有法律根据的旗号的作为或不作为,也不得以美利坚合众国是不可替代的当事人为理由不予受理或拒绝给予救济。美利坚合众国在此类诉讼中都可列为被告,法院可以作出反对合众国的判决或命令,但任何强制性的、禁止性的判决必须具体指定联邦官员(注明姓名和职务)及他的工作的继任者个人负责执行,本条规定并不:(1)影响对司法复审的其他限制;影响法院根据其他正当的法律理由或衡平法上的理由驳回任何起诉或拒绝救济的权力和职责;(2)授权给予救济,如果其他允许起诉的法律明示或默示禁止给予所求之救济的话。①

上述两国的主要法律规定表明,澳大利亚立法没有把起诉资格限制在"法定权利"上,而将重点放在"受害"、"不利影响"上。而美国立法规定中"因机关行为致使其法定权利受到损害的人"很显然反映是的联邦《行政程序法》制定之前法院当时对起诉资格的理解。由于"法定权利"严重影响了很多人的权利保护,所以该法增加了另一句"受到在有关法律规定内的机关行为的不利影响或损害的人",这就把非法定利益等纳入起诉资格范围之中。该规定最终促进了原告资格的放宽。诉讼当事人开始主张该法并不仅仅使现有的"法律利益"理论法典化,而且由于只要起诉人能够证明其受到了事实上的不利影响,就允许其请求司法审查,由此扩展了原告的范围。

3. 司法解释重点不同

两国法院对起诉资格解释的重点不同。澳大利亚的重点并没有放在《行政决定(司法审查)法》规定的"受害人"和"不利影响"上,而是放在普通法传统的"当事人在诉讼主题事项中有特殊利益"标准上。这种特殊利益要大于、高于一般社会公众利益,而且为当事人所特有。强调其大、特,成为起诉资格受到严重限制的重要原因。

美国法院的解释长期以来集中在如何突破"法律权利"的限制,以及对联邦《行政程序法》"受到在有关法律规定内的机关行为的不利影响或损害的人"的解释上。直到20世纪70年代美国最高法院才澄清《行政程序法》第702条规定的涵义。它并未完全赞同之前的一些主张,而是确立了一种至今仍然适用的相对宽松的分析框架。在资料处理服务组织联合会(法人)诉坎普一案中,最高法院将寻求司法审查的原告资格法律归结为两个问题:(1)起诉人是否主张

---

① 萧榕主编:《世界著名法典选编·行政法卷》,中国民主法制出版社1997年版,第8页。

"事实上的损害";(2)起诉人寻求保护的利益是否"可争辩地"属于"所涉及的制定法或宪法保护或者调整的利益范围"。① 从此,法院对起诉资格大大放松了要求。这是澳大利亚法院至今没有做到的。

有意思的是,也有学者对美国联邦《行政程序法》第 10 条的效果②提出了不同的看法,即这部法律没有授予资格。③ 美国《行政程序法》是一部宣布了政府机构应当履行其事务方式的一般法律,除非特定法律规定了其行为的其他程序或者豁免遵守本法条款规定的这些行为。该法第 10 条规定:"因为机关行为遭受某种违法行为侵害或者受到该机关行为不利影响或损害的某个人……被授予获得司法审查的资格"。学者认为,这一规定授予当事人起诉资格的条件,但实际上该条规定没有改变起诉资格的原则。

在该作者看来,《行政程序法》第 10 条授予的内容是诉讼理由(或者权利)而不是起诉资格。最高法院在一个重要的阐述性脚注中,已经对下列评论中讨论的许多概念进行了区分:管辖权是一个关于联邦法院是否有权……审理某个案件的问题……;起诉资格是关于某个原告是否足以成为被告的对手,以便创造宪法第 3 条的案件或者争端,或者……克服对联邦法院管辖权审慎的限制……;诉讼理由是关于某特定原告是否是诉讼当事人阶层中的一个成员的问题,它可以……适当地诉诸于法院的权力;救济是一个关于联邦法院可以做出的能够获得各种救济的问题。④ 法院继续说:申请人是否已经主张了一项诉讼理由,这不取决于其损害的品质或程度(资格问题中的一项内容),而是取决于申请人作为其成员的诉讼当事人的阶层(the class of litigants)是否可以使用法院强制实施争议的权利。⑤ 据此

---

① Association of Data Processing Service Organizations v. Camp. 397 U. S. 150, 152—154 (1970). 参见孔祥俊著:《行政行为可诉性》,人民法院出版社 2005 年版,第 203—204 页。
② 5 USC s 702. 美国法典第五篇(title)第 702 条(section)。关于"篇"的翻译请教了张千帆教授,特此感谢。
③ Daniel A Bronstein, An American Perspective on Australian Conservation Foundation Incorporated v. Commonwealth of Australian and the Status of Environmental Law in Australia, (1982) Federal Law Review 80—81.
④ Davis v. Passman 442 US 228, 239 n 18 (1979).
⑤ Ibid.

看法,诉讼理由与救济关系密切。

除了《行政程序法》之外,立法机关可以限制或者扩大诉讼理由而实际上没有限制。许多美国法律授予了非常有限的诉讼理由。在许多环境法律下,例如,某可能的原告必须事先提供书面通知说明其起诉的意图,然后必须等待行政机关自行采取行动的一段特定时间;不遵守这个要求将会导致该项诉讼的驳回。[①] 这说明立法对诉讼理由的规定直接影响原告是否能够实际享有起诉资格。

此外,两国在解释起诉资格条件时的一致性程度也不相同。后文分析表明,澳大利亚法律对原告资格规定要明确具体得多,虽然也存在很多不同的解释。但是法院对起诉资格的解释和适用所遇到的争议远没有美国法院遇到的那些情况复杂。前者解释和适用的一致性程度比美国高。

(二) 起诉资格条件具体内容不同

两国法院在解释利益、利益受损害、因果关系、可救济性方面都存在一些具体差异。这在后文各个部分逐步介绍。

三、借鉴

由于美国行政法比澳大利亚起步早、积累的经验丰富,加上澳大利亚宪法深受美国影响,所以澳大利亚在解释和适用宪法和法律,阐述起诉资格时也受到美国的影响。以环境方面的公益诉讼为例。丹尼尔研究结果表明[②],澳大利亚法院在审理某些案件中,研究了美国法院的判例,但可能是错误地加以适用,结果没有及时借鉴美国好的经验。从未来发展趋势看,澳大利亚可能更多地借鉴美国的一些做法,一些澳大利亚社团和律师都希望本国法院能借鉴美国法院的一些做法。

[①] F K Benfield and R J Lazarus, Standing to Sue the Federal Government: Current Law and Congressional Power, (1981) 18 U.S. Dept of Justice Land and Natural Resources Division Journal No. 3, 24—48.

[②] Daniel A Bronstein, An American Perspective on Australian Conservation Foundation Incorporated v. Commonwealth of Australian and the Status of Environmental Law in Australia, (1982) Federal Law Review 76—89.

第二章

原告起诉资格的演变进程

澳美两国的起诉资格主要是通过案例形成的。两国在案例形成资格法规则过程中,既有一些共同经验,也有各自特色。总结这些经验,对于完善各自制度,以及借鉴它们成功的经验十分必要。

第一节 澳大利亚司法审查原告起诉资格的演变进程[①]

澳大利亚起诉资格案例的发展有鲜明的特色。第一,在1977年联邦《行政决定(司法审查)法》之前,其起诉资格基本采用英国传统的普通法做法,即早期英国的博伊斯案件和其他相关案件的做法处理起诉资格问题。具体说采用"特殊损害"标准。在1980年案件中,法院开始使用"特殊利益"替代"特殊损害",扩大了标准的灵活性。1977年成文法出台后,法院开始逐步把成文法规定的"受害人"标准和传统普通法的"特殊利益"标准结合。但总体来看,仍然深受传统普通法"特殊利益"标准的影响,对成文法"受害人"标准的解释和适用十分有限。第二,尽管法院解释"特殊利益"标准上受到传统普通法的影响较大,但法院还是通过各种办法放宽标准,使传统的严

---

① 主要参考 Christopher Enright, Federal Administrative Law, The Federation Press, 2001, pp. 332—338. Margaret ALLARS, Standing: the role and evolution of the test, Federal Law Review 1991 Volume 20 at 83—110. Enderbury, James, Equity and Public Law in the Law of Standing: Bateman's Bay Local Aboriginal Land Council v. the Aboriginal Community Benefit Fund Pty Ltd, (1999) 21 Sydney Law Review 129.

格要求逐渐宽松。比如,原来对公权利受侵害现象强调只能由总检察长提起诉讼,后来承认个人或者组织在某些条件下可以提起诉讼,这就扩大了原告主体的范围。再如,原来公益诉讼特别是环境保护类的公益诉讼不符合传统的"特殊利益"标准,通过法院努力,放宽了对它的解释,如扩大了利益的范围,再者总结出环境保护领域特有的五标准等来扩大"特殊利益"标准的灵活性。第三,澳大利亚法院在发展本国特色的起诉资格法过程中,也研究美国的做法。但是总体看,研究深度不够,对其借鉴比较保守,甚至还有错误理解和适用的情况。以下介绍主要内容。

一、概述

起诉资格既是 1977 年联邦《行政决定(司法审查)法》司法上的要求,也是普通法上的司法要求。作为司法判决的结果,起诉资格对所有救济来说同样是非常有效的,而不管起诉资格的公式如何措辞。它要求原告要有一种特殊的利益。

澳大利亚司法审查原告起诉资格包括普通法和成文法上的起诉资格之分。20 世纪 70 年代新行政法产生之前,主要适用普通法上的起诉资格,根据申请救济的种类不同而采用不同的起诉资格。1977 年联邦《行政决定(司法审查)法》为方便当事人的起诉,把普通法上不统一的标准逐步统一为"受害人"。

行政法的演进很大程度上是摆脱由特权性令状占据主导地位导致的限制这样一个过程。《行政决定(司法审查)法》的意图就在于,应该完成这个转变过程,在制定这部法律时艾利考特(Ellicott)皇家律师(QC)先生如是说。移走一般法[①]中救济困难这种想法,尽管主要是指向特权性救济,但是在逻辑上可以被理解为包括了对与那些救济有关、与禁制令及宣告令资格标准(test)的灵活性和放宽的考

---

① "一般法"意指下列司法审查:州和地区最高法院享有的固有的监督性管辖权、联邦宪法第 15 条第 5 项规定的高等法院原始的管辖权、1903 年联邦《司法法》第 39B 条规定的联邦法院的管辖权。

虑。当然,在确定某种起诉资格标准时,《行政决定(司法审查)法》之下的法律是"唯一的和简单的",这种做法不仅为艾利考特皇家律师所遵守,而且也为法律改革委员会在其后来所作的关于公益诉讼资格的报告中所遵循。① 就是说,制定《行政决定(司法审查)法》的目的是为了提供统一的简单的标准,并克服传统起诉资格标准的不便和不灵活。艾利考特和法律改革委员会都希望实现这一点。

但是,《行政决定(司法审查)法》没有穷尽一切救济。在该法没有规定的情况下,继续适用普通法原则。"在根据一般的行政程序性法律如联邦《行政决定(司法审查)法》规定可以申请救济的情况下,起诉资格的法定标准必须予以适用。但是在法定存在但却不适用于申请审查所针对的行政决定的情况下,普通法原则继续适用。在新南威尔士州、北部地区、南澳大利亚、西澳大利亚和塔斯马尼亚州,在不存在一般行政法律程序法的情况下,普通法原则予以适用。"②普通法对起诉资格的要求是"在主题事项中有某种特殊利益"。《行政决定(司法审查)法》规定的资格条件是"受害人"。二者之间关系非常密切。一方面,普通法的很多起诉方式纳入《行政决定(司法审查)法》之下③。另一方面,法院在解释《行政决定(司法审查)法》中的"受害人"资格时,经常采用普通法中的"在主题事项中的特殊利益"加以解释。所以直到 1986 年时有学者断言④:"《行政决定(司法审查)法》下的案件已经稳定地处于普通法的分析框架之下,要求对某种狭窄范围的利益产生损害作为授予某当事人

---

① 法律改革委员会:Standing in Public Interest Litigation, Report No 27 (1985),但是要服从某些例外,ibid para 269.
② Hayley Katzen, Roger Douglas, Administrative Law, Butterworths,1999 at 89.
③ 如第 18 条,参见第一章第一节脚注。
④ Kathleen M Mack,Standing to Sue under Federal Administrative Law, Federal Law Review 1986,Volume 16 at 336.

起诉资格的基础,而该当事人是申请挑战政府行为的人。① 但是,需

---

① 由联邦法院合议庭作的一个案件提示,这种概括也许并不完全正确。在 1986 年奥格尔诉斯特里克兰案中(在上诉到联邦法院合议庭被推翻,(1987) 71 FLR 41),一位英国国教的牧师和一位罗马天主教牧师挑战一部进口电影的登记行为,其理由是,这部电影亵渎了神灵,阻止其进口的理由在 1956 年联邦《海关(电影)法规》第 13 条规定中。起诉资格的这种基础是:这部电影亵渎了根本的基督教信仰、教义,因此,如果根据相关法规规定允许其进口是违法的话,在阻止这样一部电影放映时,宗教牧师有某种特殊的利益,而且因此比一般的社会公众有更大的利益。(471 页)。

初审中,谢泼德法官代表法院对必须决定资格的阶段问题和必须的证据的标准表达了关切:"我已经对我是否应该就下列问题作出指示提供了某些考虑,关于申请人起诉资格的问题被分离地处理,但是在思考之后,已经决定不要采取那种方法。在那些情况下,重要的是,我心里记得,就被告来说,为了成功,他们必须证明,没有任何基础支持,宗教牧师有充足的利益来坚持,他们声称渎神的电影不应该获得被告的证明而且被被告登记。"(第 471 页)

之后谢泼德法官表达了清楚的看法:一般法之下的资格决定适用于决定《行政决定(司法审查)法》法定标准下的资格的范围:

"尽管在把根据一般法作出的判例适用于根据《行政决定(司法审查)法》提出的申请时要有某种程度的谨慎,但是对我来说,情况似乎是,一般法判例对该法律中的'受害人'这些词语的解释是相关的,这仅仅是因为这部法律被设计来提供一种更为流水式的对联邦行政行为进行司法审查的替代手段。如果这部法律是打算对法院就这个问题使用一种长期确定的方法产生影响的话,那么就可以期待,适当的语言已经清楚地表明,这就是立法机关的意图。在我看来,没有使用这样的语言。另外,由本院法官在更早引用的判决中所提出的这种测试并未提示,这种立场是非常不同于一般法之下的立场。因此我应该尊重我已经提到的高等法院的这些判决,以及作为基础的英国案例,针对该问题的这种方法的标志,本院应该采用这种方法。"(第 470 页)

类似于奥纳斯案件,争论的是,原告有资格阻止他们作为牧师所持有的损害神圣的或精神的价值。谢泼德法官拒绝了这种主张,强调由土著人在奥纳斯案中显示出来的财产类型的利益,谢法官推断说:"我已经获得了清楚的结论:该案件不是申请人起诉资格应该获得承认的案件。尽管他们作为宗教牧师的特殊地位,但是我不认为,他们处于与数不清的带有不同程度的奉献、承认基督教信仰的其他社会成员之间有什么不同的地位。这种情况,连同缺乏对任何财产的或所有利益的任何威胁,都说服我,只能做出拒绝给予起诉资格的结论。"(第 472 页)

在上诉到合议庭后,该项判决被全体一致地推翻了。费希尔法官、洛克哈特法官和威尔考克斯法官都同意,原告精神上的关切将他们置于与社会其他成员非常不同的地位。费希尔法官、洛克哈特法官把这个结论建立在原告是牧师和教职人员的身份上,而威尔考克斯法官则认为他们作为基督徒的利益是充分的。

所有三位法官都意识到,他们正在放宽《行政决定(司法审查)法》下的资格范围,而且给予本文和澳大利亚法律改革委员会报告中提到的关于资格的许多方面都予以延伸性的考虑。他们似乎依赖于一般法之下的判决,作为比通常情况下受害人能够获得资格的一种更宽泛资格规则的渊源。威尔科克斯法官表达了下列意愿:联邦法院不能"落后于"正在发生的这种态度上的任何扩展。(55 页)

要指出的是,基于《行政决定(司法审查)法》立法目的的考虑,法院在对"主题事项中的特殊利益"进行解释时,实际上不断对此进行扩展。

二、普通法中的起诉资格要求①

在引进统一的"特殊利益"公式之前,普通法中司法审查的起诉资格因救济种类不同而不同。普通法上的原告资格标准依赖于申请救济的类型。启动法院程序时某人申请后果(outcome)或结果(result)的法律条件之一是,要求其申请的救济种类必须具有纠正(remedy)或救济(relief)作用。但是,作为一般原则,澳大利亚普通法上的原告资格是,申请人必须有一项私人权利或者能确定其"在主题事项中有某种特殊利益"。②

1. 禁令和复审令(prohibition and certirari)

禁令令状是由法院发布的阻止某裁判所或下级法院继续任何进一步行为的命令,其前提是裁判所或下级法院超越了其管辖权或者拒绝给予某人享有其被授予的自然正义、影响了公民权利等问题。禁令禁止某行政决定者在其没有管辖权时,开始、继续或实施程序。

"防洪闸门"主张被拒绝了,尽管表达了某些担忧,根据第5条规定扩展的诉讼资格也将扩展第13条之下申请说明理由的人的种类的范围。(Lockhart法官,第49、50页)

对费希尔法官、洛克哈特法官来说非常重要的一个因素是考虑下列情况发生的可能性,即如果拒绝给予原告资格,那么除了总检察长以外,没有任何人可以挑战政府行为的适当性。对许多公益诉讼来说,情况常常如此,它们由希望提起非传统型利益的当事人提起。

奥尔案在《行政决定(司法审查)法》下出庭资格法律中是一个非常重要的发展。有趣的是要看到,到什么程度上,在其他原告申请主张非传统的或者一般的公益情况下,关于更大的资格范围方面的建议能够得到承认。

① 本部分主要参见 Standing in Public Interest Cases, Queensland Public Interest Law Clearing House Incorporated, July 2005, at 6—7 页, http://www.qpilch.org.au/_dbase_upl/Standing.pdf. Christopher Enright, Federal Administrative Law, The Federation Press, 2001, pp.333—334. Joshua D Wilson SC, Michael McKiterick, Locus Standing in Australia—A Review of the Principal Authorities and Where it is all Going, The University of Melbourne, The 2010 Conference of the CIVL Justice Research Group.

② Australian Conservation Foundation Inc v. Commonwealth (1980) 146 CLR 493 (Gibbs J). http://www.qpilch.org.au/_dbase_upl/Standing.pdf.

对禁令来说,必不可少的是,有部分行政决定过程尚未实施完毕。① 如果行政决定者完整地履行了职责,就不能采用禁令。

传统上,只有在下列情况下,某人才有资格申请禁令:第一,申请人是该程序的一方当事人。第二,基于法院裁量权而定,但是一般来说,只有在该当事人"受害"时。在英国,法院已经放松了与禁令和调取案件令状的资格的标准,其条件是,申请人不仅仅是一个"爱管闲事的人",其利益受到影响的公众任何成员,在某政府当局出现公然的和严重违反法律而没有受到审查的情况下,都有原告资格。② 澳大利亚没有遵循英国这种宽泛的方法,而是使用"特殊利益"的标准来决定原告起诉资格。③

调取案卷令状集中出现在撤销已经作出的某个命令或决定时。它用于已经完成的决定,被援引来纠正出现在记录表面上的某个法律错误。如同禁令一样,在过去,某人申请调取案卷令状的资格属于法院的裁量权范围,它通常适用于某个"受害人",即某人已经遭受了损害,而且比公众普通成员遭受的损害更大。④ 现在法院使用"在主题事项中的某种特殊利益"标准来决定调取案卷令状的资格。⑤ 行政法中的案件调取令有两个部分,一项将关于行政决定者所做决定的记录移送到更高法院的命令,其要点是撤销受到审查的行政决定。

禁令和调取案件令经常放在一起,这是因为适用于其中一种的大部分原则也适用于另一种。禁令限制某行政决定者继续实施其他决定。而案件调取令的效果是撤销决定,单独采用案件调取令可能对错误的纠正还不充分。案件调取令有时候要与其他令状结合使用。例如,案件调取令撤销一项拒绝许可的决定后,该令状不能授予

---

① Re Wakim; Ex parte McNally (1999) 198 CLR 511 at 592 per Gummow and Haynes JJ.
② Eg. R v. Greater London Council; Ex parte Blackburn [1976] 3 All ER 184.
③ Ex parte Helena Valley/ Boyce Ass (Inc); State Planning Commission and Beggs (1989) 2 WAR 422.
④ Cheatley v. R (1972) 127 CLR 291.
⑤ Cheatley v. R (1972) 127 CLR 291.

许可或者不能强迫行政机关对许可进行复议。因此,往往同时申请训令(mandamus)与调取案件令。案件调取令撤销决定的时间从它作出时开始。① 禁令在行政决定者没有合法管辖权时,即禁止其开始、继续或实施程序。

在案件调取令或禁令的申请以该项程序表面上存在明显管辖权缺陷为基础的情况下,法院没有裁量自由,必须发布禁令或案件调取令。② 但是在其他情况下,这种令状是否签发依赖于法院的裁量权。③

2. 禁制令(injunction)和宣告令(declaration)

现代公法中最经常使用的救济是禁制令和宣告令。禁制令是法院要求某人做或者限制做某个特定行为的命令。宣告令是一种创设或者保留某种权利的正式声明。宣告令可以与禁制令一起申请以便让法院以最终结论陈述争议中的法律权利和义务的性质。④ 申请宣告令和禁制令的资格标准相同⑤,而且现在都被称为"特殊利益"标准。

公法上的禁制令涉及到某些公共事务。在此情况下,总检察长是合适的原告,但是在两种情况下,正如巴克利(Buckley)法官在博伊斯诉帕丁顿镇议事会案中一个公式中所陈述的那样⑥,某私人可以享有根据其自己权利提起一项禁制令的资格:第一,当干涉某项公权利的行为也会干涉其私权利时,当事人享有起诉资格。第二,在该行为干涉公权利的情况下,也有此种情况。在此情况下,私人公民有

---

① Wattmaster Alco v. Button (1986) 70 ALR 330 at 334.
② Honnery v. Smith (1957) 57 SR (NSW) 598.
③ R v. Sheffield Supplementary Benefits Appeal Tribunal; Ex parte Shire [1975] 1 WLR 624.
④ Stuckey-Clarke J, "Declarations" in Parkinson P (ed), Principles of Equity (1996) 843 at 843.
⑤ Allars M, An Introduction to Administrative Law, Butterworths, Sydney, 1990, at 287; Aronson and Dyer, Judicial Review of Administrative Action, Law Book Company, Sydney 1996, at 707.
⑥ Boyce v. Paddington Borough Council [1903] 1Ch 109 114.

起诉资格①,但是只有在他们满足了某个标准时才可以。他们必须遭受对其特有的损害(Boyce 公式),或者在现代版本中,在此项诉讼的主题中,他们有一项"特殊的利益"。②

禁制令是一种在衡平法中获得发展的救济,尽管现在也有普通法禁制令救济。禁制令不是一种绝对的公法上的救济方法,因为它也在私法上获得发展并至今还在使用。更多普通形式的禁制令是限制行为的禁制令,例如某种禁止性的禁制令。它可以限制某个错误行为的实施、继续或重复。在行政法中,最明显的错误行为是执行行为或者信赖某个无效的决定。③ 作为救济的禁制令的优点是,法院能延缓行政决定的运行,救济更有效。在行政法上,禁制令有两种重要的用途:用来保护私的或公的法定权利的禁制令、用来针对俱乐部和非法人协会的禁制令。针对俱乐部的禁制令对行政法律师来说是有益的,因为它们弥补了特权性令状范围方面的缺陷,即特权性令状只能针对公权机构才能获得。

4. 人身保护令(habeas corpus)

这个观点部分来源于1679年英国《人身保护法》和英国1816年《人身保护法》的条款,部分来源于案例。④ 英国两部《人身保护法》早已被澳大利亚接受。人身保护令在申请人受到非法拘押的情况下得以发布。它有两个要求:申请人被拘押、该拘押非法。一般来说,这种令状针对拘押其他任何人实施。但是,它并不针对有一般的即无限管辖权的某个高级记录法院所做或者所批准的决定、命令或判

---

① London County Council v. Attorney General [1902] AC 165 at 168—169.
② Australian Conservation Foundation v. Commonwealth (1980) 146 CLR 493 案件修正了在 Boyce v. Paddington Borough Council [1903] 1Ch 109 114 案中原来的标准,后者是原告遭受了"特殊损害,这种损害是对他自己来说所特有的,且来自于对公权利的干涉"。
③ R v. Secretary of State for Home Affairs; Ex parte Thierry [1917] 1KB 922 at 930.
④ Ashby v. White(1705) 14 St Tr 696 at 825; R v. Waters [1912] VLR 372 at 375; Truth About Motorways v. Macquarie Infrastructure (2000) 200 CLR 591 at 627 [94] per Gummow J, at 669—670 [211] per Callinan J. 在 Somerset v. Stewart (1772) 20 St Tr 1 at 23 案中,奴隶制度在英国被认为是违法的,此项申请是由那些奴隶的一些朋友提出的。然而,针对历史的权衡,某些案件已经拒绝接受宽松的起诉资格的规则,使之更严格——澳大利亚的例证是 Clarkson v. R [1986] VR 464.

决;不能被用来作为对某个适格管辖权法院所做命令予以纠正给予责难的附带方法,因为没有案例显示出这种命令能产生有效的矫正作用。

5. 训令(mandamus)

训令是来自法院的指令官员执行某项职责的命令。它迫使某公共官员、机构或裁判所根据法律规定,履行某种公共义务或者行使某种裁量权。该命令不能指向被履行的方式,只能命令相关主体根据法律履行公共义务或者行使裁量权。在行使的权力属于司法的、准司法的或者行政性质的情况下,可以获得这种命令。① 在这种职责不涉及到严格意义上的某个决定时,例如监禁程序②,或者预备性听证③,均可以获得此种命令。此种方式比案件调取令和禁令适用更广。④ 训令适用于下列场合:某位官员过去有现在还有某种公共职责,而且该官员没有执行此种职责。在该官员没有某项职责时,训令就不会存在。⑤ 训令是要求执行尚未完成的职责但它不撤销某项决定的命令。因此,最好的做法是,把迫使适当地执行的训令与撤销错误执行行为(misperformance)的案件调取令结合起来。

训令的起诉资格条件是:第一,在义务的履行中,申请人必须有真实的、实质性的、特别的和特殊的利益⑥,且这种利益比其他一般公众成员的利益更大。⑦ 第二,申请人行使某种法律权利参与了该裁判所的听证。第三,如果该项义务获得履行,其将受益,或者其在行政主体履行的义务中有某项"利益"。与后者相关的必不可少的

---

① Wade v. Burns (1966) 115 CLR 537 at 551—552.
② Sankey v. Whitlam [1977] 1 NSWLR 333.
③ Re Harlock; Ex parte Robinson [1980] WAR 260.
④ 在 R v. Pharmacy Board of Queensland; Ex parte Ipswich and West Moreton UFS Dispensary [1980] Qd R 245 案中,当某个机构有义务提供劝告而非作出决定时,训令申请被拒绝了。
⑤ Ainsworth v. Criminal Justice Commission (1992) 175 CLR 564.
⑥ Australian Conservation Foundation v. Commonwealth (1980) 146 CLR 493 at 576.
⑦ Ex parte Northern Rivers Rutile; Re Clay (1968) 72 SR (NSW) 165 at 173. 另一个观点,为诸如 R v. Hereford Corporation; Ex parte Harrower (1970) 1 WLR 1424 案件所采纳,其看法是,训令要求申请人有一项特定的法律权利,使此项义务得到强制执行。

利益已经以多种方式加以描述,包括"法律上的特定权利"、"充分的利益"以及"特殊利益"。与禁令或调取案卷令状相比,这是一种更狭隘的标准。

综上,20世纪80年代前,当时适用普通法起诉资格规则,通常根据救济种类的不同确立不同的起诉资格规则。当时主要使用的标准之一是"特殊损害"。也有的使用特殊利益。到20世纪80年代,基本上统一为"特殊利益",以之代替"特殊损害"。

三、特殊利益标准

前文说过,虽然《行政决定(司法审查)法》确立了"受害人"标准,但是澳大利亚法院主要采用的起诉资格标准是"在主题事项中的特殊利益"标准。① 这是在澳大利亚保育基金公司诉联邦案中②阐述的禁制令和宣告令的标准,在商店分销及联合雇员联合会诉产业事务部长(南澳大利亚)案③中得到高等法院的确认。以下对"特殊利益"标准作一概述。

澳大利亚行政法上的起诉资格既有英国判例渊源也有本国法院判例渊源。

(一)借鉴英国案例

澳大利亚行政法受英国的影响,尤其是其早期案件,影响很大。

博伊斯诉帕丁顿镇议事会案④

该案留下的权威性结论,是由巴克利法官阐述的"只有总检察长能够进行控告以保护公益"这一规则的两种例外。在下列两种情况下,某原告可以控告:第一,对公权利干涉也达到了干涉原告的私

---

① Ex parte Helena Valley/Boya Association (inc); State Planning Commission (1990) 2 WAR 422; see also dica in Kioa v. West (1985) 159 CLR 550; 62 ALR 321 particularly per Brennan J at CLR 621.

② Australian Conservation Foundation Inc v. Commonwealth (1980) 146 CLR 493; 28 ALR 257.

③ Shop, Distributive and Allied Employers Association v. Minister for Industrial Affairs (1995) 183 CLR 552; 129 ALR 191.

④ Boyce v. Paddington Borough Council [1903] 1 Ch 109.

权利。第二,私人权利没有受到干涉,但是原告就其公权利来说遭受了某种特殊的损害,这种损害是其自己特有的且由对公权利的干涉引起的。① 这些原则主要产生于损害侵权(tort of nuisance)。② 这两个标准对澳大利亚不少案件产生过影响,但是它有两个不足。第一,几乎没有什么东西把博伊斯案中第一点例外(对公权利的干涉也达到了干涉原告私权利)区别于私法中的资格概念。③ 第二,第二个例外不能识别出"特殊损害"是否可以是金钱损失以外的其他损害,并且把"特殊损害"限制在只有原告才享有的限度内。正因为存在这两个不足,英国和澳大利亚都已经对此进行过修正。在澳大利亚,最重要的两个高等法院的判决是澳大利亚保育基金公司诉联邦案和奥纳斯诉澳大利亚铝业公司案。

在公益诉讼中该规则第一部分很少使用。通常情况下,法院指的是该规则的第二部分。

麦克沃特诉独立广播管理局案④

丹宁勋爵认为,公众中的某个成员在下列情况下可以申请一项宣告令或禁制令:"总检察长拒绝许可一项合适的案件,或者在给予许可时不当地或无理由地迟延,或者其工作机构工作太慢"。这一结论为个人对侵犯公权利的行政行为申请司法审查提供了依据。

古里特诉邮电工人工会案⑤

在该案中,上议院不同意丹宁勋爵在上述麦克沃特(McWhirter)案中表达的观点,并拒绝了下列看法:起诉资格问题是一个完全由法院裁量的问题。上议院再次确认,只有在博伊斯案中提到案件的情况下,某个私人个人才有资格申请一项宣告令或者一项禁制令来执行某项公权利,或阻止某个公共错误行为。这说明,上议院仍然持保

---

① Boyce v. Paddington Borough Council [1903] 1 Ch 109 at 114 (Buckley J).
② Bateman's Bay Local Aboriginal Land Council v. the Aboriginal Community Benefit Fund Pty Ltd(1998) 155 ALR 684 at 709.
③ Allars M, An Introduction to Administrative Law, Butterworths, Sydney, 1990, at 289.
④ McWhirter v. Independent Broadcasting Authority [1973] QB 629.
⑤ Gouriet v. Union of Postal Office Workers [1978] AC 435.

守的态度,丹宁勋爵的积极观点没有得到上议院的支持。

(二)澳大利亚案例

高等法院、联邦法院、州法院等通过努力,共同推动澳大利亚起诉资格法的发展。

1. 安德森诉联邦案①

安德森先生(作为私人的起诉资格而非作为某种代表的起诉资格)申请一项宣告令,要求宣告联邦和昆士兰州之间签订的一项书面协议无效,申请人安德森不是该协议的当事人。联邦在高等法院挑战安德森先生指控的起诉资格。加万达菲首席法官、斯塔克、伊瓦特法官认为,"如果联邦每一个成员在其认为合适的情况下可以攻击联邦行为的有效性,就会造成不幸。"在法律上很清楚,某个个人提起诉讼的权利并不存在,除非其确定:他"比其他人受到更为特殊的影响"。公众不会或者不应该没有救济,因为联邦或者任何州的总检察长在有充分利益的情况下,可以采取保护他们权利和利益所需要的程序。

"很大的不幸"(great evils)也许是特别地恰如其分,但是它反映了法院针对由继续某些公共改革运动的个人提出的诉讼不受审查的情况所感到的焦虑。尽管如此,法院仍然把公共利益的支持者寄托在总检察长身上。换言之,如果总检察长对于公权利受侵害不采取措施,仍然无法予以追究。这说明在当时,法院继承了英国博伊斯案的严格标准,通常不承认个人对公权利受侵犯的行为享有起诉资格。

2. 罗宾逊诉西澳大利亚博物馆案②

在该案中,西澳大利亚州立法将被淹没沉船中的所有权利和财产均授予某个图书馆管理局。罗宾逊在与西澳大利亚海岸相隔之地从事海床活动,他发现一艘荷兰沉船的遗物,认为其是在 1656 年失踪的。罗宾逊主张对这些遗留物享有所有权。而图书馆对其享有这些遗物权利提出争议。罗宾逊申请一项宣告令,宣告该州立法意图

---

① Anderson v. Commonwealth (1932) 47 CLR 50.
② Robinson v. Western Australian Museum (1977) 138 CLR 283.

把财产授予图书馆的规定无效。图书馆表示异议,申请撤销其申诉。

巴维克首席法官、雅各布斯和墨菲法官支持罗宾逊的主张,而吉本斯和梅森法官支持图书馆,斯蒂芬法官没有对罗宾逊是否有资格提起此项程序提出看法。该案典型的陈述来自梅森法官的下列判决:

"该规则一般是以下列命题的形式表达出来的:私权未受影响的人不得申请宣告令救济……有时候这一规则获得自由化的解释,正如在前述安德森诉联邦案中加万达菲首席法官、斯塔克、伊瓦特法官所说:个人没有申请越权宣告令的诉讼权利,除非他确定,他比其他人受到了更特殊的影响"。①

据说该规则是为了应对诉讼行为的大量出现。实际上,它反映了法院在其角色上不愿意应当事人申请行使管辖权,尽管当事人在该诉讼主题事项中有某项利益,而且这一点也符合法院的哲学,即法院要对当事人之间存在的真实的争议而非学术性的或假想性的问题做出判决。该案确定,前述英国的博伊斯标准仍然是起点,其合格的条件是,原告通过诉讼所获得的利益高于任何其他公民的利益。这是一个严格的标准。

该案说明,到1977年时,法院仍然以英国的博伊斯案作为判断起诉资格的标准。

3. 澳大利亚法律改革委员会的介入

1977年2月,联邦总检察长艾利考特提到澳大利亚法律改革委员会关于澳大利亚原告资格法是否适宜的审查和报告。该委员会在1977年开始工作,之后八年,该委员会调查了与起诉资格有关的法律问题的各个方面,在1985年报告第27号中名为"公益诉讼中的原告资格"。第27号报告是影响非常深远的、深刻的和高度有见地的。但是在1977年和1985年的八年时间里,在法律改革委员会第27号报告提交给联邦议会之前,法院作出了许多关于原告资格的案件。其中最有意义的一件是澳大利亚保育基金公司诉联邦案。

---

① See Brice on Ultra Vires, 2nd ed. London, Stevens & Haynes, p.366.

4. 澳大利亚保育基金有限公司诉联邦案①

在该案中,高等法院把博伊斯案的"特殊损害"标准改变陈述为"特殊利益"标准。澳大利亚保育基金公司申请宣告令和禁制令救济,声称,有人申请在中部昆士兰州建立一个旅游胜地,以及与该项建议有关的在此实行某些外汇管制交易(exchange control transactions),政府批准这些建议将是无效的,其理由是,它们违反了1974年联邦《环境保护(建议影响)法》。

高等法院多数认为,澳大利亚保育基金公司没有资格申请衡平救济方法来阻止对公权利的侵犯或者强制执行公共义务。这些任务是总检察长的责任。立法或行政程序都没有创造可以由私人个人强制实施的私人权利。尽管其目标涉及环境的保育,而且建立该组织是为了推动这些价值,但是没有一种"特殊利益存在于该诉讼的主题事项中",而该利益是授予其享有申请救济资格所必需的。尽管该公司对环境保护的信念或关切是真实的,但并不构成一种充分的资格条件。②

吉本斯法官说(ALR 第 270 页):在某个特定环境的保育中,某人或许有一种特殊利益。但是就目前的目的来说,某种利益并不意指仅仅是智力方面的或情感方面的关切事务。一个人除非在下列情况下,否则他不可能有该规则范围内的利益:如果他的诉讼成功,他可能获得某些好处,这些好处并非指满足于矫正一种错误、支持某个原则或者赢得一场比赛;如果其诉讼失败了,其会遭受某些不利,这些不利并非指某种委屈(a sense of grievance)或诉讼费用的债务(a debt for costs)。一般的法律或者某部特定法律应该获得遵守,或者某种特定行为应该被阻止,这种理念无论多么强烈,也不可能满足赋予其拥有者诉讼资格。如果情况不是如此的话,要求特殊利益这一规则就是没有意义的。

吉本斯法官把博伊斯案中的资格标准描述为"总体上不能令人

---

① Australian Conservation Foundation v. Commonwealth (1980) 146 CLR 493.
② Ibid at CLR 548; ALR 284

满意",而且词语的选择"容易令人误解"。① 他认为,"特殊损害"不可能被限制在金钱损失上,而且"他自己特有的"不可能意指,除了原告以外的其他人都不应该遭受损害。② 他说,"在我看来,'只有他自己特有的特殊损害'这个表达在意思上应该被看作为'在该项诉讼的主题事项上有某种特殊的利益'的等义词"。③ 尽管特殊利益不必是金钱性的或财产性的,吉本斯法官主张,它必须是超越"某种仅仅是智力的或情感的关心"(intellectual or emotional concern)。④

吉本斯法官没有能使起诉资格要求从某种利益即超出法律应该获得遵守这种简单的信念中摆脱出来。此外,"特殊利益"的这种要求常常是"毫无意义的"。⑤ 因为澳大利亚保育基金公司只能申请强制实施公法,"作为一个原则事项",它没有起诉资格。⑥ 除了"支持法律"之外,它在该程序的主题事项中没有自己特殊的利益,即不同于任何通常的公众成员可能有的利益,因此没有资格控告以阻止侵犯公权利的行为或者强制实施公共义务的履行。

梅森法官主张(ALR 第 284 页),原告一般有起诉资格的情况是:"他能证明对其财产或财产性权利,对其经营或经济利益……以及也许对其社会的或政治的利益有实际的或者推定的(apprehended)伤害或损害。"

墨菲法官持不同意见,他考虑,保育基金公司应该被赋予起诉资格。这部法律显示出一个立法意图是,在环境利益团体主张影响他们的因素没有获得决策者适当考虑的情况下,授予其享有起诉资格。他还考虑,甚至在有必要显示出涉及某种特定利益的情况下,这种利益对原告来说不必是原告所特有的,由有声望(reputable)的组织所代表的政治的和环境的利益可以获得承认。

---

① Australian Conservation Foundation v. Commonwealth (1980) 146 CLR 493 at 527.
② Ibid.
③ Ibid.
④ Id at 530.
⑤ Id at 531.
⑥ Id at 526.

该案的重要性在于,法院提出了一些判断标准:反思传统博伊斯案中的起诉资格标准;以特殊利益标准代替博伊斯案中的特殊损害标准;承认利益的种类不限于金钱或经济利益;确认纯粹智力的或情感的关心不能确认起诉资格;墨菲法官的看法也对未来拓展起诉资格提供了新的思路。

此后,"特殊利益"标准得到不断发展,也得到进一步阐述,呈现一种自由主义的趋势(liberalising trend),偏离与主题事项联系的"利益"。

5. 昂纳斯诉澳大利亚铝业有限公司案①

在该案中,高等法院承认,非物质性利益可以构成某种特殊利益。两位古尔恩迪奇-杰马拉(Gourditch-jmara)族人成员申请禁制令,限制澳大利亚铝业有限公司在维多利亚的该公司所在土地上建造电解铝厂。原告主张,此项工程将会干涉古尔恩迪奇-杰马拉族人在这块土地上的文化遗迹,而且也违反1972年维多利亚州《考古和原住民遗迹保存法》。作为古尔恩迪奇-杰马拉族人的后代,原告主张,他们是这些文化遗迹的监护者。高等法院认为,维多利亚州《考古和原住民遗迹保存法》没有为私人的土著民创设私人权利,而是创设了公权利。但是,提出申请的这两个妇女在该主题事项中有特殊的利益,因为这些遗迹对该部落来说,具有文化的和历史的重要性,且因帮助该部落区别其他群体的身份得以保存,并被用于他们子女的教育中。另外,古尔恩迪奇-杰马拉族人是这种文化的监护者。如果这种遗迹受到破坏,他们会比澳大利亚共同体其他成员受到更多特定的影响。法院适用澳大利亚保育基金公司案(ACF)特殊利益标准认为,原告有某种特殊利益。

高等法院认为,如果符合下列情况,可以确定构成某种"特殊利益":第一,该个人或团体诸如文化的、精神的或历史利益等方面的非物质利益将遭受实际的或推定的伤害或损害。第二,该个人或团体将受到特殊的影响:"与一般公众相比,其在某种实质上更大程度

---

① Onus v. Alcoa of Australia, Ltd (1981) 149 CLR 27. 详细内容参见本书第三章。

的或以一种非常不同的方式受到影响"①。第三,在这种利益与该个人或团体之间有充分的关系。法院必须对原告关心的主题事项的重要性以及他们与主题事项关系的密切性进行评估。斯蒂芬法官把这两位原住民妇女的特殊利益"在权衡性,特别是关系密切性"方面区别于澳大利亚保育基金股份有限公司对环境及其保护的关心。

该案例重要性在于,把非物质性利益纳入起诉资格考虑范围、提出了判断"特殊利益"是否构成的三条标准,并且对特殊利益标准采用灵活的解释方法。

6. 1985年澳大利亚法律改革委员会第27号报告

这份报告文本超过250页,其中一些内容相当重要,对了解原告资格贡献巨大。

(1)该报告对当时起诉资格法的状况做了评论。报告把资格法律描述为1985年时是"混乱的、不清晰的和限制性的","充满了不一致和不规则",是"一个混杂的事物"和"不一致规则的、使人困惑的大杂烩"。这个评论为认识起诉资格法现状定下了基调。

(2)该报告提出了个人介入公权利诉讼须具备"特殊利益"的七个方面内容。

澳大利亚法律改革委员会指出,在公益诉讼背景下,根据现行法规定,当申请一项禁制令或宣告令时,某人或利益团体不得不申请总检察长介入,其作为政府监护并在总检察长许可之后,才有资格提起告发行为,申请禁制令或宣告令实施"公权利"。但是如果某人(包括某个法人)想实施一项公权利而不要总检察长介入,该当事人必须显示出,在该诉讼中的"特殊损害"或某种"特殊利益"。

在解释"特殊利益"含义时,法律改革委员会提到了以下七个方面内容:其一,这个表达并没有提供一个准备好的单靠实践经验得来的方式,因为该标准很广泛且灵活,并根据主题事项的性质而变化,是一个事实和程度问题,没有穷尽性的清单显示出什么东西构成了相关的利益,这一界定为扩展原告范围提供了可能。其二,申请显示

---

① Onus v. Alcoa of Australia Ltd (1981) 36 ALR 425 at ALR 462 per Brennan J.

出某种特殊利益的原告不得不证明,如果其诉讼成功,当事人可能获得某些好处;如果其诉讼败诉,则会遭受某些不利。这实际上提到了证明其可救济性。其三,对财产性权利、营业、经济的利益甚至社会的或政治的利益的真实的或可见的损害则是"特殊利益"的证据。这提到了"损害"标准。其四,原告不必显示出没有其他人拥有特定的利益。这降低了门槛。其五,仅仅智力的或感情的关切不足以支持原告资格。其六,某公司不能仅仅因为其某些成员拥有起诉资格而取得原告资格。这是对组织机构起诉资格的说明。其七,申请的救济对原告资格是否存在的问题来说是相关的。这七个方面内容为判断"特殊利益"提供了细化的标准。

(3)法律改革委员会表明,到法律改革委员会第 27 号报告时法院已经判决的案例中,下列案例获得授予原告资格:临近土地的主人①、地方纳税人(ratepayers)②、选举人③以及原住民索赔者④。但是在下列案例中则没有授予原告资格:商业竞争者⑤、纳税人⑥、环境游说集团⑦,以及对国际上或联邦及州协议进行挑战的人⑧。这是对当时涉及到的一些公权利争议特别是公益诉讼是否应该授予起诉资格的归纳。

(4)法律改革委员会建议改变与原告资格有关的法律。它说,这些法律应该被拓宽,并且统一,由此创造"一种开放的但可以防范某些害虫屏幕(pest screen)的大门"。爱管闲事的忙碌机构可能被拒绝在外,但值得保护的有真正利益的原告可以进入其中。在诉讼中有某个个人利益的原告被建议授予起诉资格(recommended)。这为今后改革资格法提供了方向。

---

① Day v. Pinglen Pty Ltd (1981) 55 ALJR 416.
② Clothier & Simper v. Mitcham City Corporation (1981) 95 LSJS 116.
③ McDonald v. Cain [1953] VLR 411, 420.
④ Onus v. Alcoa (op cit).
⑤ Grand Central Car Park Pty Ltd v. Tivoli Free holders Ltd [1969] VR 62.
⑥ Logan Downs Pty Ltd v. FCT (1965) 112 CLR 177, 187.
⑦ ACF v. Commonwealth (op cit).
⑧ Ingram v. Commonwealth (1980) 54 ALJR 395.

7. 澳大利亚海洋和电力工程师研究所诉交通部长案①

在本案中,澳大利亚海洋和电力工程师研究所根据《行政决定(司法审查)法》第 13 条规定,申请对被告拒绝给予某项税收陈述的决定予以审查。古姆法官考虑该机构是否是《行政决定(司法审查)法》第 13 条规定的"受害人",并对原告资格作出其他评论。他说:"对行政决定司法审查的其他很多领域在于衡平法,特别是在禁制令和宣告令救济方面。……在衡平法方面,十九世纪已经把注意力放在使用衡平救济来保护严格意义上的法律的和衡平的权利,特别是保护其本质上属于财产性的权利。因此在公法中衡平救济的对待,在无论提出要求者是否缺乏总检察长许可的案件中,被 1903 年博伊斯案所谓的规则所缠绊。衡平救济有自己的复杂性,在澳大利亚,最近被一系列高等法院的判决所降低……其结果是,此处的原告资格现在并不要求传统意义上的特殊损害,尽管仅仅是某种信念或关切还不足够,但是超出公众所享有的某种'特殊利益'则满足了要求。"②这段话表明,对"受害人"的理解上要突破传统的限制。

他说:"然而,在我看来(并在本案的情况下),来自交通部长决定的对申请人利益造成的危险和危害是清楚的和紧迫的,而非遥远的、间接的或虚构的,而且申请人在该事项上有某种利益,其强度和程度恰好在一般公众成员利益之上。"③

据此,古姆法官对起诉资格标准提出了以下几方面看法:第一,强调不再采用博伊斯案中的特殊损害标准而采用特殊利益标准。第二,强调行政行为对利益的危险和危害必须符合清楚、紧迫而非遥远、间接或虚构的要求。第三,受害个人利益要大于一般公众利益之上。

8. 奥格尔诉斯特里克兰案④

奥格尔是圣公会教会的牧师,奥尼尔(O'Neill)是罗马天主教会

---

① Re Australian Institute of Marine and Power Engineers v. Secretary, Department of Transport (1986) 13 FCR 124.
② Ibid at [22].
③ Ibid at [27].
④ Ogle v. Strickland (1987) 71 ALR 41.

的牧师。他们申请一部名为《圣母玛丽亚》("Hail Mary")的电影构成渎神,并挑战审查局对这部电影的归类。初审法官认为,他们两位没有起诉资格,案件被驳回。于是他们提起上诉。联邦法院费希尔、洛克哈特、威尔科克斯法官组成的合议庭认为,应该允许该上诉。

法院以下看法值得注意:第一,牧师有特殊地位或有不同于一般的利益,因为抵制渎神是"他们职业必要的事情"①。洛克哈特法官说:两位牧师在等级制的基督教教会中都处于神圣的地位。作为宗教牧师,与普通的公众成员相比,他们处于特殊地位,因为传播耶稣及其师徒学说、教育和培养基督教信念、抵制或反对渎神等是他们的职责和工作。费希尔法官认为,这些牧师的利益超出了基督徒群体其他普通成员的利益,普通成员只有智力上的或者感情上的关心,因此没有起诉资格。② 第二,牧师有资格作为"受害人"。第三,承认原告资格自由化的国际化趋势,扩大利益的范围。威尔科克斯法官认为:在奥纳斯案(Onus)中显示出来的原告资格规则的自由化与在其他普通法国家特别是英国和加拿大表现出来的态度是一致的。还说,至少在两个澳大利亚案件中,非财政的关切被承认为足以引起某人受到"损害"。③ 该判决证实,特殊利益标准扩张到包括精神的和文化的利益(但是,情况似乎是,不仅仅是一种强制执行法律的利益)。④ 有人已经辩护说,在奥格尔案中正是某种职业上的利益使申请人符合资格条件。⑤ 第四,洛克哈特法官偏向于不要把起诉资格只限制在宗教领袖(ministers of religion),也许在某些基督教教派中不要给予或者几乎不给予等级结构的存在。⑥ 换言之,他认为一般的牧师也有这种起诉资格。第五,法院也担忧扩大起诉资格可能带

---

① Id at 53 (Lockhart J).
② Id at 43 (Fisher J).
③ National Trust of Australia (Vic) v. Australian Temperance and General Mutual Life Assurance Society Ltd. [1976] VR 592, and ACF v. EPA [1983] 1 VR 385.
④ Ogle v. Strickland (1987) 71 ALR 41 at 48, 49 (Lockhart J)
⑤ Lindgren KE, "Standing and the State", in Finn PD (ed), Essays on Law and Government Vol 2: The Citizen and the State in the Courts (1996) at 279.
⑥ Id at 53 (Lockhart J).

来的问题。从政策角度看,对原告资格标准(《行政决定(司法审查)法》第5条)做自由化的解释,放弃原告要有某项法律权利或者某些物质性的利益这一要求,是否将导致把不适当的问题提到法院面前的结果。就是说降低起诉条件会使法院受理不当的案件。

上述分析表明,联邦法院在判断起诉资格时,把传统普通法的"特殊利益"标准与《行政决定(司法审查)法》的"受害人"结合起来了,而且还借鉴国外的经验。这种解释和适用方法值得借鉴。

9. 澳大利亚码头搬运工头协会诉克龙案①

该案件事实没有什么特殊的地方。重要的问题是,平卡斯(Pincus)法官认为,当受到挑战的行政决定引起某种足够的经济效果,就可以授予原告资格。但是问题是,在什么程度上,以某种实践的方式,某申请人受到受挑战决定的影响。

该案法官提出的问题实际上是法官在判断是否有起诉资格时必须解决的问题。实际上,在很多情况下,起诉者都有一定的道理,但问题往往是其受到行政行为损害或者影响的程度和方式是否达到必须授予其起诉资格的程度。

10. 澳大利亚保育基金公司诉能源部长案②

该案涉及对授予出口州森林木屑片(woodchips)许可提出的挑战。戴维斯法官认为,澳大利亚保育基金公司(ACF)有原告资格。理由如下:"尽管澳大利亚保育基金公司没有资格挑战可能影响环境的任何决定,但是证据已经确立,澳大利亚保育基金公司与东南部森林有特殊的关系,而且当然地在国家遗产(National Estate)东南部的那些地区。澳大利亚保育基金公司不是这个地区爱管闲事的人,它所关心的此类问题也是政府支持的事情,这一点已经得到确定。如果澳大利亚保育基金公司在东南部森林地区没有特殊的利益,它就没有存在的理由。"

---

① Australian Foremen Stevedores Association v. Crone (1989) 98 ALR 276.
② Australian Conservation Foundation v. Minister for Resources (1989) 19 ALD 70.

11. 耶茨证券服务有限公司诉基廷案①

本案关于原告资格问题上,合议庭所考虑的因素无论在法理上还是智商方面都不如初审法官维尔科克斯法官提供的同样观点好。② 适用1980年澳大利亚保育基金公司诉联邦案判例,合议庭认为耶茨没有原告资格。洛克哈特法官用下列术语表达了这个标准,莫林(Morling)和平卡斯法官表示赞同。洛克哈特法官说:"据我看来,在澳大利亚现在已经确定的是:如果某人在主题事项中没有超出公众其他任何成员的利益,那么原告就没有资格提出诉讼来阻止对公权利的侵犯。如果没有涉及其私人权利受到干涉,只有其在该项诉讼主题事项中有某种特殊的利益时,他才能有资格提出控告。什么是充分的利益这个问题将根据该诉讼主题事项的性质而发生变化。至于环境问题,只有智力的或感情的关系还不足以授予某人有资格实施一项公权利。"③

该案表明,联邦法院合议庭再次陈述了而且盲目地适用博伊斯案阐述的原则。

12. 阿尔法法尔姆有限公司诉史密丝克莱恩比彻姆(澳大利亚)有限公司案④

1994年8月31日联邦法院合议庭传达了本案判决。它提出了在商业竞争者之间的重要的资格问题。戴维斯法官认为,利益受到影响的当事人必须有某项利益,且不是适用于一般公众成员的那种,也非仅仅认为或者相信某种特定行为应该被阻止或者某部特定法律获得遵守的那种。"真实的"、"真正的"和"直接的"这些词已经被用来描述所需要的关系。"利益受到影响"这个术语没有使用某个形容词,但它要求申请人证明附属于他的某种利益受到真正的

---

① Yates Security Services Pty Ltd v. Keating (1990) 98 ALR 68.
② Yates Security Services Pty Ltd v. Keating [1990] FCA 432.
③ Yates Security Services Pty Ltd v. Keating (1990) 25 FCR 1, 9.
④ Alphapharm Pty Ltd v. Smithkline Beecham (Australia) Pty Ltd (1994) 49 FCR 250.

影响。①

戴维斯法官说:财产性的和财政性的利益在传统上被认为是足够的。某人利益的限度是一个相关因素。起诉资格与程序公平相关——如果在作出决定时,某人有一项利益应当得到考虑,那么该当事人通常应该被授予听证的机会。

该案件实际上提出了起诉者提供初步证据证明其受到影响的真实性;还有就是把利益限度作为相关因素;把程序公平作为起诉资格的一个因素加以考虑。这些都是促使起诉资格具体化和精细化的技术要求。

13. 北部海岸环境委员会股份有限公司诉能源部长案②

这是萨科维尔法官标示其对有关原告资格的行政法观点的第一个资格案件。一直到此时,一条非常清楚的界限加强了联邦法院不同成员的观点。斯汤奇法官坚定地支持以 1903 年博伊斯案为基础的 1980 年澳大利亚保育基金公司(ACF)案件的方法,包括洛克哈特、费希尔③、戴维斯④、伯彻特和古姆法官。更进步的观点则由威尔科克斯、平卡斯和萨科维尔法官提出来。他们每个人似乎更愿意延伸原告资格的边界,而且不满足于使用博伊斯案的咒语拒绝某个申请人的原告资格。

该案涉及到北部海岸环境委员会申请一份列举出当局授予某个锯木业实体出口新南威尔士西南部木屑许可决定的事实认定、证据和理由的书面陈述。该部长挑战此项申请,说该委员会因为不是《行政决定(司法审查)法》第 13 条的"受害人",因此没有原告资格。

萨科维尔法官认为,北部海岸环境委员会事实上有原告资格。他提到斯蒂芬法官在奥纳斯案的评论,其效果是,必须对申请人关切的主题事项以及与主题事项的关系进行评估。他指出,在奥格尔诉

---

① Alphapharm Pty Ltd v. Smithkline Beecham (Australia) Pty Ltd (1994) 49 FCR 250 at 258.
② North Coast Environment Council Inc v. Minister of Resources (1994) 55 FCR 492.
③ 基于对费希尔法官的公平,他在 Ogle v. Strickland 案中发现这个原告是存在的。
④ 同样基于对戴维斯法官的公平,他在 Ogle v. Strickland 案和在 ACF v. Minister 案中发现这种原告资格存在。

斯特里克兰案中,威尔科克斯法官认为,在案例中没有什么东西阻止法院完全抛弃特殊损害或特殊利益的要求。

萨科维尔法官主张五个概念,支持北部海岸环境委员会拥有足够的原告资格。五个概念在其他案件中已经包含进去了①,而且好像被看做支持原告资格存在的确定的因素。它们是:第一,该委员会是新南威尔士州北部海岸地区最高环境组织,拥有44个环境团体成员。第二,自1977年以来,它被联邦承认为重要的和负责任的环境组织。第三,该委员会已经被新南威尔士州政府承认为一个应该是在咨询委员会中代表环境关切事务方面的机构。第四,它已经收到了重要的联邦资金资助,来协调过程和召开环境事务方面的会议。第五,该委员会已经就森林管理方面问题提交了意见,并资助对古老森林进行研究。

萨科维尔法官认为,北部海岸环境委员会证明了其对环境事项的关心远非"智力的或者感情的关切",而且在本案问题的决定中它有一种特定的利益。

本案最大的贡献在于提出了五个概念来判断某个公益组织是否有提起诉讼的资格。

14. 塔斯马尼亚州保育信托有限公司诉能源部长案②

这是萨科维尔法官的另一项判决。他适用同样五个概念来决定原告资格的存在,并发现塔斯马尼亚保育信托(TCT)事实上有原告资格。

15. 商店分销及联合雇员联合会诉产业事务部长(南澳大利亚)案③

由布仁南、道森、图休、高准和麦克休法官提出的共同判决指出:工会在此项争议的主题事项中有与其个体成员同样的利益。换言之,该工会有原告资格,是因为其个体成员在主题事项中有特殊利

---

① 参见 Tasmanian Conservation Trust v. Minister (1995) 127 ALR 580 和 Environment East Gippsland Inc v. VicForests [2009] VSC 386.

② Tasmanian Conservation Trust v. Minister for Resources (1995) 55 FCR 516.

③ Shop Distributive and Allied Employees Association v. Minister for Industrial Affairs (SA) (1995) 183 CLR 552.

益。在该案中,工会有资格挑战部长豁免遵守法规的决定,即授予在阿德莱德中心购物地区的某些商店有权在星期日进行贸易。工会代表被雇佣为中心商店地区的商店管理员,作为一个阶层,他们对贸易时间有一种特殊的利益,因为这种改变必然影响雇佣的条件。

  法院提到了原告有"某种特殊利益存在于该诉讼主题事项中"这个要求。法官们说:该规则是灵活的,"此项诉讼的本质和主题事项将决定什么能达到一种特殊利益"。这一点强调,在把利益充分性标准适用到有关支持衡平救济时的重要性,考虑了必要情况下(as occasion requires)现代生活的紧急情况。[①] 它提醒,在采用满足"在诉讼主题事项中某种特殊利益"准确标准时可能涉及到的危险,其结果可能过分地限制获得衡平救济以支持在公法中启动衡平法干涉适当管理中的公共利益。该案还可以使人回想起,在奥纳斯诉澳大利亚铝业公司案中[②],布仁南法官警示说,否认起诉资格可能是"对某种重要类型的现代公法责任给予一种有效法庭实施性程序的否认"。

  在此之前,联邦法院在一系列判决中使用特殊利益的标准来解释1977年联邦《行政决定(司法审查)法》中的"受害人"要求,该标准已经获得阐述。尽管在早期联邦法院判决中,"受害人"被等同于特殊利益标准[③],但是后来它得到更扩张性解释。[④] "受害人"是"更广义的技术性术语",且其要求的这种利益"不必是一种法律上的、财产性、财政性的或其他有形的利益"或者"对特定人来说所特有"。[⑤]

---

 ① Cf. Taff Vale Railway v. Amalgamated Society of Railway Servants [1901] AC 426 at 443.
 ② Onus v. Alcoa of Australia Ltd (1981) 149 CLR 27 at 73.
 ③ 例如,Tooheys Ltd v. Minister for Business and Consumer Affairs [1981] FCA 121;(1981) 54 FLR 421 at 437; Ricegrowers Co-operative Mills Ltd v. Bannerman [1981] FCA 211; (1981) 56 FLR 443 at 446—7.
 ④ Lindgren KE, "Standing and the State", in Finn PD(ed), Essays on Law and Government Vol 2: The Citizen and the State in the Courts (1996) at 277.
 ⑤ United States Tobacco Co v. Minister for Consumer Affairs (1988) 83 ALR 79 (Davis, Wilcox & Gummow JJ at 86.

16. 1996年澳大利亚法律改革委员会第78号报告

1996年5月,联邦总检察长请求法律改革委员会考虑随后法律的发展,是否应该对1985年报告中的建议做一些改变。实际上,在第78号报告中,法律改革委员会建议,应该废除"特殊利益标准"。可悲的是,该建议没有为当时及其后的联邦政府所采纳。

结果是,法院适用特殊利益标准的版本,但通过诸如北部海岸环境委员会等案件的判决对此作了改进。

17. 拜伦环境中心有限公司诉阿拉瓦克尔人案①

这是联邦法院全体合议庭作出的一个判决②,该案来自对原住民土地权利裁判所(Native Title Tribunal)决定的上诉。默克尔法官的判决很长,以下是其全部内容的小部分。关于原告资格判决广义上分为两个领域。

第一,涉及到在某个可诉性争议的资格上,在此类判决中,某人申请实施或者保护其权利。就某个可诉性争议是否已经产生作出决定这一目的来说,什么东西可能构成充分的利益,已经采纳了广义的观点。一般来说,有一项要求,在某个程序中,申请实施或者保护其个人或私人权利的某人利益必须是真实的、直接的和明确的或者可触知的,尽管其不必是商业性的、金钱的或财产性的利益。

第二,与原告资格有关的许多判决涉及到申请实施某项公共义务或者阻止侵犯某项公权利。在此领域,高等法院在澳大利亚保育基金公司诉联邦③和奥纳斯案中④,对原告资格采取了一种可扩张性的方法。这些判决确定:仅仅某种智力的或者感情的信念或关切,无论其多么真实或者完整地持有,就其主题事项来说,都不能获得提起诉讼资格的充分的利益;所主张的利益必须超过公众某成员支持某个原则或法律,或者在矫正某项错误方面涉及的利益之上;在某个程

---

① Byron Environment Centre Inc v. Arakwal People (1997) 78 FCR 1.
② Byron Environment Centre Inc v. Arakwal People (1997) 78 FCR 1(Black CJ, Lockhart and Merkel JJ).
③ 在该判决中,默克尔法官列举了丰富的和适当的引述。
④ Ibid.

序中主题事项的某种"特殊利益"对获得原告资格来说可以是一种充分的利益,例如,如果主张这种利益的当事人受到争议中决定的"特定影响",那就是,与一般公众相比,该当事人已经在某种实质性的更大程度上或者以某种特别重要的更大的方式受到影响,该当事人就有某种"特殊利益"。①

18. 澳大利亚犹太人行政委员会诉斯库利案②

该案阐述了下列看法:某个非法人协会不是法律上承认的人,不可能是基于授予某"受害人"原告资格方面的立法目的上的"受害人"。但是某个自然人,在保护作为整体的群体的利益方面承担特殊责任的,则可以是一个"受害人"。

19. 巴特曼斯湾地方原住民土地委员会诉原住民共同体利益基金有限公司案③

该案说明了在不涉及环境问题背景下适用"特殊利益"的充分边界。巴特曼斯湾地方原住民土地委员会开办了一个捐助性丧葬利益基金业务来迎合新南威尔士州原住民共同体成员的需要。巴特曼斯湾地方原住民土地委员会的活动受到新南威尔士州《原住民土地权利法》的财政资助。巴特曼斯湾地方原住民土地委员会提议安排一项捐助性丧葬利益基金业务满足所有原住民的要求。被告原住民共同体利益基金有限公司在新南威尔士州最高法院启动一项程序申请禁制令,限制原告从事这项基金业务,其理由是,它的活动超越了该立法授予的权力。巴特曼斯湾地方原住民土地委员会主张,被告不具有必不可少的原告资格。

法院认为,原告有起诉资格。该案在起诉资格的自由化方面又有了发展,表现如下:

(1)强调不能把维护公益的主体只局限于总检察长,承认个人也有起诉资格。

---

① Byron Environment Centre Inc v. Arakwal People (1997) 78 FCR 1, 33 at [A—C].
② Executive Council of Australian Jewry v. Scully (1998) 79 FCR 537.
③ Bateman's Bay Local Aboriginal Land Council v. Aboriginal Community Benefit Fund Pty Ltd (1998) 194 CLR 247.

高等法院在针对法定机构公共资金上的越权行为而申请适用宣告令和禁制令救济上,复活了衡平法上传统的利益。法院拒绝了下列主张:在缺乏总检察长许可的情况下,即使公权利或公共利益因素处于争议之中,申请人也不能获得资格对公益予以保护。可见,高等法院已经把起诉资格的焦点不仅置于要求申请人在公法程序的主题事项中须拥有某种"特殊利益",而且也考虑了衡平法已经介入保护公益的历史基础。通过对衡平法和公法的历史交叉点的详细分析,以及对特殊利益标准获得发展的基础的再考虑,巴特曼斯湾案的重要性在于,其强调的一个重点是,维护公益的途径在于,限制政府资金的滥用和限制对总检察长政治角色的现实维护。

　　高准、古姆和科比法官指出:"但是并不能由此得出下列结论:仅仅这样的人就有起诉资格。把这一点看做起点是错误的。第一个问题是,为什么衡平法,甚至在总检察长提议的情况下,可以进行干涉。长期以来给出的答案是,制定法上的机关(statutory authorities)特别是依赖于公共税收的那些机关所遵守的公共利益,立法机关已经给它们的活动施加了限制。在需要紧迫的诉讼期间宣告救济的情况下,或者在检察长拒绝许可起诉的情况下,正如在本诉讼中,或者其没有希望获得同意起诉的情况下,那时的问题是,衡平法中对公共利益辩护的机会是否因为缺乏某个合格的原告就被否认。对1903年博伊斯案原则修正形式所要求的答案是,这种公共利益可以应某个当事人的请求而予以维护,其条件是该当事人在该主题事项中有充分的利益。历史的理性和现代的紧迫性都表明,这个标准将被解释为一个使程序性规定有活力而非限制性的规定。"[1]可见,法官们反思了博伊斯标准的滞后性,提出对它要做新的解释,允许个人提起公益诉讼,以使这种程序具有活力。

　　(2)法院采用了灵活方法。麦克休法官说到在高等法院和联邦法院的判决中对特殊利益的适用情况,它们没有采用布仁南法官所

---

[1] Bateman's Bay (1998) 194 CLR 247 at [50].

适用的狭隘的公式,取而代之的是采用了一种灵活的方法。① 这说明,法院采用的方法有所发展。

(3) 强调立法机关在确立起诉资格方面的责任。该案指出,立法机关需要在原告资格法律方面做一些事情,并使公众知晓。麦克休法官如此说:"也许对下列看法没有怀疑:现在的原告资格法远非一致。即使其现在的基本理论得到维持,很明显的是,它还需要合理化和一致化。但是,关于公共利益是否通过坚持作为公权利首要保护者的总检察长来得到最好服务的问题,已有不同观点,法院应该谨慎地坚持现在的原则,如果它认为合适的话,把合理化、修正或者延伸那项原则的任务留给立法机关决定。"② 但是立法机关没有做什么来修正这一原则。

(4) 灵活地阐述特殊利益标准。

原住民群体利益基金有限公司(Aboriginal Community Benefit Fund Pty Ltd)是第一被告。它经营了一个捐献性的丧葬基金业务,此项业务为西南威尔士大约 3000 名原住民群体成员提供服务并充当原住民群体利益基金的受托管理人。支付款由群体利益基金提供,在基金成员死亡时,该公司提供的帮助包含了丧葬费用。第二个被告是原住民群体利益基金第二有限公司,开办了一项捐献性的人寿保险公司业务,为新南威尔士原住民群体大约 4000 名成员服务,实行如同第一被告一样的管理制度。第一、第二被告都是根据《公司法》规定登记的机构法人。

第一上诉人是巴特曼斯湾地方原住民土地议事会(Bateman's Bay Local Aboriginal Council),它是根据 1983 年新南威尔士州《土地权利法》第 6 条规定建立的一个机构法人。作为一个地方性的原住民土地议事会,其功能包括在《土地权利法》第 12 条第 1 款之下的执行其成员的愿望,该愿望与"取得、建立和运行其事业"有关。第二个上诉人是新南威尔士原住民土地议事会,是根据《土地权利法》

---

① Bateman's Bay (1998) 194CLR 247 at [100].
② Bateman's Bay at [91].

第22条规定组建的。由《土地权利法》授予议事会的那些权力对巴特曼斯湾案件中的争议来说具有中心性。

《土地权利法》保障新南威尔士原住民土地议事会的公共基金账户达到规定的水平。第28条规定了年度支付款,根据1956年新南威尔士州《土地税收管理法》规定已经被支付的土地税收,由司库不时地保障其账户的7.5%注入新南威尔士原住民土地议事会账户。该法第29条要求新南威尔士原住民土地议事会建立"新南威尔士原住民土地议事会账户",从这里可以实施支付行为,基于《土地权利法》的目的,相关钱款从该账户被提供给地区性(regional)原住民土地议事会和地方(local)原住民土地议事会(如巴特曼斯湾原住民土地议事会),要求其数目符合花费要求,由新南威尔士原住民土地议事会在执行或管理《土地权利法》过程中导致的花费,以及由货主根据《土地权利法》及其他立法规定的任何其他支出。

原住民群体基金主张的核心是1979年新南威尔士州《丧葬基金法》第11条第1款的规定:(1)任何人不得从事或者刊登广告说,他从事或者愿意从事任何捐献性丧葬受益业务,除非其是:(a)一位丧葬捐献基金管理机构(fund);或者(b)根据本条第3款规定豁免了本条的适用。

《丧葬基金法》第3款第1项v目规定,任何人在下列情况下,豁免适用本条第1款的适用:该当事人"由部长通过出版在政府公报上的命令宣布其是一位豁免该条适用者或者属于如此宣告的此类人。"1994年通过一份出版在政府公报上的公告,第一个被告原住民群体利益基金有限公司被消费事务部部长宣告豁免第11条的适用。上诉人议事会决定建立它们自己的丧葬捐献基金管理机构,以与原住民群体利益基金有限公司进行竞争。1996年,议事会取得了一份政府公报公告的来自部长的豁免,它宣告巴特曼斯湾地方土地议事会作为新南威尔士原住民土地议事会丧葬捐献基金的受托管理人,被豁免第11条的适用。

被告基金有限公司主张,由上诉人运营的捐献性丧葬基金业务违反了《丧葬基金法》第11条,而且根据某个《信托契据和管理协议》授予的上诉人的权能超越了《土地权利法》授予的权力。根据《信托契据和管理协议》,二者日期均为1996年5月22日,一项捐献性丧葬基金利益业务由上诉人议事会建立起来。《信托契据》建立了一项信托基金,它使巴特曼斯湾地方原住民土地议事会成为丧葬基金的受托管理人,并使州议事会成为地方议事会的保证人。所有原住民及其配偶或者原住民的子女都被授权给基金捐款并成为其受益人。根据《管理协议》规定,新南威尔士原住民土地议事会从事地方原住民土地议事的"事务"的管理,并同意对地方原住民土地议事会导致的与其事务的管理有关的所有诉讼、债务、程序、申诉、诉讼费和支出等进行补偿。根据此份协议,地方议事会根据"信托契据"确立的丧葬基金把其权力和义务委托给州议事会。这样做明显是因为,新南威尔士原住民土地议事会知道,它不可能有权以自己的权利运营一项丧葬基金。

这种认识通过考虑授予地方原住民土地议事会和新南威尔士原住民土地议事会的不同功能得到支持。《土地权利法》第12条授予地方原住民土地议事会一种与"取得、建立和运营事业"相关的权能。但是没有授予新南威尔士原住民土地议事会类似的权能。然而,根据《土地权利法》第23条第1款规定,新南威尔士原住民土地议事会拥有的权力包括:(f)基于某个地方原住民议事会的同意,管理该议事会事务的任何事务。……(h)为了或者代表原住民的利益而授权或者借钱,或者进行投资。

原告(原住民群体利益基金有限公司)向新南威尔士最高法院(衡平分院)申请,在衡平分院麦克利兰首席法官面前申请宣告令和禁制令,限制其所主张的被告即地方原住民土地议事会和新南威尔士原住民土地议事会的越权行为。原住民群体利益基金有限公司声称,议事会的丧葬捐献基金是违法的,建立在违反《丧葬基金法》第11条第1款禁止的要求的基础上,这些议事会基金的权力超出了《土地权利法》授予的权力。衡平法院麦克利兰首席法官认为,地方原住民土地议事会的基金可以支付的利益不可能获得认捐的充分提供,因此它经济上的存活(viability)很大程度上依赖于新南威尔士原

住民土地议事会的资助。该法官也评说:

相应地,因为原住民土地议事会实质上与原告基金在同样有限的市场上运营,非常可能的情形是,原住民土地议事会计划的开始和运营对原告的经营都会有一种严重的危害性的财政效果……正是在那个基础上,原告才主张维持这些程序的资格。

议事会主张,基金有限公司没有起诉资格,因为它们在这些足以给予它们出庭资格程序的主题事项上,不享有某种相关的特殊利益。麦克利兰首席法官认为,这些程序设计不是用来"辩护或者保护原告的任何私权",而且也没有要求它们"表明它们被授予控告强制实施相关公权利的资格"。该法官把"公权利"描述为根据《丧葬基金法》第11条规定阻止某种"具有刑法性质的法定性禁止",限制那些根据公共目的而建立的法人"超越其权力"。

麦克利兰首席法官把特殊利益标准描述为一种灵活的标准,根据诉讼的性质和主题事项,它才获得满足。之后他否认原住民群体基金有限公司的原告起诉资格。其理由是,《丧葬基金法》设计这种禁止只是为了保护捐献性丧葬基金业务的捐献者或者可能的捐献者,且《土地权利法》授予地方原住民土地议事会和新南威尔士原住民土地议事会的有限权能"是为了保护那些为其利益而设立机构中的那些人以及那些机构成员的利益"。原告原住民群体基金有限公司被认为不归入任何一个类别中。

原告向上诉法院申诉,后者基于原告业务的特殊利益标准获得满足而一致允许上诉。上诉法院认为,特殊利益标准是一种灵活的标准,它不必因为受某个原告商业利益的影响是否直接而被拒绝,或者因为"(原告)试图支持履行的"这种公共义务"不是其意图保护的义务而被拒绝"。上诉法院述及起诉资格的争议是申请限制商业竞争者活动,以及此类申请是否能使它们自身纳入特殊利益范围内。当事人不服上诉法院判决向联邦高等法院申诉。高等法院授予当事人针对上诉法院的决定特别许可,并有条件地同意对原住民群体基金有限公司是否有资格的问题作出审查。高等法院一致拒绝当事人的要求并支持上诉法院的推理。它裁决,被上诉人原住民群体基金有限公司有资格申请一项针对上诉人议事会的宣告令和禁制令,其理由是其满足了特殊利益标准。麦克利兰首席法官在衡平分院的推理对资格问题持非常狭隘的观点,且原住民群体基金有限公司的利益"恰好处于"特殊利益标准要求之内。

该案对起诉资格制度的发展体现在上诉法院的推理中,即采用了灵活的特殊利益标准,它不必因为对某个原告商业利益的影响是否直接而被拒绝,或者因为"(原告)试图支持履行的"这种公共义务"不是其意图保护的义务而被拒绝"。

20. 彼得艾伦诉发展津贴署系列案①

艾伦住在西布伦瑞克(West Brunswick),离塔拉马里恩(Tullamarine)高速公路200米。他相信其安宁可能受到将成为墨尔本环城工程部分要完成的高速公路延伸路段的不利影响。他向联邦行政上诉裁判所(该机关是根据联邦发展津贴署的一项决定成立的)申诉,并在此后几次向联邦法院提出申请。② 最后,默克尔法官审查了原告资格规则,并认为,艾伦先生有充分的原告资格。默克尔法官说:"该案是一个刚性的例子,它是希望利用行政法程序实施现代公法义务挑战公共当局和大公司的某个公民所需要的。"艾伦先生显示,他有原告资格。但是到该项诉讼继续进行时,他出售了在西布伦瑞克的房子,因此随后由五人组成的合议庭对其原告资格作出了不利结论。③

21. 特鲁斯阿布特高速公路有限公司诉麦格理基础设施投资管理公司案④

在该案中,特鲁斯阿布特高速公路有限公司因为其他公司违反

---

① Peter Allan v. Development Allowance Authority [1997] 738 FCA; Allan v. Development Allowance Authority (1998) 152 ALR 439; Allan v. Development Allowance Authority [1999] FCA 426.

② Peter Allan v. Development Allowance Authority [1997] FCA 738 (Mansfield J); [1998] FCA 112 (Wilcox, R D Nicholson and Finn JJ) and [1999] FCA 426 (Merkel J).

③ Peter Allan v. Development Allowance Authority [1999] FCA 1723 (Black CJ, Hill, Sundberg, Marshall and Kenny JJ).

④ Truth about Motorways Pty Limited v. Macquarie Infrastructure Investment Management Limited (2000) 200 CLR 591; (2000) 169 ALR 616.

《贸易惯例法》而开始起诉并主张,由麦格理基础设施投资管理公司发布的计划书是虚假的,因为它没有准确地陈述在东部分销商高速公路(the Eastern Distributor freeway)上的交通流量。特鲁斯有限公司主张,它满足了在《贸易惯例法》中"任何人"这个词语的要求,即使它在该案中唯一的利益是确保麦格理公司遵守联邦法律。

做出决定面临的主要问题是,在基于《贸易惯例法》规定的公司立法上,议会是否能应任何人的指控对法律实施司法执行。高等法院认为不可能如此。① 法院多数集中在合宪重要性的问题上,而科比法官表达了更宽泛的原告资格问题,以及处于"公法"标题之下那些事项的类型。他说,大量联邦立法显示出的一种趋势是"偏离施加一项一般要求,即批准司法审查必须提供关于特殊的个人利益或者个人损害的相关证据"。② 据此说法,当事人起诉资格不需要特殊的个人利益或损害的要求。③

22. 北部昆士兰保育委员会有限公司诉昆士兰公园及野生动物服务执行长案④

该案最重要的贡献是确立当事人申请司法救济过程中存在滥用程序权利时,不能授予其救济资格。而在不存在滥用程序的情况时,则应该授予原告资格。北部昆士兰保育委员会根据1991年昆士兰州《司法审查法》规定申请制定法上的审查命令,即挑战部长颁发允许昆士兰州在磁岛(Magnetic Island)建设港口和附属工程的执照决定。昆士兰州最高法院切斯特曼法官(第12段)提议并适用了"无程序滥用"的标准:这一标准在奥纳斯诉澳大利亚铝业公司案中⑤由吉本斯法官解释的限制原告资格的理论基础已有所提

---

① 科比法官认为申请人有原告资格。
② Truth about Motorways Pty Limited v. Macquarie Infrastructure Investment Management Limited (2000) 200 CLR 591, 642 at [135].
③ Ibid 591, 642 at [138].
④ North Queensland Conservation Council Inc v. Executive Director, Queensland Parks and Wildlife Service [2000] QSC 172.
⑤ Onus v. Alcoa of Australia Ltd (1981) 149 CLR 27.

示了。

其基本观点是,如果能够发现当事人与诉讼主题事项之间的联系不是对程序的滥用,原告就应该有资格。如果原告没有被恶意驱动,不是爱管闲事的人或者反复无常的人,且其诉讼不会导致另一公民很大的成本损失或不便,那么其资格应该是充分的。可见,该法官的"无程序滥用"方法与传统原告资格方法非常不同。

上述判决在随后案件中被引用。萨维贝尔公园集团诉肯尼迪[1]案涉及到当事人根据1991年昆士兰州《司法审查法》的规定,对部长允许在贝尔公园发展的规划决定提出挑战。达尼法官认为,原告有资格,其方法是通过确定它有一项"特殊利益",因为它不仅仅是"智力的或感情的",也不是对"程序的滥用"。达尼法官有效地使用了传统的标准,也使用了北部海岸环境委员会股份有限公司诉能源部长案[2]的标准。

23. 艾伦诉市内交通系统环城公司案[3]

在五成员合议庭判决之后,艾伦先生继续争取停止延伸高速公路。他在高等法院主张,根据相关立法规定,其救济申请将通过立法解释来决定,而非通过关于原告资格的一般原则加以决定。他说,他是一个"基于这部立法目的"受可审查的决定影响的人。

高等法院六位成员不同意他的主张,其请求失败。只有科比法官允许艾伦上诉。科比法官采用的有关原告资格的方法,在当时被认为是异端邪说。他说:解决该事项的起点不是问该案是否处于博伊斯案、1980年澳大利亚保育基金公司案(ACF)、奥纳斯案或巴特曼斯湾案的评论范围内。其正确的方法是,对立法本身予以密切的审查。提到传统的趋势及显示出原告遭受了"只有他独有的特殊损害"之后,科比法官说:"这种趋势需要谨慎地探讨'资格'问题,好像它总是呈现出一般性问题。在某种意义上,情况确实如此。但是在

---

[1] Save Bell Park Group v. Kennedy [2002] QSC 174.
[2] North Coast Environment Council Inc v. Minister of Resources (1994) 55 FCR 492.
[3] Allan v. Transurban City Link Ltd (2001) 208 CLR 167.

某特定案件中,该问题的解决方法必须是把争议中立法的语言和结构作为起点。"科比法官提出的思路非常重要。这是因为,澳大利亚很多法院过去一直陷于传统普通法的"特殊利益"标准,而对《行政决定(司法审查)法》和其他立法中的规定往往不予重视。

24. 一钢生产有限公司诉怀阿拉红尘行动小组公司案①

这是南澳大利亚州最高法院德贝尔法官做的判决。我们选择该案基于两个原因:第一,某些州最高法院坚持不偏离澳大利亚保育基金公司诉联邦案或奥纳斯诉澳大利亚铝业公司案中的原告资格模式。第二,尽管明确提到科比法官基于立法性语言和结构事项对原告资格法律发展所做的综合,但是德贝尔法官退回到陈旧的、安全的澳大利亚保育基金会或奥纳斯案件模式。这说明传统的特殊利益标准模式对法院的影响巨大。

怀阿拉红尘行动小组公司是由居住在一钢药丸工厂运行附近居民组成的,它关心地方垃圾、污染和环境问题。南澳大利亚州《环境保护法》第 104 条批准环境法院作出命令,限制人们从事损害环境的行为。该组织申请命令限制一钢公司把来自药丸工厂的垃圾排入空气中。环境法院授予此项命令。一钢公司上诉到州最高法院,德贝尔法官允许上诉,并引用下列事实:怀阿拉公司在此项诉讼中只有某种关于智力的或感情的方面的利益,据此,它没有原告资格。德贝尔法官没有对北部海岸环境委员会股份有限公司诉能源部长案②中的五要点方法表达看法,而只是说,该案关键在于"受害人"这个词语,而不是《环境保护法》中的词语。他引用高等法院在巴特曼斯湾案的判决,但也泼冷水说:"那个判决对本案没有帮助,因为那个案件中被告有明显的商业利益,而本案申请人没有。"③可见,该法官既没有采用科比法官使用的立法语言和结构的解释方法,也没有采用

---

① Onesteel Manufacturing Pty Ltd v. Whyalla Red Dust Action Group Inc (2006) 94 SASR 357.
② North Coast Environment Council Inc v. Minister of Resources (1994) 55 FCR 492.
③ Onesteel Manufacturing Pty Ltd v. Whyalla Red Dust Action Group Inc (2006) 94 SASR 357, 367 at [28].

巴特曼斯湾案中的灵活的特殊利益标准。

25. 布卢韦奇公司诉墨尔本港口公司案①

该案突出的问题是,在原告面临更多程序性紧迫的障碍问题时,某些法官甚至不考虑原告资格问题。在2005年,菲利普港海湾事涉实施航运水道加深疏浚工程建议的主题。在工程开始前,已经进行广泛的协商程序,其环境影响陈述书也做得很好。由规划部长委托的小组发现,该环境影响陈述有许多缺点,该部长要求墨尔本港口提供一份补充报告。根据《环境效果法》规定,没有那份报告,疏浚工程就不得继续。布卢韦奇公司在维多利亚州最高法院启动一项程序,主张被建议的工程违法。它申请一项诉讼期间宣告的禁制令来限制此项工程。

曼迪法官拒绝下达禁制令,不是由于与原告资格联系的任何问题,而是由于下列事实:布卢韦奇公司不能提供任何对损害的担保。② 曼迪法官说,也许是为了公共利益而授予禁制令才无需对损害提供通常的担保,或者如果有某个可以证明的不可救济的严重损害的危险。但是在该案中没有这样的证据,因此拒绝禁制令申请。

该案由于当事人不能提供担保而拒绝其申请的禁制令,这说明对禁制令申请提出了较高的举证或者担保要求。

26. 东吉普斯兰环境公司诉维多福利斯特公司案③

该案是维多利亚州最高法院基于行政法目的就原告资格作出的案件。维多福利斯特公司提出在东吉普斯兰布朗山上两处森林地从事伐木搬运业活动,那些森林里有许多种受保护的植物和动物。东吉普斯兰环境公司主张,伐木搬运业违法,因为某些法律要求维多福利斯特公司保护原住民的动物区系。东吉普斯兰环境公司启动程序并申请禁制令。

---

① Blue Wedges Inc v. Port of Melbourne Corporation [2005] VSC 305.
② Mandie 法官引用了在 Combet v. Commonwealth [2005] HCA Trans 459 案件中高等法院在要点上的争论。在对副本进行仔细解读之后,Mandie 法官似乎提示,海登法官的评论更有一般性(general)。
③ Environment East Gippsland Inc v. Vicforests [2009] VSC 389.

福利斯特法官主要依赖前述萨科维尔法官在北部海岸环境委员会股份有限公司诉能源部长案的判决(特别是依赖于由萨科维尔法官识别的作为原告资格方面最重要的五个要点),并在最后针对维多福利斯特公司命令一项诉讼期间宣告的短时间的禁制令。与北部海岸案实际情形不同,东吉普斯兰环境公司不是环境问题的最高机构,从资金资助或建议来说,与政府也没有密切的关系。但是这些并不能阻止福利斯特法官命令维多福利斯特公司停止其所提出的伐木搬运业活动。东吉普斯兰环境公司成员资格的层次、其在布朗山上持续的活动、其与政府涉及该地区的经常性联系,以及它是唯一的有兴趣保育该地区自然栖息地这些事实等都证明,实际上,它有一个可以争辩的诉由来启动此项程序。这说明,该法院在适用之前法院判例确立的五要点标准上更加灵活和放宽。

(三) 小结

上文案例显示出在过去几十年澳大利亚法院关于原告资格采用的某些明显不同的方法。

1. 确立澳大利亚现代起诉资格标准。高等法院在澳大利亚保育基金公司诉联邦(ACF)案和奥纳斯诉澳大利亚铝业公司案中的判决是现代澳大利亚方法的起源。但实际上,现代起诉资格案件开始于1930年代的安德森案,在那里,高等法院强调,希望对联邦立法进行挑战的某个人必须显示出其"比其他人受到更特别的影响"。在澳大利亚保育基金公司诉联邦案中,高等法院的下列判决留下了持久性影响:如果一个普通的公众成员,在支持法律方面不享有非属于其他公众成员有的利益,自然没有资格诉讼阻止侵犯公权利或者强制公共义务的履行。仅仅拥有智力的或感情方面关切的某人是没有原告资格的。一个人需要某种"特殊利益"才能启动执行公共义务或阻止某项公共错误的程序。但是根据奥纳斯诉澳大利亚铝业公司案,如果某人已经拥有了基于其他标准的原告资格,那么其拥有某种感情的或智力的关切这一事实则是不重要的。这说明,特殊利益的标准已经开始放宽。

2. 采用更自由更灵活的方法确认起诉资格。在1980年代和

1990年代之间,大多数案件是以澳大利亚保育基金公司诉联邦和奥纳斯诉澳大利亚铝业公司案公式为基础做出判决的。这些案件包括耶茨保障服务有限公司诉基廷、阿尔法法尔姆有限公司诉史密丝克莱恩比彻姆(澳大利亚)有限公司、一钢公司和艾伦案等系列案件。此后,特别是在北部海岸案之后,案件都是根据更自由适用的规则,或者使用古姆法官所说的更大的"灵活性"作出判决的。维多福利斯特公司案判决中,萨科维尔法官适用了更自由的五要点方法。这些情况表明,上个世纪80—90年代,法院在坚持80年代初案例基础上,又有所发展。

3. 未来三点走向。第一,法院对"特殊利益标准"的把握更加开放。更少像1980年代那样关注所谓干涉性的爱管闲事者的干扰,也就是说,过去有些案件过分强调不能授予好事者起诉资格,常以他们爱管闲事为借口,否定其起诉资格。法院可能更愿意接受下列看法:公众应该比巴克利法官在博伊斯案中撰写判决时代获得更多的知情信息、更能畅所欲言并且能更多地参与法院的活动。法院更愿意承认正当的公共过程(legitimate public process),通过该过程,利益集团,以及常常获得更高质量供给、更受公众鼓舞且与政府互动的个人希望给某些公共问题的争论做一些有意义的贡献。当然,法院不是处理爱管闲事的机构提出学术问题的地方,也不是处理当事人之间无争议问题的地方。这将预示着,法院会给起诉资格发展提供更好的空间。第二,法院将可能回归立法语言和结构在解释起诉资格中的作用。也许发生下列情况:科比法官在特鲁斯阿布特高速公路有限公司诉麦格理基础设施投资管理公司案和在艾伦案中所支持的方法将会变成基准(benchmark),也就是说,它们都可归结为法律,而且问题的解决方法必须把争议中的立法语言和结构作为开始点。换言之,过去多年来法院审理案件总是在传统的特殊利益标准中打转,没有充分地直接依据《行政决定(司法审查)法》和其他立法的语言和结构。如果能够转到立法规定,并着重对立法加以解释和适用,那将会推动澳大利亚起诉资格更快地发展。第三,总体来看,法院的趋势是放弃传统上由英国确立的严格的博伊斯案方法。今天的诉讼很少采用申请总检察长的许可,诉讼当事人常常必须为自己进行辩护。法院似乎更适应这种新的发展。这说明诉讼资格的放宽使更多人能直接起诉。

四、《行政决定(司法审查)法》中的起诉资格

如前指出,澳大利亚法院在解释和发展司法审查起诉资格过程中,对于立法规定重视不够,往往自觉或不自觉地陷入到之前的英国判例和本国法院过于保守的判例之中,由此影响了充分利用成文法保障当事人的起诉资格,使得很长时间内当事人特别是公益诉讼中当事人的起诉资格没有得到有效的放宽。

如果说前面第三部分是以法院采用的"特殊利益"标准为脉络,本部分主要介绍法院直接对《行政决定(司法审查)法》相关标准的解释和适用。前者主要围绕"特殊利益标准"展开,后者主要围绕"受害人"展开。二者也有交叉和融合。但总体看,澳大利亚法院过多地采用传统的特殊利益标准,而对法定的"受害人"标准解释和适用不足。我们认为,法院特别是高等法院在未来的做法应该是逐步回归立法规定,更少受到传统判例的羁绊,以此可以更好地推动其起诉资格法的发展。

1. 立法规定的内容

《行政决定(司法审查)法》第3条第4款的"受害人"是指,其利益受到行政决定、行政措施或懈怠作行政决定"不利影响"的人。这一定义范围广泛且非穷尽性的[①],有两个测试起诉资格的标准:(1)其利益受到"不利影响"的某个人;或(2)在其自然意义上"受害的"人。起诉资格可以通过这两个短语之一来探求。过去的案例很大程度上忽视了这个定义,而是将重点集中在"受害人"本身,对"不利影响"重视不够。造成这种情况的原因可能在于这两个短语相似:"其利益受到不利影响的人"在语义上很少不同于"受害人"。然而,这

---

① 情况就是如此,因为该定义使用了"包括"(includes)这个术语。参见 Douglas v. Minister for Aboriginal Affairs (1994) 34 ALD 192.

个定义显示出,起诉资格需要两个要求:申请人的利益,以及对其有威胁的干涉。但在该法的公式中,这两个概念都被包含在"受害"之中。

尽管对起诉资格所给予的主要注意力集中在"受害"的含义上,但是根据第5、6、7条的各自规定,申请人必须受到相关决定、措施或懈怠做决定的损害。① "受害人"也被授予申请对某些政府决定说明理由的资格(第13条第1款)。《行政决定(司法审查)法》偏离受害人标准的条文是第12条,它给予"利害关系人"申请成为已开始程序的一方当事人。

《行政决定(司法审查)法》对受害人含义仅有的法定阐述是在第3条第4款,它规定,受害人"包括……其利益受到不利影响的某个人……"。这一公式留给"法院开放性的选择权,可以认为,基于本法的目的,包含于该款中但不属于描述范围内的其他人将被视为受害人"。② 然而,下列情况并未出现:在适用或决定"受害人"含义的范围时,任何法院已经依赖这种法定解释要点。就是说,法院还没有对此作出如此宽泛的解释。这说明法院没有充分利用立法文本提供的有利条件。

2. 主导性解释:图希斯案

界定《行政决定(司法审查)法》下"受害人"的主导性案件是图希斯有限公司诉商业及消费事务部长案。③ 在该案中,代表申请人图希斯公司利益的某个进口商被迫支付其进口物品40%的税收。图希斯支付这笔另外的数目给进口商,然后直接申请挑战税收评估。

案件提出的起诉资格问题基于下列理由:是进口代理人支付了此项税收,据此进口代理人是合法的最初原告。因此有人提出,图希斯没有以任何方式直接受到其申请推翻的政府行为的影响。艾利考特法官支持原告享有起诉资格并讨论了受害人标准,其内容在后来案件中得到广泛的引用:"在我看来,'某人是受害人'这个词语不应

---

① See, eg, Letts v. Commonwealth (1985) 62 ALR 517.
② D C Pearce (ed), Australian Administrative Law Service 2104.
③ Tooheys Ltd v. Minster for Business and Consumer Affairs (1981) 36 ALR 64.

给予狭义的解释,不应被限制在能够确定他们在作出的行政决定中有某种攸关法律利益的人的范围内。……但是,我确信它至少包括了能显示出其损害的某个人,这种损害是受到投诉的那项行政决定的结果,而其遭受的这种损害超出其作为平常公众成员所具有的损害。许多案件显示出那种损害,因为该决定直接影响其存在或者其未来的法律权利。但是在某些案件中,这种效果更少有直接性。可能是在某项商业行为中对其产生影响,本案就是如此,它影响了所针对第三人的权利。"①

这一段阐述表明:《行政决定(司法审查)法》中"受害人"标准不应给予狭义的解释,而且该法官承认某种间接影响可以作为起诉资格的充分理由。但是,由于法院继续强调受害人遭受的损害必须超出一般公众成员受到的损害,强调提及比如商业利益和法律权利,这一判决为联邦法院继续适用普通法上的限制排除人们申请无形的或非传统的利益提供了基础。② 对来自图希斯案语言的后来司法适用提示,当适用《行政决定(司法审查)法》法定标准时,法院仍然严重地依赖于普通法原则限制资格,而不考虑被普通法法院选择的那些限制性的原因是否适用于由法律创设且有某种特定管辖权的法院。③

可见,图希斯案一方面对传统的特殊利益标准有了重大突破,特别是承认要给予"受害人"广义的理解,以及某些间接影响可以作为起诉资格的标准。但是,法院这个经典性案例的解释仍然陷入传统普通法标准的框架内。

---

① Ibid 290.
② 澳大利亚法律改革委员会在其报告对《行政决定(司法审查)法》的简要评论中,某种程度上证实了这种特征化。尽管在图希斯案中这种评论被特征化为一种"从宽解释"(liberal interpretation),该报告也指出:"所界定的'受害人'的含义……似乎非常接近于……一般法之下所要求的特殊利益。"澳大利亚法律改革委员会报告第 142 段。
③ 澳大利亚保育基金公司(ACF)案清楚地承认,解释起诉资格的制定法的授权使法院有更大的裁量余地。正是在这个基础上,澳大利亚保育基金公司(ACF)案区别于早期案件如 National Trust of Aust v. Aust T & G Mutual Life Assurance Society Ltd [1976] VR 592 and ACF case, Australian Conservation Foundation v. Commonwealth (1980) 28 ALR 280.

3. 拒绝授予起诉资格的早期案件

以缺乏资格为基础拒绝给予救济的一个案例是弗维尔诉约安诺案。① 申请人被某联邦机构雇佣于临时性指定时间的职位。雇佣机构的领导给该申请人写信,说其不胜任,并说在原来时间届满时,此项工作将结束,而且没有新的适合申请人的职位或者任何类似的职位。联邦法院引用图希斯案认为,该申请人不是一位受该机构领导行为侵害的人。法院没有清楚地陈述理由,但是该决定部分地显示出依赖于该机构领导不能根据自己的权力延伸此项雇佣。法院提示,如果应答者(respondent)之外的某人已经被雇佣来执行由该应答者之前所做的服务,那么情况可能是,该应答者就是被雇佣者行政决定所侵害的人,而且根据《行政决定(司法审查)法》规定,有资格申请挑战这种任命。具体到本案,申请人以外的其他人来申请弗维尔的岗位,如遭拒绝,他就是受害人,而本案是申请人弗维尔而已,所以不是受害人。很难想象,符合"受害人"概念的人比雇佣已被终止的某个人更好。换言之,被终止雇佣的人就是最大的受害人,但是法院竟然认定不是受害者,这个判决无论如何都是难以理解的。

以起诉资格为由拒绝救济的第二个案例是范格达尔-尼尔森诉斯密斯案。② 在该案中,法院忽略了在当事人之中利益的内容,而且选择完全代之以一个证据上的技术性特征。范格达尔-尼尔森(Vangedal-Nielsen)先生是一位海外专利的持有者。他对同样设备申请一项澳大利亚的专利。在其专利申请待解决这段时间,该产品被许可给澳大利亚的某些生产者。被宣称的许可方(licensor)不是范格达尔自己,而是范格达尔-普拉斯特公司(Vangedal-Plast ApS),根据其名称运作。尽管该专利申请还待确定,但是该项申请受到某公司的挑战,该公司声称在该产品上有已经存在的许可。在法院的争议是该公司反对由范格达尔自己申请延长专利的时间。

法院认定范格达尔-尼尔森先生自己有资格反对延长时间。但

---

① Fowell v. Ioannou (1982) 42 ALR 491(关于其他理由,参见(1984)52 ALR 460.)
② Vangedal-Nielsen v. Smith (1981) 33 ALR 144.

是,被作为反对延长时间的申请人加入其中的持有执照者则被认定没有资格。法院对其裁决的理由是,领有执照者,在其明确的证据中,没有什么东西显示出与范格达尔-尼尔森本人或者其专利申请有任何关系。法官说:"在检查者(examiner)面前或者在我面前,没有任何证据显示出在范格达尔-普拉斯特和范格达尔-尼尔森之间的任何关系"。①

该案件可以以许多方式加以解释:其一,把它描述为对资格规则做一种非常狭窄的解读。其二,把它看做是对被要求显示资格的证据充分性规则的反映。其三,法院倾向于对涉及程序性问题的申请做狭义的资格解读。如果涉及某种实质性争议,法院可能以某种方式更为现实地处理当事人之间的评估,以及涉及的实际利益。

4. 原告资格原则的宽泛适用

在适用"受害人"标准时,超越普通法上起诉资格限制的案件是霍克太平洋有限公司诉弗里兰案。② 在该案中,霍克公司是由民航局在邀请参加生产飞机的登记中享有利益的七个公司之一。民航局认定霍克公司和其他另一个投标者有唯一的适合的飞机。合同最后被授予霍克公司的竞争对手。霍克公司根据《行政决定(司法审查)法》规定申请多种法院命令认定,民航局程序的某些方面是无效的或者不正确的。

法院认为,陈旧起诉资格法律要求申请人必须作为受投诉行政决定的结果而受害,且超出一般公众成员受到的损害。本案中申请人霍克公司和第三答辩人是商业竞争者(business competitors),只有这个事实还不足以使前者成为受害人。③ 关于商业竞争者资格的这种陈述是一种传统的尽管受到批评的普通法原则。④ 然而法院确实发现,霍克公司是受害人。法院指向那些"实际因素……凭借投标

---

① Ibid 147.
② Hawker Pacific Pty Ltd v. Freeland (1983) 52ALR 185.
③ Ibid 1910.
④ 澳大利亚法律改革委员会报告第 126 段。

者所提交的资料。投标的费用支出和大量文件也表明这一点"。①法院继续说,"申请人关于自己是受害人的申诉主张获得其受到邀请成为参加投标这一事实的支持。这种选择性邀请刺激申请人精心准备投标,而且将其置于远远高于任何其他公众成员地位之上"。②尽管法院推理将霍克公司与其他公众成员区别开来,但是不必在拒绝给予一位商业竞争者资格的普通法规则方面加以区别。因此,在这一个争议上,霍克公司可以超越普通法。③ 在本案中,法院批评了陈旧的起诉资格标准,并基于当事人实际上是受害者认定申请人有起诉资格。这是一个明显的进步。

5.《行政决定(司法审查)法》资格判决的典型例证

一般情况下,解释《行政决定(司法审查)法》下的"受害人"标准的其他案例是简单的有关利益的例证,这些利益可能受到传统的资格规则的保护,尽管它们也可能产生分析性的(analytical)或程序性问题值得讨论。

拉尔昆农业有限公司诉原住民发展委员会案④是涉及土地资格问题,发生在各种由政府成立的土著人团体之间的一项争议。拉尔昆根据与波因特麦克利委员会(Point McLeay Council)、联邦土著人土地委员会达成的模糊协议,一直在耕种某块土地。土著人发展委员会,即联邦土著人土地委员会的继承者,提议对这块土地的资格和(或者)租赁进行变更。拉尔昆反对并根据《行政决定(司法审查)法》规定申请审查。被告主张说,无论如何,拉尔昆不可能在那块土地上有任何利益,因为它不是一个土著人机构。法院发现,在政府机构拟实行的行为中,拉尔昆有被强制离开这块土地的风险,因此是一位受害人。

---

① Hawker Pacific Pty Ltd v. Freeland (1983) 52ALR 185.
② Ibid.
③ 注意 ACT Health Authority v. Berkeley Cleaning Group Pty Ltd (1985) 7 ALD 752. 在该案中,该项诉讼是由一位未成功的洁净合同的投标者提起的,法院拒绝许可修正以包括失败者是否是一位受害人的问题。
④ Ralkon Agricultural Pty Ltd v. Aboriginal Development Commission (1982) 43 ALR 535.

在堪培拉劳动者俱乐部有限公司诉霍德曼案中[1]，俱乐部申请一项命令阻止出售位于申请人俱乐部和湖畔之间的联邦土地。如果这块土地继续出售而且被作为建设工程的基础(built upon)，将损害申请人对湖的观赏。法院未做任何讨论就认为该俱乐部是受害人。

在帕克斯农村分销有限公司诉格拉森案中[2]，一项签发许可要求申请人偿还(repayment)接近约15万澳元，这一偿还在以前就被支付，与某个石油购买计划有关。该案中主要争议的是，申请人是否属于某部联邦制定法之下的受害人，因为偿还义务是向新南威尔士州偿还的义务而不是向联邦偿还的义务。法院认为，申请人是一位受害人，因为过多的支付数量是根据一项联邦计划确定的，尽管州是该计划中实际上的参与者。

在萨法迪诉移民部长案中[3]，法院认为，受到驱逐令处理的某个人明显是一位受害人。

在水稻种植合作磨粉厂有限公司诉班纳曼案中[4]，申请人已经收到一份要求其提供《贸易惯例法》规定的文件的请求。法院认为，发布这一关于文件请求的决定对申请人公司有一种实质性影响，包括机密信息的披露、准备文件遇到的麻烦和费用，以及承担虚伪信息或者误导信息所受处罚的风险。法院认为，这种影响足以确立一种超出一般公众成员所遭受的利益或者损害，因此足以授予资格。这一看法类似于前述霍克太平洋有限公司诉弗里兰案中某个方面的观点[5]，在那里，涉及到对政府邀请参加建设飞机投标的回应，当事人这种努力被认为足以授予其资格。

上述案例基本上是以"受害人"为标准加以判断，很少或者没有与传统普通法使用的"特殊利益"标准对接。从上述案例可以看出，在不少案件中，法院直接采用"受害人"标准要比采用传统的"特殊利益"标准来得更容易、更方便。可惜，直接采用《行政决定(司法审

---

[1] Canberra Labor Club Ltd v. Hodgman (1982) 47 ALR 781.
[2] Parkes Rural Distributions Pty Ltd v. Glasson (1983) ALR 601.
[3] Safadi v. Minister for Immigration (1981) 38 ALR 399.
[4] Rice Growers Co-operative Mills Ltd v. Bannerman (1981) 38 ALR 535.
[5] Hawker Pacific Pty Ltd v. Freeland (1983) 52ALR 185.

查)法》中的这一标准的案例不多。

6. 通过司法解释实现普通法和法定起诉资格标准的对接和发展

起诉资格条件公式上有效的融合有助于高等法院走向构建各种救济的共同的资格条件,而不管在普通法或法定法条款如《行政上诉裁判所法》、《议会监督专员法》或《行政决定(司法审查)法》之下。① 这种共同的公式是,原告在受到挑战的行政决定中应该有一种"特殊的利益"。② 如此,无论资格条件的要求如何措辞("受害人"、"受影响人"、"充分的利益"等等),无论是何种救济,不管它是成文法或普通法上的,法院一般把它看作为要求一种特殊利益。

尽管有多种公式,但有一个共同点来界定特殊利益。它是一种"超过一般公众利益的那种利益"③,"在一般公众所享有的利益之上"④,比一般公众成员的利益更大⑤,"与公众利益相比是完全特殊的"⑥,是"超越与更广泛的公众共同分享的那种利益"⑦,"是高出公众一般成员利益之上的那种利益"⑧,是比每个人享有的利益"更多的东西"⑨,而且"对这个人来说是一种特殊的利益(advantage),当撤销该决定时,他们可以获得这种利益"。⑩

"受害人"标准和前述的"特殊利益"标准是什么关系呢?法院认为,《行政决定(司法审查)法》上的"受害人"标准应该比"特殊利

---

① 为了获得在某部法定公式下的这种结果,如在《行政决定(司法审查)法》下的"受害人",法院解释这个公式,意指申请人必须有一种特殊的利益。
② See, eg, Kioa v. West (1985) 159 CLR 550 at 621; Shop Distributive and Allied Employees Association v. Minister for Industrial Affairs (1995) 183 CLR 552.
③ Onus v. Alcoa (1981) 149CLR 27 at 44.
④ Australian Conservation Foundation v. Commonwealth (1980) 146 CLR 493 at 547.
⑤ Fordham v. Evans (1987) 72 ALR 529. 因此,在 Fowell v. Ioannou (1982) 45 ALR 491 案中,一位官员对某个组织中需要临时帮助的某个人给出的建议,并不给予其资格,因为所有的公众成员都处于同样的地位——每个人都是此项工作未来的申请人。
⑥ Onus v. Alcoa (1981) 149CLR 27 at 71.
⑦ Alphapharm v. Smithkline Beecham (1994) 49 FCR 250 at 264—265.
⑧ Schokker v. Commissioner, AFP (1998)154 ALR 183 at 187.
⑨ Allan v. Development Allowance Authority (1998) 152 ALR 439 at 441.
⑩ Lord v. Comissioners of the AFP (1998) 154 ALR 631 at 645.

益"标准获得更广义的解释,甚至不能以"特殊利益"来确定起诉资格,即在有些情况下,当事人没有特殊利益,但是却是受害人,此时仍然享有起诉资格。对此,学者指出①,当要对某个人是否属于本法目的所指的"受害人"时,某些法院提到普通法上的"特殊利益"标准。为了成为"受害人",申请人必须"证明所遭受到的损害是作为其所申诉的行政决定的结果,而这种损害远远超出其作为一个普通公众成员所受到的损害"。② 艾利考特法官在图希斯有限公司诉商业及消费者事务部长案中主张③,为了与简化复杂的特权令程序这一立法意图保持一致,"受害人"这个术语应该被给予比普通法上的标准更宽泛的含义。阿拉斯(Allars)和斯普赖(Spry)主张,案例法已经证明了一种发展趋势,该标准比普通法标准有一种更宽泛的解释。④ 该法定标准的宽度在昂格尔诉斯特里克兰案判决中⑤得到验证。在该案中,尽管联邦法院合议庭似乎已经假定,"受害人"标准类似于申请衡平救济的标准,但是洛克哈特法官评论说⑥:真实的情况是,在法律的或衡平的权利或财产的或金钱的利益意义上,这些申请人在该决定的主题事项中没有特殊的利益,但是他们是受害人,因为驱逐渎神是他们职业必要的事件。这说明,特殊利益和受害人之间并非总是存在着交叉关系,有时候二者没有交叉。这说明,把二者有机地结合起来更好。

总体看,在澳大利亚有一般的司法共识:与起诉资格有关的法律

---

① Hayley Katzen, Roger Douglas, Administrative Law, Butterworths,1999, p.92.
② Tooheys Ltd v. Minister for Business and Consumer Affairs (1981) 4 ALD 277 at 290; 36 ALR 64.
③ Tooheys Ltd v. Minister for Business and Consumer Affairs (1981) 4 ALD 277 at 290.
④ See Allars M; Standing:the Role and Evolution of the Test (1991) 20 Federal Law Review 83; Spry M, A 'Person Aggrieved' under the ADJR Act: Three Recent Cases on Standing 1996 3(2) Australian Journal of Administrative Law 120.
⑤ Ogle v. Strickland (1987) 13 FCR 306; 71 ALR 41.
⑥ Ogle v. Strickland (1987) 13 FCR 318; ALR 52.

已经日益放松。① 尽管高等法院对这些发展要承担部分责任,但是联邦法院和州最高法院的判决已经独立地对起诉资格法律的发展做出了贡献,而且在环境决定领域,至少有某些决定,在某些方面,难以与澳大利亚保育基金公司诉联邦案(ACF)协调。无关的情况是,其中大多数属于 1977 年联邦《行政决定(司法审查)法》。该法的起诉资格要求几乎与调整衡平救济的申请资格相同。因此这些案件证明了一种司法趋势:调整传统和现代救济的起诉资格规则正在放宽。②

第二节　美国司法审查原告起诉资格的演变进程

迄今,美国原告资格在大体上经历了三个阶段,即合法利益标准、受害人标准与两步骤标准。对于两步骤标准之前的原告资格标准,学者们归纳不尽一致。有人认为,在 1930 年至 1970 年期间,联邦最高法院通过适用"法律权利"标准,解决了大多数原告资格争议。该标准指出,只有法院首先认定行政机关业已侵犯了请求人的"法律权利"(legal right),请求人才有请求审查行政行为的原告资格。③

---

① 参见 Kirby 法官在 Re McBain; Exparte Catholic Bishops Conference (2002) 209 CLR 372 at 393 (Kirby J)和 Truth About Motorways Pty Ltd v. Macquarie Infrastructure Investment Management Ltd (2000) 200 CLR 591 at 642 案件中的评论;也可以看,例如,Bridgetown/Greenbushes Friends of the Forest Inc v. Executive Director, Department of Conservation and Land Management (SC WA, Parker J, 9 August 1995); Criminal Justice Commission v. Queensland Advocacy Incorporated [1996] 2 Qd R 118 at 123 (Macrossan CJ), and see Davies JA, 128; North Coast Environment Council Inc v. Minister for Resources (1994) 55 FCR 492 at 502 (Sackville J); Right to Life Association (NSW) Inc v. Secretary, Department of Human Services and Health (1996) 56 FCR 50 at 64—65(Lockhart J); North Queensland Conservation Council [2000] QSC 172 at [8], [12]—[15], [17](Chesterman J)。
② Matthew Groves HP Lee, Australian Administrative Law, Cambridge University Press 2007, p.164.
③ Richard J. Pierce, Administrative Law Treatise (fourth edition), vol. 2, Aspen Law & Business, p.1107. 转引自孔祥俊著:《行政行为可诉性》,人民法院出版社 2005 年版,第 201—202 页。

一、"合法利益"标准

早期观点认为,请求司法审查的人必须具有受行政行为不利影响且受法律保护的利益,即该利益为宪法、制定法或普通法所承认。这种利益不限于人身利益和财产利益。① 此即"合法利益标准"或者"法律保护的利益"标准。一些批评者认为,该标准将原告资格问题与案件的是非曲直问题混为一谈。因为,法院往往需要考虑原告所主张的行政行为合法性的是非曲直以后,才能够决定其是否具有赋予原告资格所需要的足够的法律利益。而且,该标准过于严格,因为它更多地依赖古代普通法概念。正因为这些缺点,美国在20世纪40年代抛弃了这种原告资格原则。

二、"受害人"标准

在1940年联邦电讯委员会诉桑德斯兄弟无线电广播站案中②,最高法院认为,制定法关于联邦通讯委员会许可决定的"受害人"有权请求司法审查的措辞非常宽泛,包括获准许可的申请人的竞争对手,尽管通讯法的实体规定是为了保护公共利益,而不是诸如申请人的竞争对手那样的经济利益。这就是"受害人"标准。

最高法院推断,国会"可能认为,因颁发许可而可能受到经济损害的人,将是唯一有权提请上诉法院审查通讯委员会行为适用法律错误的且有充分利益的人"。此后,法院在一系列案件中授权私人根据多种制定法审查条款具有原告资格。法院假定,国会视其为执行制定法规定的"私人总检察长"。③ 一旦起诉人能够确定其属于法定语言的范围之内,就可以任何理由挑战政府行为的合法性,即使有

---

① E. g. Alabama Power Co. v. Ickes, 302 U. S. 454 (1938).
② FCC v. Sanders Bros. Radio Station, 309 U. S. 470 (1940).
③ See, e. g., Associated Indus. of New York v. Ickes, 134 F. 2d 694, 704 (2 d Cir. 1943), vacated as moot, 320 U. S. 707 (1943).

些理由与其个人利益无关。①

三、两步骤标准

1946年联邦《行政程序法》第702条规定:"在有关法律的意义上受行政行为不利影响或损害"的人,可以获得司法审查。该规定最终促进了原告资格范围的放宽。诉讼当事人开始主张该法并不仅仅使现有的"法律利益"理论法典化,而且只要起诉人能证明其受到了事实上的不利影响,就允许其请求司法审查,由此扩展了原告资格的范围。1970年,最高法院澄清了《行政程序法》第702条规定的涵义,确立了至今仍然适用的相对宽松的分析框架。在资料处理服务组织联合会(法人)诉坎普案中②,最高法院将申请司法审查的原告资格归结为两个问题:(1)起诉人是否主张"事实上的损害";(2)起诉人申请保护的利益是否"可争辩地"属于"所涉及的制定法或宪法保护或者调整的利益范围"。

最高法院认为:"法律利益标准所涉及的是案件的实质是否有理由,起诉资格问题与此不同。除了'案件'或'争端'的标准以外,起诉资格涉及的问题是申诉人要求保护的利益,是否可争辩地属于法律或宪法所保护的或调整的利益范围以内。因此《行政程序法》对'在有关法律意义之内,由于行政行为而受到损害'的人,给予起诉资格",据此最高法院把起诉资格的标准分为两部分:一是当事人的申诉必须是宪法所要求的案件,即称为事实上的损害标准。这是宪法的标准。二是法律的标准,即当事人所申请保护的利益必须可争辩地属于法律或宪法保护或调整的利益范围之内,称为利益范围标准。所谓可争辩地属于法律或宪法保护或调整的利益范围之内,是指有可能属于法律或宪法保护或调整的利益范围之内,不要求实际存在于法律或宪法保护或调整的利益范围之内。最高法院认为,联邦

---

① 〔美〕恩斯特·盖尔霍恩、罗纳德·M.莱文著:《行政法》(影印本),法律出版社2001年版,第359—360页。

② Association of Data Processing Service Organizations v. Camp. 397 U.S. 150, 152—154 (1970).

《行政程序法》规定的当事人起诉资格标准就是上述两项标准。①

法院对"利益范围"问题很少有争议。在1987年一案中②,最高法院进一步阐明了利益范围标准:利益范围标准只是在"原告的利益与制定法默示的目的具有如此遥远的联系或者不一致,而不能合理地认定国会意欲允许该诉讼"时,才会否定其原告资格。起诉人可以根据起诉所依据的特定规定的目的,满足利益范围标准。该目的也许与"利益范围"整个规定的主要目的并不一致。在1997年一案中③,大农场主和灌溉区诉请撤销渔业法律和野生动物部门根据《濒危物种法》发布的生物意见。该意见意在修改一项水利工程以保护两类鱼种。原告认为渔业和野生动物部门未按照制定法要求考虑他们所获取的最佳科学信息。该规定主要是为了防止那些与濒危物种法有关的狂热行动,因而肯定申请人具有原告资格。法院指出,利益范围标准是一种对原告资格的谨慎的和非宪法的限制,国会完全可以改变或者废除之。因此,由于《濒危物种法》授权"任何人"对某些违法行为可以寻求诉讼救济,利益范围标准对这些特别的请求不适用。④ 可见,《濒危物种法》规定的原告范围大于"利益范围"标准。

第三节 比 较

基于前述介绍,可以对澳美两国原告起诉资格发展作如下比较。

一、相同点

1. 澳美两国法院判例推动起诉资格逐步放宽

澳美起诉资格的案例表明,两国法院对起诉资格的解释和适用

---

① 王名扬著:《美国行政法》(下),中国法制出版社2005年第2版,第620—621页。
② Clarke v. Securities Industry Assn 479 U.S. 388 (1987).
③ Bennett v. Spear U.S. 117 S. Ct. 1154 (1997).
④ 〔美〕恩斯特·盖尔霍恩、罗纳德·M.莱文著:《行政法》(影印本),法律出版社2001年版,第362—363页。

都经历了一个由狭窄到宽泛、由严格到宽松的发展趋势。具体说,澳大利亚由原来传统上把"特殊损害"作为起诉资格标准,发展到以"特殊利益"替代"特殊损害"作为起诉资格标准,再到运用"特殊利益"标准解释《行政决定(司法审查)法》中的"受害人"和不利影响。无论对于涉及个人公权利的一般案件还是涉及公益的案件,法院采取多种方法推动起诉资格的放宽。美国则经历了明显的三个发展阶段:20世纪40年代之前局限于"法律权利"的标准,到40—70年代法律权利、损害、不利影响并存阶段,再到70年代采用实际损害及利益范围两层结构标准。

总体看,两国都在司法上缓慢地推动司法审查起诉资格的放宽。研究表明,澳大利亚法院重视研究美国判例,有时对其借鉴和批判。虽然在过去一些案件中借鉴美国判例经验还比较保守,但美国判例是促使澳法院特别是高等法院放宽起诉资格标准的重要推力。

2. 起诉资格条件基本结构要素相同

前文和后文分析表明,美国概括出的起诉资格为两个:实际损害和利益范围。但其具体内容实际上也涉及四方面内容。有的学者将此称为审慎性规则的资格。① 它是法院"自我限制"的规则,以便于"避免在没有个人权利提出主张时,以及在联邦法院诉讼限制在那些最适合于主张某项特定申诉的诉讼当事人时,对宽泛的社会意义问题加以决定"。② 它有几项具体要求:其一,"利益范围"测试标准。只有在下列情况下才授予资格:"被原告申请保护的这种利益是可以争辩地处于法律或者宪法保障所保护或调控的利益范围内"。③ 其二,禁止某原告只主张第三当事人的权利。这可以被称为"最好的原告规则"。最后一个规则是,因果关系/矫正标准,法院最初明

---

① 除另外注释外,主要参见 Daniel A Bronstein, An American Perspective on Australian Conservation Foundation Incorporated v. Commonwealth of Australian and the Status of Environmental Law in Australia, (1982) Federal Law Review 78—80.

② Gladstone, Realtors v. Village of Bellwood 441 US 91, 99—100 (1979).

③ Association of Data Processing Service Organizations v. Camp 397 US 150, 153 (1970).

确地将之陈述为宪法性而非审慎的规则。尽管法院做了清楚的陈述,但是现在它被包括在审慎规则的类别中,因为那是它能被适用的唯一方式。因为法院从未概括性地将之公式化,采用本菲尔德(Benfield)和拉热勒斯(Lazurus)的话:必须有一种"适当地可追溯的"(fairly traceable)因果关系存在于被告所声称的违法行为与原告损害之间,如此,所申请的这种救济将矫正这种损害。① 这里概括的几个方面基本反映了上述四要素。

澳大利亚的名称虽然与美国不完全相同,但都有相对应的内容。如澳大利亚不使用"利益范围"概念,但其使用的"特殊利益"与之有异曲同工之妙。澳大利亚没有明确提"禁止某原告只主张第三当事人的权利"。但是其强调,当事人提出申请必须是基于自己的特殊利益受到不利影响,一般也不授予"概括性不满"的人享有起诉资格。至于因果关系和可救济性(矫正)标准,澳大利亚也有此种称法。

二、不同点

尽管两国有不少共同点,但仍然有不同之处。

1. 解释起诉资格的重点不同

两国法院对起诉资格解释的重点不同。澳大利亚的重点在:强调当事人在诉讼主题事项中有特殊利益,这种特殊利益要大于、高于一般社会公众的利益,而且为当事人所特有。强调其大、特,严重限制了起诉资格。还要指出的是,澳大利亚法院审理案件时,对《行政决定(司法审查)法》规定的"受害人"的解释不多,许多案件将重点放在对是否构成"特殊利益"进行解释、判断和适用上。这说明,澳大利亚法院在阐述起诉资格条件时,深受传统普通法"特殊利益"标准的影响。

---

① F. K. Benfield and R. J. Lazarus, Standing to Sue the Federal Government: Current Law and Congressional Power (1981) 18 U. S. Dept. of Justice Land and Natural Resources Division Journal No. 3, 9.

而美国法院的解释长期集中在如何突破"法律权利"的限制,以及对联邦《行政程序法》"受到在有关法律规定内的机关行为的不利影响或损害的人"的解释上。直到20世纪70年代最高法院才澄清《行政程序法》第702条规定的涵义。它并未完全赞同之前的一些主张,而是确立了一种至今仍然适用的相对宽松的分析框架。最高法院将申请司法审查的原告资格法律归结为两个问题:(1)起诉人是否主张"事实上的损害";(2)起诉人寻求保护的利益是否"可争辩地"属于"所涉及的制定法或宪法保护或者调整的利益范围"。[1] 从此,法院对起诉资格的要求大大放松了。这是澳大利亚法院至今没有做到的。

除了《行政程序法》之外,立法机关可以限制或者扩大诉讼理由而实际上没有限制。许多美国法律授予了非常有限的诉讼理由。在许多环境法律下,例如,某潜在的原告必须事先提供书面通知说明其起诉的意图,然后必须等待行政机关自行采取行动的一段特定时间;不遵守这个要求将会导致该项诉讼的驳回。[2] 这说明立法对诉讼理由的规定对原告是否能够实际享有起诉资格有很大的影响。

2. 起诉资格条件具体内容不同

两国法院在解释利益、利益受损、因果关系、可救济性方面都存在一些具体差异。这在后文各个部分加以介绍。此外,两国在解释起诉资格条件时的一致性程度也不相同。分析表明,澳大利亚法律对原告资格规定要明确具体得多,虽然也存在不同的解释。但是法院对于起诉资格的解释和适用中遇到的争议远没有美国法院遇到的情况复杂。前者解释和适用的一致性程度比美国高。

需要指出的是,虽然我们本书介绍了两国原告起诉资格的一般

---

[1] Association of Data Processing Service Organizations v. Camp. 397 U.S. 150, 152—154 (1970). 参见孔祥俊著:《行政行为可诉性》,人民法院出版社2005年版,第203—204页。

[2] F. K. Benfield and R. J. Lazarus, Standing to Sue the Federal Government: Current Law and Congressional Power (1981) 18 U.S. Dept. of Justice Land and Natural Resources Division Journal No. 3, 24—48.

做法,但实际情况很复杂,不能机械地理解两国法院在上述四个方面的做法。就澳大利亚情况来说,学者强调:所有的公式现在一般被视为要求某种特殊利益。简单地看,起诉资格是对这种公式的法律予以解释的事情,即把"特殊利益"及其对该公式的解释适用到事实上。但在实践中情况并不如此,这基于三点理由:第一,使用资格条件的环境背景,利益、申诉申请承认以及利益损害的类型,在性质和程度上都有很大的变化。结果,不可能对超出那些很大程度上是老生常谈的明显要点以及描述起诉资格条件的任何公式予以解释。第二,使用这种公式中的词语在实践中并不能识别出申请人需要的利益。通过分析,几乎不能获得任何东西。第三,在许多案件中有明显的不一致。在为什么应该享有资格的问题上,许多案件并不能告诉我们,或者它们也不能指引我们预测在某个特定案件中谁有资格。资格条件适用的环境背景是如此地多样,以致于有关资格条件上的决定很大程度上不能被引用为判例。关键在于案件中的事实。结果,起诉资格条件上的这些案件不是非常明确的。它们只是对法院如何在特定的场合做出回应的事例。① 这就要求我们具体问题具体分析,不能因为了解了它们的一般做法,就以为一劳永逸地解决了起诉资格的具体判断。

三、借鉴

由于美国行政法比澳大利亚起步早、积累的经验丰富,加上澳大利亚宪法深受美国影响,所以澳大利亚在解释和适用宪法和法律,阐述起诉资格时也受到美国的影响。丹尼尔研究澳美两国环境方面的公益诉讼结果表明②,澳大利亚法院在审理某些案件时研究了美国法院的判例,但有时是错误地加以适用,导致没有及时借鉴美国好的

---

① Christopher Enright, Federal Administrative Law, The Federation Press, 2001, pp. 337—338.

② Daniel A Bronstein, An American Perspective on Australian Conservation Foundation Incorporated v. Commonwealth of Australian and the Status of Environmental Law in Australia, (1982) Federal Law Review 76—89.

经验。以下是丹尼尔的研究成果及其看法。

在澳大利亚保育基金公司诉联邦案中,根据有关资料,政府确实没有遵守《环境保护(建议的影响)法》规定的程序。① 该基金公司主张其在一般环境主题中享有利益,而且"基金公司的某些成员,有接近和使用的权利,这些都将受到有害的影响"②,公司提出诉讼,但是法院基于缺乏出庭资格的理由而驳回其诉讼。该裁决获得高等法院3对1的多数确认。

吉本斯法官在一个简要段落里讨论了美国判决,引用了来自沃斯诉赛尔丁案中的一段陈述③,并简单地陈述:这段陈述符合他的看法。④

斯蒂芬法官在开始讨论美国判例时犯了一个关键性错误,他说:"国会……通过行政程序法,已经明确授予资格"。⑤ 有学者认为这是错误的。对西拉俱乐部诉莫顿案⑥和合众国诉挑战规制性机构程序的学生案⑦进行简单的讨论之后,斯蒂芬法官推断说,"正如我理解的美国判决那样,他们没有走得如此之远,以致于在起诉资格的基础被限制在对环境构成某种受威胁的危害予以关切的情况下,才授予上诉人的资格。"⑧这是对美国判例所做的正确陈述,但是不适用于澳大利亚高等法院面临的事实情形。恰好是因为在西拉俱乐部诉莫顿案中原告没有主张对其自己或者其成员的损害这一点,导致被拒绝授予诉讼资格。另一方面,在合众国诉挑战规制性机构程序的学生案中,在对其成员造成个人的(但是非常遥远)伤害获得主张的情况下,被授予了资格。而在澳大利亚保育基金公司诉联邦案的事

---

① Australian Conservation Foundation v. Commonwealth (1979) 54 ALJR 176, 177—179 per Gibbs J.
② Ibid 177.
③ Warth v. Seldin 422 US 490 (1975).
④ Australian Conservation Foundation v. Commonwealth (1979) 54 ALJR 176, 181.
⑤ Ibid 185.
⑥ Sierra Club v. Morton 405 US 727 (1972).
⑦ United States v. Students Challenging Regulatory Agency Procedures 412 US 669 (1973).
⑧ Australian Conservation Foundation v. Commonwealth (1979) 54 ALJR 176, 185.

实下,美国法院将会发现当事人的诉讼资格。但在澳大利亚却没有被授予起诉资格。这说明澳大利亚法院对诉讼资格要求更严。

梅森法官简单地讨论和广泛地引用了西拉俱乐部诉莫顿案和西蒙诉肯塔基福利权组织案①中的资料。该法官对美国起诉资格法的再次陈述是准确的,但是他似乎忽略了这个最重要的要点,尽管他引用了美国西蒙案中的下列话语:因为他们没有主张对作为组织的他们自己所遭受的损害……他们可以确定起诉资格只有在作为事实上已经受到损害的那些成员的代表,因此可以基于维护这些受害人自己的权利而提起诉讼。②

考虑了其他法官赞同美国判决中的语言,在澳大利亚保育基金公司诉联邦案中主要的法律争议似乎是,由墨菲法官所表达的就是:一个澳大利亚团体或者法人是否能代表其某些成员的利益而提起诉讼。这在美国很明确已经成为案例法律③,而且墨菲法官在对某些澳大利亚案件做了简单讨论之后推断,在澳大利亚,"法人能代表其成员的利益"。④

基于下列假定,即可以推断,在澳大利亚和美国,这些结果应该是一致的,而且在美国,不怀疑下列情况:澳大利亚保育基金公司将被授予诉讼资格。在导致这一结果的那些起诉状中的关键话语是,对其成员中的某些人造成特定损害的主张——他们"已经获得了进入的权利,以及他们获得和使用的权利,而这些进入和使用权受到了损害的不利影响"。⑤ 在美国,这些关于损害的主张,以及某组织代表其成员利益起诉的权利都足以授予该基金公司起诉资格。

此外,与美国下列案件相比,该案被认为足以授予挑战规制性机构程序的学生享有起诉资格,其主张为:

---

① Simon v. Eastern Kentucky Welfare Rights Organization, 426 U. S. 26, 426 U. S. 38 (1976).
② Australian Conservation Foundation v. Commonwealth (1979) 54 ALJR 176, 189.
③ "其成员受到伤害的某个组织可以代表那些成员。"Sierra Club v. Morton 405 US 727, 739 (1972).
④ Australian Conservation Foundation v. Commonwealth (1979) 54 ALJR 176, 191.
⑤ Ibid 177 per Gibbs J.

该案当事人声称,其组织中的每一位成员"作为被该委员会行为修正的铁路货运结构的不利环境影响的结果,遭受了经济的、娱乐的和美学的伤害……"。特别是,挑战规制性机构程序的学生们主张,其每一位成员都要为其完成的产品支付更多的费用,其每一位成员"使用森林、河流、小溪、山脉和其他自然资源,这些都围绕在华盛顿大都市地区,而且在其法定住宅地,用于露营、远足、垂钓、观光和其他的娱乐和美学目的",这些使用受到增加运费率(freight rates)的不利影响,其每一位成员在华盛顿大都市范围内及其法定居住地区呼吸空气,这些空气受到修正的货运结构的严重污染影响,每一位成员被迫支付增加的税收,因为必须消耗大量的钱款来处理可以再用的材料。① 美国法院授予当事人起诉资格。

尽管美国挑战规制性机构程序的学生案提出的主张比澳大利亚保育基金公司诉联邦案提出的主张更冗长,但是与澳大利亚保育基金公司的成员占有和使用地产的权利受影响相比,前者即学生受到更少直接的损害。换言之,美国案例中的当事人受到的直接损害远没有澳大利亚案件严重。但是美国法院确认当事人有起诉资格。而澳大利亚保育基金公司却没有被授予起诉资格。该公司如果在美国,肯定被授予起诉资格。

丹尼尔研究表明,澳大利亚一些社会组织和律师都希望法院借鉴美国的经验。澳大利亚环境团体和律师带着某种嫉妒看待美国的案件,因为在他们自己国家没有类似的判决。② 一个澳大利亚团体(西澳大利亚保育委员会)走得非常远,以致于在美国提起诉讼,以阻止在珀斯(Perth)之外的达林山脉(Darling Range)发展矾土矿业以及随后的铝产品提炼和精炼。对这些案件判决进行简单的讨论③应该表明它是如何困难地做到这一点。

---

① US v. Students Challenging Regulatory Agency Procedures 412 US 669, 678 (1973).
② 本文作者在1981年8月5日于西澳大利亚Perth与L Stein、P Johnston、Perth等人的个人谈话,以及1981年8月10日在维多利亚州墨尔本与G Gajewicz等人的谈话。
③ The Conservation Council of Western Australia, Inc v. Aluminium Corporation of America (ALCOA) 518 F Supp 270 (WD Pa, 1981).

由保育委员会申请的救济是一项禁制令,阻止被告在达林山脉开发矾土矿石,直到被告证明,这些活动不会导致危害结果的发生。然而,法院从未对救济的争议或者甚至是非曲直作出审理,因为法院发现,它缺乏管辖权。①

被告阿尔科和雷诺兹金属公司(Reynolds Metal)都是美国公司,之所以在美国控告它们并非完全没有理由。但是问题是如何获得对主题事项的管辖权,很清楚诉讼标的在澳大利亚。在一个创造性的尝试规避管辖权问题时,保育委员会主张,阿尔科和雷诺兹金属公司的行为违反了《反垄断法》,这些法律处于少有的通常被解释为有治外法权效果的美国法律中。② 该保育委员会也对"一般联邦问题"的管辖权提出分配的主张。③

被告根据《联邦民事程序规则》规定,提出一项因为缺乏管辖权而驳回其起诉的动议④⑤。奇怪的是,没有人提出基于因果关系/矫正性标准的资格争议⑥。法院对动议作出快速的处理,根据《联邦民

---

① 作者的观点是,甚至在法院已经发现其自己有管辖权,但仍然没有授予救济。甚至在最宽松的美国法律之下,在密歇根所谓的萨克斯法(Sax Act)规定,"任何人可以为了保护空气、水和其他自然资源,以及公益信托(public trust)免遭污染、损害(impairment)或毁坏,而针对……任何人……申请宣告令和衡平救济的诉讼",1970 年《密歇根环境保护法》,MCLA s 691. 1202,"一般适用于民事诉讼……举证责任的原则……应该适用……"。MCLA s 691. 1203(1)。

② W Fugate, Foreign Commerce and the Antitrust Laws (2nd ed 1973); in re Uranium Antitrust Litigation 617 F 2d 1248 (7 th Cir, 1980)。

③ "地区法院应该有对所有民事诉讼案件原始的管辖权,在那里,争议的事项超过 10000 元的数目或者价值(除了利益和成本外),以及产生于联邦宪法、合众国法律和根据合众国权力已经缔结或将缔结的条约而产生的事项,除了在针对联邦、任何机构,或任何官员或雇主行使其权能所提起的任何此类诉讼中不需要此类数目或价值……" 28 USC s1331(a)。

④ "Every defense, in law or fat, to a claim for relief in any pleading, whether a claim, counterclaim, crossclaim, or third-party claim, shall be asserted in the responsive pleading thereto if one is required, except that the following defense may at the option of the pleader be made by motion(1) lack of jurisdiction over the subject matter……" Federal Rules of Civil Procedure 28 USC Rule 12 (b)。

⑤ Failure to join indispensable parties (Federal Rules of Civil Procedure 28 USC Rule 12 (b)(7); and the "Act of State doctrine": eg Banco Nacional de Cuba v. Sabbatino 376 US 398 (1964)。

⑥ Above p. 79。

事程序规则规则》第 12 条第 2 款和 12 条第 2 款第 6 项规定授予那些人,因为:原告的申诉没有主张对美国商业的任何效果。所主张的仅有的影响是对西澳大利亚地域性的资源和环境体系的影响……关于被告活动的这些主张不足以授予本法院管辖权……

该案中的这种申诉没有解释假定的(supposed)"联邦问题"是什么。没有主张联邦法律、没有辩护联邦普通法权利,而且这种申诉总体上没有对有助于显示出某个联邦问题存在的事实提出任何主张。① 法院没有通过就其所申诉的被告活动对达林山脉/柏斯环境产生有害结果予以判定②,但是这个案件显示出澳大利亚处理此类问题上的不足之处。州法律特别批准开矿活动③,但是基于弗拉斯岛屿(Fraser Island)例子④,作者达尼尔怀疑也有某些联邦活动介入其中。尽管澳大利亚有联邦《环境保护法》,但好像没有考虑公众有提供信息和意见的机会(public input)。而在美国,该事项常常能诉诸于法院,甚至有明确的法律批准这一事实并不禁止法院根据美国《国家环境保护政策法》予以审查⑤。然而在澳大利亚《环境保护(建议的影响)法》之下,可以获得的司法审查当然地被起诉资格问题所阻碍。

前文分析表明,一方面,美国法院的一些判例为澳大利亚法院法官所重视,并可能作为其支持判决的参照。另一方面,澳大利亚法院没有借鉴美国的成功经验。一些澳大利亚社团和律师都希望本国法院能借鉴美国法院的一些做法。笔者认为,澳大利亚法官已经注意研究美国判例,并希望借鉴其作为判决的支撑。但其结果走向背离美国的做法,其根本原因在于,澳大利亚法院法官们深受传统普通法的"特殊利益"标准及其判断思维的影响。

---

① Conservation Council of Western Australia v. ALCOA 518 F Supp 270, 276 (WD Pa, 1981). 当然,NEPA 只适用于联邦政府而不是私人行为。
② 这些中的一个是通过径流自矿区的水供应的中毒:参见作者在 1981 年 8 月 5 日于西澳大利亚州珀思(Perth)地区,约翰斯顿(P Johnston)接待作者时说的话。
③ Alumina Refinery (Wagerup) Agreement and Acts Amendment Act 1978 (WA); Alumina Refinery (Worsley) Agreement Act 1973 (WA); Alumina Refinery (Worsley) Agreement Act Amendment Act 1978 (WA).
④ Murphyores Inc Pty Ltd v. Commonwealth (1976) 9 ALR 199.
⑤ Eg Environmental Defense Fund v. Marsh 651 F 2d 983 (5 th Cir, 1981).

第三章

原告资格的利益条件

澳大利亚和美国起诉资格标准都重视利益要素。两国在此方面既有共同点,也有很大不同。美国经历了一个较明显的发展过程,所谓利益上的受害人经历了从法律权利的受害到实际损害再到两层结构标准。澳大利亚自始没有遇到此类问题的限制。它的发展主要是在"特殊利益"上展开。

第一节 澳大利亚司法审查原告资格的利益要素[①]

为了有资格挑战一项行政决定,申请人需要在该项行政决定中有某项"利益"。这种利益有两个维度,它必须是适当类型的利益,且必须是充足的利益。[②] 利益有三个组成元素:提出救济申请的利益的持有者、他们持有的利益、这种利益的主题。行政决定中的某项利益意指,这种利益将以某种方式受到该行政决定的影响。因此,这种受估量的利益不仅是申请人的一般利益,而且涉及到申请人的利益将受行政决定影响的程度。很明显,行政决定产生的结果越是不

[①] 本部分主要参考下列资料:Matthew Groves HP Lee, Australian Administrative Law, Cambridge University Press 2007, pp.158—171; Kathleen M Mack, Standing to Sue under Federal Administrative Law, Federal Law Review 1986, Volume 16 pp.319—349; Christopher Enright, Federal Administrative Law, The Federation Press, 2001, pp.339—341; Roger Douglas, Douglas and Jones, Administrative Law, 4th ed., The Federation Press 2002, chapter 10.

[②] Allan v. Development Allowance Authority (1998) 152 ALR 439 at 441.

利,涉及其中的利益就越大。

一、利益主体

为了获得起诉资格,申请人必须有某种利益。利益主体可以是一个人或几个人。这是传统的财产概念。但是现在所有的财产不再是个人的或私人的,因为某些是部门的、团体(group)、社区的或公众的。

可以根据不同的标准对符合原告资格的利益主体进行不同的分类。如根据主体种类的不同可以分为个人、总检察长、组织、共同体代表。根据产生的依据不同可以分为依据《行政决定(司法审查)法》规定产生的主体和根据普通法产生的主体。

也有学者把寻求起诉资格的人分为四类:总检察长;寻求禁制令(injunction)、宣告令(declaration)以及看起来似乎还有法定审查命令的人;基于公法上调取案件复审令状(writs of certiorari)、禁令(prohibition)、责问某人根据什么行使职权的令状(quo warranto)以及人身保护令状(habeas corpus)救济的申请人;根据法定司法审查或是非曲直审查(review on the merits)计划提出救济的申请人。①

(一)传统原告

传统原告主要指《行政决定(司法审查)法》中的受害人、利害关系人和总检察长。利益的主体通常是"人"(person),由法律确定的资格常常使用"人"这个术语。一般情况下,"人"包括了"国家、法人团体和个人",除非有相反意图出现。② 法律看似没有如此相反的意图,如《行政决定(司法审查)法》创造了挑战行政决定的方法。因此,公司(法人团体)、基于联邦或州的资格权利的君主(某国家体)以及个人都可以成为诉讼原告。

1. 受害人

在普通法起诉资格标准中,一般称为"在诉讼主题事项中有特

---

① Matthew Groves HP Lee, Australian Administrative Law, Cambridge University Press 2007, p.158.
② 1901年联邦《法律解释法》第22条第1款第1项。

殊利益"的人。而《行政决定(司法审查)法》确立了法定计划中可以获得审查资格的标准是"受害人"(person aggrieved),它不同于普通法诉讼中的特殊利益资格标准。第5—7条确立了由行政决定、措施和懈怠作出决定损害的某个人。"受害人"也被授予申请对某些政府决定说明理由的资格(第13条第1款),服从联邦法院宣告某人不被授予作出此类请求资格的权力(第13条4A款第6项。《行政决定(司法审查)法》第3条第4款规定:受害人"包括……其利益受到不利影响的某个人……"。

如前第二章指出,界定《行政决定(司法审查)法》下"受害人"的主导性案件是图希斯有限公司诉商业及消费事务部长案。① 在该案中,艾利考特法官支持原告享有起诉资格并讨论了受害人标准,其内容在后来案件中得到广泛地引用:

"在我看来,'某人是受害人'这个词语不应给予狭义的解释。它们不应被限制在能够确定当事人在行政决定中有某种攸关法律利益的人的范围内。……从受审查裁量权的宽松性质,以及那些法定程序被清楚地部分设计为替代更为复杂的特权性令状程序这一事实,我确信,该立法没有意图设计某种狭义的含义。这并不意味着,公众任何成员都能申请一项审查令。但是,我确信它至少包括了能显示出其损害的某个人,这种损害是受到投诉的行政决定的结果,这种损害超出其作为平常公众成员所具有的损害。许多案件显示出那种损害,因为该决定直接影响其存在或者影响其未来的法律权利。但是在某些案件中,这种效果更少直接性。可能是在某项商业行为中对其产生影响,或者正如我认为的那样,本案就是如此,其影响了他或者她针对第三人的权利。"②

这表明,法院确立了对《行政决定(司法审查)法》中"受害人"标准不应该给予狭义解释的立场,而且承认某种间接影响可以作为

---

① Tooheys Ltd v. Minster for Business and Consumer Affairs (1981) 36 ALR 64.
② Ibid 290.

资格的充分理由。但是,由于法院继续强调这种损害必须超出一般公众成员受到的损害,强调提及比如商业利益和法律权利,这一判决为联邦法院继续适用普通法上的限制排除人们申请无形的或非传统的利益形成了基础。

综上,尽管高等法院对受害人的解释长期受制于普通法上特殊利益的影响,但总体看还是在逐步放宽。

2. 利害关系人①

《行政决定(司法审查)法》第12条确立了"利害关系人(persons interested)"可以申请为已纳入诉讼程序的一方当事人。该条规定,对相关决定、措施或懈怠作出某项决定有"利益"的人可以向法院申请作为该项诉讼的一方当事人。法院可以根据其裁量权②,作出下列任何一种命令:(1)可以无条件地授予其申请。(2)可以授予其申请但须服从它认为何时的条件。这些条件的范围常常受到《行政决定(司法审查)法》目的的限制。(3)可以拒绝此项申请。

与"受害人"相比,"利害关系人"是一个更宽泛的字面公式,而且应该包括产生有利影响的人。虽然法律本身没有对"利害关系人"进行界定,而且没有特定的标识说明为什么某种不同的标准被选择作为加入的资格。但是法院在行使这种裁量权时,可以考虑一系列标准,包括:当事人利益的程度(extent)、他们向法院提出不同于其他当事人主张或证据的可能性、其他当事人是否反对这种共同诉讼、打断或者干涉刑事程序的不受欢迎性、延长争议中的这一程序(该当事人试图加入的程序)或任何其他程序不受欢迎的情况、共同决定所有类似申诉的优点③;加入当事人是否必须,以及它是否会引起不便。④

---

① Kathleen M Mack, Standing to Sue under Federal Administrative Law, Federal Law Review 1986, Volume 16 pp. 334—335; Christopher Enright, Federal Administrative Law, The Federation Press, 2001, pp. 345—346.
② Lord v. Commissioners of the AFP (1988) 154 ALR 631 at 648.
③ Lord v. Commissioners of the AFP (1988) 154 ALR 631 at 648.
④ Telecasters North Queensland v. ABT (1988) 82 ALR 90.

虽然没有明确说明利害关系人享有哪些权利,需要具备哪些条件。但一般认为,具备原告的利益充足性就被视为具备其资格。在此意义上,它适用原告起诉资格,是广义的原告。

只有少量案件涉及该法律第 12 条利害关系人介入(intervention)的标准。

意外伤害保险互助有限公司诉贸易惯例委员会案①涉及利害关系人的介入,但是法院没有讨论不同于"受害人"的"利害关系人"这个短语的内容。该案件事实并不能特别地说明问题,因为当事人地位明显符合传统的"利益充足性"的概念。

在某个贸易协定中,花旗公司(Citicorp)获得来自贸易惯例委员会的有利决定。19 个月之后,意外伤害保险互助有限公司(Accident Insurance Mutual)申请贸易惯例委员会撤销此项批准。该委员会拒绝此项请求。保险公司申请对拒绝撤销此项批准行为进行审查。花旗公司根据《行政决定(司法审查)法》第 12 条规定申请被加入为该项审查的一方当事人。该保险公司反对并主张,花旗公司不是利害关系人。因为,如果授予其上诉,花旗公司就会在后来的审理中成为参与人,以至于花旗公司将获得最后的审理。法院拒绝了此项主张,裁决说:因为花旗公司享受了该项批准的好处,任何关于该项批准的步骤都涉及到法律上可以承认的利益。在该案中,花旗公司因为在该项诉讼中享有利益,因此具备利害关系人的资格。

涉及到对《行政决定(司法审查)法》第 12 条规定进行司法评论的一件案件是澳大利亚广播委员会工作人员联合会诉邦纳案。② 基本争议是在两个人之间,其中一方已经被临时提升到某个空缺职位上,另一方没有获得这种提升,而且将任职决定向澳大利亚广播委员会申诉局(ABC Appeals Board)申诉。向联邦法院的上诉明显依赖于下列基础:初次审理此项挑战的晋升申诉局(Promotions Appeals Board)人员构成不适当。

---

① Accident Insurance Mutual Ltd v. Trade Practices Commission (1983) 51 ALR 792.
② Australian Broadcasting Commission Staff Association v. Bonner (1984) 54 ALR 653.

调整澳大利亚广播委员会晋升申诉局人员的任命的法定条款要求,该空缺职位的提名产生程序是,由该委员会主席请求来自于工作人员联合会(staff association)或登记的产业组织的提名,这就是本申诉的主题。成功的申请人和反对者都是澳大利亚职业工程师联合会(Association of Professional Engineers Australia)的成员。但是,该主席要求提名来自澳大利亚广播委员会工作人员联合会,而不是澳大利亚职业工程师联合会。在某点上,产业组织成了该申诉的参与人。

对资格争议进行评论的唯一法官是科比法官,是在有关其他实质性争议的不同意见中表达出来的。他假定工作人员联合会是《行政决定(司法审查)法》下的一个当事人,并讨论了该联合会的申诉资格:

"很清楚,《行政决定(司法审查)法》第12条是一个受益条款。它不应被给予狭义的解释,以至于削弱了其立法目的。在本案中,可以给予多种理由,把澳大利亚广播委员会工作人员联合会或许看做'某行政决定中有利害关系',包括一般情况下主张工作人员的成员代表的适当性这一正当性的产业诉求,以及在特定情况下澳大利亚广播委员会晋升申诉的工程师的代表的适当性诉求的正当性。很清楚,如果排除了这些上诉,无论在一般的或者在特定的案件中,其代表工作人员的成员和工程师这样的诉求,在澳大利亚广播委员会的某些雇员眼中,特别可能被降低。在这些情况下,甚至在基于资格目的考虑的利益的传统标准(on orthodox tests of interest for the purpose of standing)的情况下,上诉人有资格根据《行政决定(司法审查)法》第12条第1款规定提出申请。"[①]在本案中,实际上争议的问题是当事人对澳大利亚广播委员会的任命决定不服,以及对澳大利亚广播委员会申诉局的组成人员不服提出的诉讼。本来与澳大利亚广播委员会工作人员联合会无关,但是法院确认与其有关。因为它是工作人员及其工程师的代表组织。其代表组成情况如何,涉及到该组织成员代表的适当性这一正当性的产业诉求,以及在特定情况下澳大

---

① Australian Broadcasting Commission Staff Association v. Bonner (1984) 54 ALR 665—666.

利亚广播委员会晋升申诉的工程师的代表的适当性诉求的正当性。

科比法官似乎把该联合会资格的基础,部分奠定在某种抽象的利益基础上,这种抽象利益,与该组织的角色和目标相关,而且与其作为其成员的代表地位相关。这一点已经超出了下列案件所要求的"传统的利益标准"(orthodox tests of interest),澳大利亚保育基金公司(ACF)案①、图希斯(Tooheys)案②,甚至某些由行政上诉裁判所审理的案件,这些案件都带有非常戏剧性的特点,采用了有关组织享有宽松的起诉资格的规则。③

其他涉及利害关系人加入诉讼程序的案件,例如:成功作出申请是由一位雇主申请取消对某个工会的登记,那些罢工雇员是该工会的成员④;很想获取对其亲属死亡进行调查的某个人⑤;对搜查其清算人的房屋和查找其记录的搜查令争议提出挑战的某人⑥;根据《贸易惯例法》程序代表报刊经售人(newsagents)的某机构⑦;根据《贸易惯例法》规定,在直接影响与他们自己同样地位的另一个金融家程序中的金融家。⑧

3. 总检察长

在公权利受到影响的情况下,总检察长是合适的原告。总检察长可以以自己的名义或者授予某个人许可的形式开始程序,允许个人使用总检察长的名义和允许作为某个"告发人"(relator)采取一项公益诉讼。但是,总检察长既没有强制性义务要求其启动程序,也没

---

① Australian Conservation Foundation v. Commonwealth (1980) 28 ALR 257.
② Tooheys Ltd v. Minister for Business and Consumer Affairs (1981) 36 ALR 64.
③ Kirby 法官有可能已经提到产业组织某些特殊的地位。参见 Murphy 法官在 ACF 案件中的看法,Australian Conservation Foundation v. Commonwealth (1980) 28 ALR 290—291.
④ Metropolitan Coal Co v. Australian Coal and Shale Employees' Federation (1917) 24 CLR 85.
⑤ Bilbao v. Farquhar [1974] 1NSWLR 377.
⑥ Lord v. Commissioners of the AFP (1988) 154 ALR 631.
⑦ Queensland Newsagents Federation v. TPC (1993) 118 ALR 527.
⑧ Accident Insurance Mutual v. Trade Practices Commission (1983) 51 ALR 792 at 799.

有义务同意某个告发人的诉讼行为,而且拒绝授予一项许可是不可审查的决定。①

总检察长就公共损害提起程序,这是其宪法功能的组成部分。总检察长在其"代表公众控诉"时享有资格。② 这个角色产生于总检察长作为国王首位法律官员的优先地位,尽管某政府有法律人格并就其自己的权利享有资格。③ 据此总检察长有义务监督适当的执法。该角色也产生于他们作为政府监护(parents patriae)的地位。④ 它是澳大利亚普通法的组成部分。⑤ 总检察长总是有资格提出调卷令、禁令、宣告令、人身保护令,也可以提出训令。⑥ 也有资格提出禁制令,它适用于有某种公共危害或侵犯某种公共法定权利的情况。⑦

就禁制令来说,总检察长不仅有资格自行动议,而且有资格根据某个私人公民的举报或请求而予以控告。⑧ 这被称为告发人行为,在案件引述中,总检察长被描述为"根据告发人"(ex rel),是"ex relatione"的缩写,它意指根据该案件名字上也被引用的特定公民的告发人。这意味着,对某项权利没有充分资格的某个人,在其能说服总检察长提出告发人行为的情况下,仍然可以获取禁制令。为了启动一项告发人行为,当事人向总检察长说明或"讲述"那些事实。那时,总检察长有完全裁量权决定是否提起告发人行为。这种裁量权不受法院的审查。

---

① Australian Conservation Foundation Inc v. Commonwealth (1980) 146 CLR 493 at 527. See, Standing in Public Interest Cases, Queensland Public Interest Law Clearing House Incorporated, July 2005, p. 4. http://www.qpilch.org.au/_dbase_upl/Standing.pdf.
② Tasmania v. Victoria (1935) 52 CLR 157 at 171; Truth About Motorways v. Macquarie (2000) 200 CLR 591 at 630[102] per Gummow J.
③ See, eg, Western Australia v. Native Title Registrar (1999) 95 FCR 93.
④ Attorney General v. Oxford, Worcester and Wolverhampton Railway Co (1854) 2 WR 330 at 331; Truth About Motorways v. Macquarie (2000) 200 CLR 591 at 608—609[38].
⑤ Truth About Motorways v. Macquarie (2000) 200 CLR 591 at 609[40];参见在 Bateman's Bay Local Aboriginal Land Council v. Aboriginal Community Benefit Fund (1998) 194 CLR 247 at 275—281[77]—[95]案中对这种角色的讨论。
⑥ R v. Mullaly; Ex parte Attorney General [1984] VR 745.
⑦ Ashby v. Ebdon [1984] 3 All ER 869.
⑧ Ashby v. Ebdon [1984] 3 All ER 869.

鉴于普通法这个立场,总检察长通常根据《行政决定(司法审查)法》的法定救济的规定而享有此种资格。[①] 另外,不管其作为申请人的资格如何,总检察长有法定权利根据《行政决定(司法审查)法》第18条规定对程序加以干涉。

(二)非传统原告

主要指公益诉讼中的组织和个人代表社会和群体提起诉讼。这些主体本来不具有起诉资格,因为立法规定、法院对起诉资格标准做宽松的理解和社会民众的期待等原因,使得它们有可能获得原告资格。

1. 公益团体(组织)[②]

(1)公益团体的资格(standing of public interest groups)

在公益诉讼中,经常是利益团体成为申请人。根据普通法,其焦点在私人权利上,团体很难显示来自行政决定造成的特殊损害。但是,根据自由化的解释方法,团体通常被授予原告资格。在评估资格时,法院考虑很多相关因素来决定团体的地位。尽管没有分离的专门用于公益团体的资格标准,但是法院倾向于考虑这些另外的因素,并且在实际上对团体予以区别对待。法院考虑的因素有:第一,团体的代表性质。一个重要的因素是,被授予资格的团体是某种重要的公共关切(事务)的代表。[③] 第二,在该地区有确定的利益。[④] 第三,与政府之间的关系[⑤]。包括:该团体成为政府部门或委员会的一员;该团体在过去向相关地区政府提交过意见;该团体获得立法承认;政

---

① 在法定资格的条款上,"受害人"这种观点取自 Attorney General v. N'jie [1961] AC 617案。

② Standing in Public Interest Cases, Queensland Public Interest Law Clearing House Incorporated, July 2005, pp. 16—18, http://www. qpilch. org. au/_dbase_upl/Standing. pdf. Christopher Enright, Federal Administrative Law, The Federation Press, 2001, pp. 340—342.

③ Australian Conservation Foundation v. Minister for Resources (1989) 76 LGRA 200, 205—206; Right to Life Association v. Secretary, Department of Human Services and Health (1995) 56 FCR50, 78—80 (Beaumont J).

④ Australian Conservation Foundation v. Minister for Resources (1989) 76 LGRA 200, 205—206; North Coast Environment Council Inc v. Minister of Resources (No. 2) (1994) 55 FCR 492, 512—513; Tasmanian Conservation Trust v. Minister for Resources (1995) 55 FCR516, 552—553.

⑤ Right to Life Association v. Department of Human Services (1994) 52 FCR 209.

府从该团体处寻求过建议;该团体从政府接受过资助。第四,先前参加过相关程序。申请人参加过某些相关程序,通常是作出决定程序本身。① 第五,是否有可能的其他申请人。许多法官表明,缺乏其他救济可能的申请人常常支持授予资格。② 这里说的其他救济,包括上诉裁判所、议会监督专员救济等。第六,成员的利益。在某些案件中,个体成员的利益已经被考虑作为决定团体资格的因素。③ 第七,问题的重要性。有时候,可见的利害关系问题的重要性是确立资格时明示或者默示依赖的一项因素。④

(2) 确定组织(受害法人)的特殊利益(标准)

组织的起诉资格问题有两个主要维度。第一,拥有把它们统一在一起的契约。某组织可能由某个共同的事业(原因)把许多单个人团结在一起。在此情况下,该组织就是一个"代表机构",因为它代表其成员工作。⑤ 在其他情况下,它们可能拥有团体身份,通过不同方式,比如通过某个组织的成员资格、投身于某种信念、对某部落(宗族)(tribe)⑥或家庭的身份。第二,有关法律人格的问题。某些

---

① Australian Conservation Foundation v. Minister for Resources (1989) 76 LGRA 200, 205; North Coast Environment Council Inc v. Minister of Resources (No. 2) (1994) 55 FCR 492, 512—513; Tasmanian Conservation Trust v. Minister for Resources (1995) 55 FCR516, 552—553.

② Onus v. Alcoa of Australia Limited (1981) 149 CLR 27, 73; Ogle v. Strickland (1987) 13 FCR 306, 319—329.

③ North Coast Environment Council Inc v. Minister of Resources (No. 2) (1994) 55 FCR 492, 512—513; Ex parte Helena Valley/Boya Association (inc); State Planning Commission and Beggs (1989) 2 WAR 422, 437.

④ Australian Conservation Foundation v. Minister for Resources (1989) 76 LGRA 200, 206; King Cole Hobart Pty Ltd (1992) 77 LGRA 92, 100; Central Queensland Speleological Society Inc (1989) 2 Qd R 512, 523.

⑤ Transurban City Link v. Allan (1990) 95 FCR 553 at 565; 168 ALR 687 at 697—698.

⑥ 在 Onus v. Alcoa (1981) 149 CLR 27 at 36, 62—63, 77 案中,原住民部落(不是法人)的后代和成员、其遗物的继承人被赋予强制实施 1972 年维多利亚州《考古和原住民遗迹保存法》的资格,因为这些遗物对他们来说具有文化的和精神的重要性。如果这些遗物已经属于另一个部落,而该部落与之没有真实的关系,那么它们就不可能有起诉资格。这种观点在 Coe v. Gordon [1983] 1NSWLR 419 案件中也被采纳,在那里,一位原住民被拒绝给予起诉资格,原因是他们不是对争议中的土地有利益的那个部落的成员。

组织没有法律人格。在此情况下,严格的观点就是,它们不能主动地起诉①,但是它们可以有某些官员,或许是该组织成员为了他们的利益而起诉。② 基于这种原因,该组织是否是法人可能没有多大关系。

识别受害法人的标准有哪些,法院仍然没有充分地整理出明确的公式③,但是它们已经识别出某些因素,有助于也许无助于产生某种利益。第一,某些因素不能给某组织提供资格的支持,或者至少不能必然地赋予其资格,这些因素包括下列事实:其组成显示出,它只是或特别是关涉到某个争端④;它是一个反对者(protester)⑤;作为一个评论者的行为。⑥ 第二,其他某些因素则有助于确立申诉资格。⑦ 其中一些与运行于该组织的地位有关,如与相关活动或决定有关,该组织是一个顶端机构⑧,或者它已经获得州或联邦政府的"承认"⑨。其他标准则根据某组织的活动确定资格,即该组织已经安排或协调了规划和会议⑩,或者已经给某政府机关提交了意见⑪。

---

① 在该案中,该组织的官员也许是最好的原告。注意,《行政上诉裁判所法》第 27 条第 2 款有效地赋予无法人资格的组织法律人格地位,其方法是授予"不管其是否拥有法人资格的某个组织或人的协会"享有资格。

② Right to Life Association v. Department of Human Services (1994) 125 ALR 337. 取得资格的类似方法是通过 1975 年联邦《行政上诉裁判所法》第 27 条第 2 款的规定。它规定,某个组织或协会可以取得资格,"不管其是否法人"。

③ 在 North Coast Environment Council v. Minister for Resources (1994) 127 ALR 617 案中,萨科维尔法官做出了主要的努力。

④ Right to Life Association v. Department of Human Services (1995) 128 ALR 238. 另一方面,1975 年联邦《行政上诉裁判所法》的上诉资格条款持有相反的观点。该法第 27 条第 2 款规定,如果某个行政决定与涉及其中的人的组织或协会的对象或目的的事项有关,那么该组织或协会有利益,且该利益受到行政决定的影响(该利益就是资格所需要的条件)。

⑤ North Coast Environment Council v. Minister for Resources (1994) 127 ALR 617.

⑥ North Coast Environment Council v. Minister for Resources (1994) 127 ALR 617.

⑦ 但是在 Manuka Business Association v. ACT Executive (1998) 146 FLR 464 案中,澳大利亚首都地区最高法院的希金斯(Higgins)法官准备授予资格,而且仅仅因为该协会是一个代表性机构。

⑧ North Coast Environment Council v. Minister for Resources (1994) 127 ALR 617.

⑨ Ibid. 这些标准与地位有关。我们应该注意到,这些标准主要是法人州。在此处,该州已经承认了这些组织作为政治性的角色,经由此变成了行政法上的人。

⑩ Ibid.

⑪ Ibid.

第三章 原告资格的利益条件

（3）实践情况

第一，有利益的组织常常有起诉资格。

资格被赋予某个职业协会，允许其挑战下列决定：经常减少船只上雇佣成员的数量，因此干涉了那些船只的安全和有效运行①；

资格被赋予澳大利亚保育基金组织，允许其对下列决定提出挑战：宣布森林地区明确地为不适合纳入世界遗产的清单中②；

起诉资格被赋予某个机场附近地方政府议事会，允许其挑战下列决定：在某机场重新增开跑道，导致在该地区上方有更多的飞机引起噪音③；

授予塔斯马尼亚保育信托即塔斯马尼亚最高环境组织，对塔斯马尼亚的碎木授予一项碎木许可证的决定提出挑战④；

赋予北部海岸环境委员会有资格对授予一项碎木许可的决定提出挑战⑤；

赋予某个郡议事会对政府关闭该地区法院大楼的决定申请审查⑥；

赋予某商店管理员工会对一项涉及商店时间的决定提出挑战，因为这影响了雇佣成员的条款和条件（terms and conditions）⑦。

这里的关键在于确认此类组织与相关行政决定有利益关系。

第二，有些组织不能获得原告资格。

一个旨在推动生命权的法人协会没有资格对一项不停止试验某

---

① Australian Institute of Marine and Power Engineers v. Secretary, Department of Transport (1986) 71 ALR 73.
② Australian Conservation Foundation v. Forestry Commission (1988) 79 ALR 685.
③ Botany Bay City Council v. Minister for Transport (1996) 137 ALR 281.
④ Tasmanian Conservation Trust v. Minister for Resources (1994) 127 ALR 580.
⑤ North Coast Environment Council v. Minister for Resources (1995) 127 ALR 617.
⑥ Shire of Beechworth v. Attorney General [1991] 1 VR 325 at 328—329.
⑦ Shop Distributive and Allied Employees Association v. Minister for Industrial Affairs (SA) (1995) 129 ALR 191. 正如组织的情况那样，工会一定处于一种良好的位置，因为它们在照顾其成员福利方面有重要作用。

种堕胎药的麻醉药的决定提出挑战。① 洛克哈特法官证实特殊利益标准以及通过过去的判决这一标准获得发展的灵活性。② 该法官也关心,生命权协会可能干涉了其他人的权利,该协会在主题事项中与公众其他成员相比并不享有更大的利益。洛克哈特法官作出下列要点:相关立法关心的是药物产品的安全和质量,而不是州堕胎法。③

工会没有资格对赋予某公司根据《海关(禁止进口)法规》第4L条规定进口两艘船只的许可决定提出挑战,即使该公司没有使用工会劳动力,而是使用并将还要使用这些船只与第二个公司进行竞争,导致第二个公司输了贸易,减少了属于该工会成员的雇员的使用。④

第三,对组织起诉资格的冲突看法。当某组织有充分的利益享有起诉资格时,关于其成员的资格问题有相互冲突的看法。一种观点是,该组织而非其成员享有资格⑤;另一种观点是,某个成员也有起诉资格。⑥

第四,组织与其成员起诉资格不具有对应性。即使赋予某个组织的成员起诉资格,也不意味着该成员可以对其所在组织予以挑战。在罗宾逊诉东南部昆士兰原住民地区议事会案中,对法律和正义负有责任的澳大利亚原住民族委员会(ATSIC: Aboriginal and Torres Strait Islander⑦ Commission)特派员没有资格,对该委员会作出的一项

---

① Right to life Association v. Development of Human Services (1994) 125 ALR 337. 但是,这一点奇怪地与 Ogle v. Strickland (1987) 71 ALR 41 案件中的一项决定相符,即赋予英国国教的和罗马天主教的牧师对审查局批准进口某部电影的决定进行挑战,这在英文中被称为"Hail Mary"(追念圣母玛利亚的祈祷),他们认为这是渎神的。

② Id at 249—251.

③ Id at 254—255. 这种推理,正如洛克哈特法官在第 255 页解释的那样,也有助于解释联邦法院在 Alphapham Pty Ltd v. Smithkline Beecham (Aust) Pty Ltd [1994] FCA 996;(1994) 49 FCR 250 案中的判决,在那里,原告资格被拒绝是因为申请人组织的利益与该立法指向的公共利益无关。也可参见 Lindgren KE, 'Standing and the State', in Finn PD (ed), Essays on Law and Government Vol 2: The Citizen and the State in the Courts (1996) at 278—281.

④ Australian Foremen Stevedores v. Crone (1989) 98 ALR 276.

⑤ IW v. City of Perth (1997) 146 ALR 697 at 728—729.

⑥ IW v. City of Perth (1997) 146 ALR 697 at 716—717.

⑦ Aboriginal and Torres Strait Islander, 参见许章润、徐平编:《法律:理性与历史》,中国法制出版社 2000 年版,第 199 页。

根据法定权力资助布里斯本原住民法律服务的决定提出挑战。[1]

(4) 谁能代表公共利益

在谁可以代表公共利益问题上,法院拒绝在部分公众的看法和作为整体的公共利益之间作出区分。在辛克莱案中[2],行政人员有义务考虑辛克莱和他所代表组织的反对意见,尽管这项反对只代表了部分公众而非"作为整体公众"的看法。问题关键在于,该组织是否有能力代表公共利益。某些判决已经强调将政府资助、协商和研究作为法院评估该组织是否能代表共同体价值的方法。这些判决认为,申请人组织将需要证明其代表的能力。这可以通过与作出决定之前的那些程序(比如,协商或者给决定者提交意见)之间的关系得以显示出来[3],而且可以通过政府资金资助该组织作为相关公益的代表的证据。[4] 另外,公众对特定利益需要保护的接受(如保护环境)[5],以及该组织代表这种利益的能力是相关的[6]。"考虑时下社会观念和价值就是必要的"。[7] 可见,证明组织的代表能力有诸多标准。

在新南威尔士州生命权协会案中[8],该协会请求阻止某种受孕后堕胎药物米非司酮(Mifepristone)的临床试验。影响起诉资格这一最终决定的因素之一是,政府未承认上诉人是该项决定主题事项

---

[1] Robinson v. South East Queensland Indigenous Regional Council (1996) 140 ALR 641.

[2] Sinclair v. Mining Warden at Maryborough (1975) 132 CLR 473 at 481;5 ALR 513.

[3] North Coast Environment Council Inc v. Minister for Resources (No2) [1994] FCA 1556;(1994) 36 ALD 533 at 552.

[4] Id at 551;Australian Conservation Foundation v. Minister for Resources (1989) 19 ALD 70 (Davies J) at 74.

[5] Australian Conservation Foundation v. Minister for Resources (1989) 19 ALD 70 at 73—74 (Davies J);North Coast Environment Council Inc v. Minister for Resources (No2) (1994) 36 ALD 533 at 551—552.

[6] North Coast Environment Council Inc v. Minister for Resources (No2) (1994) 36 ALD 533 at 553.

[7] Australian Conservation Foundation v. Minister for Resources (1989) 19 ALD 70 at 74 (Davies J).

[8] Right to Life Association (NSW) Inc v. Secretary, Department of Human Services and Health (1994) 56 FCR 50;128 ALR 238.

中某种特定公共利益的代表,也不承认上诉人在该地区从事了任何研究或其他活动。协会给公共服务及卫生部部长写信申诉,使用这种药品违反州堕胎法律。部长没有接受其建议,没有指令停止那些试验。该协会申请对该部长的决定(不作为)进行审查。部长特别主张,此项申请与可审查的决定没有关系,申请人缺乏起诉资格。协会在受案范围主张上获得成功,但是在一审和上诉中,起诉资格未获得成功。

洛克哈特法官否定当事人起诉资格的理由如下:

第一,上诉人的目标主要是关心从受孕到自然死亡这一段时间人的生命的尊重和保护;防护生命受到包括堕胎在内的任何威胁;唤醒共同体范围内的责任意识,启动和实施一项行动项目,意在减弱可能引导个人拒绝生命权的医疗、心理、社会和经济条件等因素的作用;推动个人和共同体认识到每一个人的生命内在的价值以及人的生命的绝对价值;为了上述目的而发展和实施某项教育工程,意在指向制定公共政策的立法者、指向能使制定的政策赋予实效的看法方面的领导人、指向影响团体的一般公众,推动说服性的项目影响法律制定者,以便启动、维护和实施那些保护生命权的法律。可见,该协会具有广泛的目标。

第二,言论自由权并不意味有起诉资格。上诉人似乎关心使共同体最好地了解人生命的重要性和神圣性;必须保护生命反对堕胎,基于下列认识:生命开始于受孕或者当胚胎开始形成时。上诉人的权能之一是努力反复灌输这些理念,使之进入政治家心中。在民主社会里,人们有义务尊重他人追求自己的目标:诸如上诉人被授予权利在行使其言论自由权利时追求这种目标,这就像那些鼓吹相反观点的机构有追求他们目标的平等权一样是重要的。但是并不随之得出下列结论:说话权、影响公众及政治家观点的权利可以被转变为在法院里追求程序的资格权利。尽管起诉资格的法律应该是广泛自由的,但是法院已经在开放的制度和不属于纯粹情感依恋或智力目标或满意的程序性主题事项中某种形式上的要求之间划了一条界线。据此,法院不因为起诉资格的开放性,就把属于纯粹情感依恋或智力目标或满意的程序性主题事项纳入起诉范围。据此,法官认为,新南威尔士州生命权协会未被官方确认为公共利益的代表,其对属于情感依恋或智力目标或满意的程序性主题事项不享有起诉资格。

在1989年澳大利亚保育基金公司诉能源部长案中[1],戴维斯法官发展了关于某组织代表公共利益做成决定的标准。在该案中,澳大利亚保育基金公司申请对部长授予从东南部森林砍伐区出口碎木屑的许可决定提出审查。戴维斯法官认为,尽管该公司没有资格对影响环境的所有决定提出挑战,但在该案中他有资格提出挑战。该法官发展的标准构成要素有:第一,申请人仅仅是一个爱管闲事的人还不够,必须是一个负责任的和代表性的机构,该机构有能力代表公共利益,而且必须获得为代表公共利益能力的"当时的共同体直觉和价值"所承认。[2] 他评论说,自从高等法院对1980年澳大利亚保育基金公司诉联邦案[3]作出判决以来,公众要求保护自然环境的观念已经有了提高:社区共同体期望有诸如澳大利亚保育基金公司这样的机构把其关切点放在这些问题上,并呈现出保育观点。第二,该公司接受政府资金的帮助也表明,它被看作在东南部森林问题上有某种"特殊的利益"。据此,"特殊利益"须是在特定环境下所特有的情形。

综上,某组织是否有起诉资格,取决于该组织是否有能力代表公共利益。某些判决将政府资助、协商和研究作为评估其是否能代表共同体价值的方法;申请人对只涉及情感依恋或智力目标或满意的程序性主题事项不享有起诉资格;一个组织如果是负责任的和代表性的机构且有能力代表公共利益,而且必须获得为代表公共利益能力的"当时的共同体直觉和价值"所承认,就可以获得起诉资格。

---

[1]　Australian Conservation Foundation v. Minister for Resources (1989) 19 ALD 70.
[2]　Australian Conservation Foundation v. Minister for Resources (1989) 19ALD 70 at ALD 74.
[3]　Australian Conservation Foundation Inc v. Commonwealth (1980) 146 CLR 493; 28 ALR257.

2. 共同体(community)成员①

澳大利亚诉讼资格法还有一种发展趋势是,当某人是某共同体成员时有承认其起诉资格的趋势。

一般情况下,起诉资格最容易的申诉是,只要某个人有某种利益。以拆除房子的决定为例,当被拆除房子的数量增加时,当事人申诉的资格更加困难。当拆除的只是当事人自己的房子时,那是最容易的事情②;如果该决定是对当事人所在街道上的所有房屋进行征收时,更加困难。虽然它更困难,但是如果该决定是作为一项城市规划的组成部分而对当事人附近所有房屋进行征收,则并非不可能。这里涉及到两个问题:第一,某受害当事人像共同体其他成员那样有同样利益受到损害,该当事人享有起诉资格吗?第二,某团体成员能够代表其团体起诉时,该团体的规模是否受限制?

(1)关于起诉资格既有更古老的且更狭窄的观点,也有更新的且更宽泛的观点

第一,原始情况正如法院所适用的情况那样,起诉资格规则并不同情试图对影响整个共同体的行政决定进行挑战的个人。正如丹宁勋爵所说,特权令(the prerogative writs)应该不适用于"对不关涉其利益的事项进行干涉的某个爱管闲事的人"③。

第二,更宽泛的观点。古老的观点正在变化。现在当原告是某团体甚至是某个大团体的成员时,法院更愿意允许其享有起诉资格。起点是,起诉资格的一般公式"原告有某种特殊的利益"被解释为意指对原告来说并非是唯一的。④ 因此,对原告来说,特有的损害并不意味着,只有原告自己必须已经遭受了这种损害。所以,尽管某原告还是独立存在,但是他也能与其同类其他成员共同存在。当某原告

---

① Christopher Enright, Federal Administrative Law, The Federation Press, 2001, pp. 343—344.
② Cooper v. Wandsworth Board of Works (1863) 14 CB (NS) 215.
③ R v. Greater London Council; Ex parte Blackburn [1976] 1WLR 550 at 559; Attorney General v. N'jie [1961] AC 617 at 634.
④ Australian Conservation Foundation v. Commonwealth (1980) 146 CLR 493 at 547;被 Onus v. Alcoa (1981) 149 CLR 27 at 75; 36 ALR 425 at 463 案件所确认。

"作为该类中(a class)的一个成员"享有这种利益时,这种利益就是特殊的。① 对此种利益来说,不必是个人的或唯一的。

(2)团体规模

当原告是某个阶层的一位成员时,他们享有起诉资格,此时产生的问题是:该阶层的规模是否有限制?在一个美国案件中,法院说,有一种"趋势是,逐步扩大可以对行政行为提出抗议的阶层的范围"②。在澳大利亚一个案件中,法院主张,当原告是数千人之一或者可能是千万个同样受影响的人之一时,该原告仍然可能享有资格。③ 然而,对某个原告所属阶层的规模可能有某种限制。为了有某种特殊的利益,根据高等法院的观点,原告必须遭受损害,这种损害不同于或者明显区别于公共一般机构遭受的损害。④ 就是说,个人必须有与团体遭受的损害不同之所在。无论如何,从表面价值上看,这样做阻止了某原告作为整个共同体的代表提起诉讼。

二、利益类型⑤

利益实际上只是个泛称,因为在立法和实践中存在着权利、利益和正当期待等多种类型的广义的利益,这些利益既包括物质利益也包括非物质利益。

1. 立法规定

普通法要求当事人在主题事项中有某种特殊利益,具体的特殊利益多种多样。《行政决定(司法审查)法》把起诉资格赋予受害人,而受害人就包括了其利益受到不利影响的人,所以利益是一个明确

---

① Onus v. Alcoa (1981) 149 CLR 27 at 75; 36 ALR 425 at 463.
② Association of Data Processing Service Organisation v. Camp 397 US. 150 at 154 (1970).
③ Allan v. Development Allowance Authority (1998) 152 ALR 439 at 457.
④ Australian Conservation Foundation v. Commonwealth (1980) 146 CLR 493.
⑤ 参见 Enderbury, James, "Equity and Public Law in the Law of Standing: Bateman's Bay Local Aboriginal Land Council v. the Aboriginal Community Benefit Fund Pty Ltd", (1999) 21 Sydney Law Review 129; Christopher Enright, Federal Administrative Law, The Federation Press, 2001, pp. 346—348.

的法定术语。但是法律本身没有规定利益包含哪些类型,可以指多种利益类型,其他立法规定也包含某些不同的利益。

2. 法院解释

传统上,获得起诉资格标准的内容依赖于争议中主题事项的性质、相关的法律和所申请的救济。现在澳大利亚法律里称之为"特殊利益"标准。

法院认为,利益种类很多,传统利益,如财政的①,财产、商业和经济利益,足以成为起诉资格的理由,但是利益并未被限制在这些种类中。利益可以是社会的也可以是政治性的利益。②《行政决定(司法审查)法》中的"受害人"是"更广义的技术性术语",而且它要求的利益"不必是一种法律上的、财产性的、财政性的或其他有形的利益"或者"特定人所特有的"(peculiar to the particular person)。③

在澳大利亚保育基金会公司案④和奥纳斯案⑤中,法院对利益类型作了归类:

(1)尽管经营、贸易或商业利益对授予资格来说是充分的,但是仅仅在某商业交易中的谈判机会并不授予某公司享有"特殊利益"⑥。

(2)在当事人基于土著性(aboriginality)可以单独成为获得起诉资格的充分条件时,法院拒绝了其起诉资格。在戴维斯诉联邦案中⑦,三位土著人申请挑战涉及两百周年的联邦立法。吉本斯首席法官裁决,这种利益是感情的或智力的。可见,单纯感情性或智力性利益还不足以成为起诉资格的充分条件。

---

① Australian Conservation Foundation v. Commonwealth (1980) 146 CLR 493.
② Australian Conservation Foundation v. Commonwealth (1980) 146 CLR 493 at 547.
③ United States Tobacco Co v. Minister for Consumer Affairs (1988) 83 ALR 79 (Davis, Wilcox & Gummow JJ at 86.)
④ Australian Conservation Foundation Inc v. Commonwealth (1980) 146 CLR 493; 28 ALR 257.
⑤ Onus v. Alcoa of Australia Ltd (1981) 36 ALR 425; 149 CLR 27.
⑥ Oatmont Pty Ltd v. Australian Agricultural Co Ltd (1991) 23 ALD 461 [Ext]; 75 NTR 1.
⑦ Davis v. Commonwealth (1986) 68 ALR 18.

(3) 如果居民反对一项涉及某地区发生的活动,属于该社区成员这一身份并不自动地授予其享有起诉资格。在澳大利亚保育基金会诉能源部长案中①,法院拒绝被建议开辟为风景山林的某地区附近财产的主人被授予起诉资格。戴维斯法官认为,该财产主人对伐木运输业效果的关切不会比该社区一般成员的关切程度更大。②

(4) 行业和职业利益可以为起诉资格提供基础。在奥格尔案中③,两位牧师在与法国电影《向玛丽致敬》进口相关决定中被授予起诉资格,当事人认为这部电影是渎神的(blasphemous)、下流的(indecent)或淫秽的(obscene)。洛克哈特和费希尔法官认为,作为牧师和教师,该决定对他们的影响比对公众一般成员产生的影响更大,因为抵制渎神"是他们职业必须做的事情"④。其行业和职业召唤"远非智力的或感情的",其利益应被给予更大的权重,因此他们有资格作为"受害人"。费希尔法官认为,这些牧师的利益超出了基督徒群体其他普通成员的利益,而普通成员只有智力上的或者感情上的关心,因此没有起诉资格。⑤ 洛克哈特法官偏向于不把资格只限制在宗教领袖,也许在某些基督教教派中不要考虑存在等级结构。⑥ 这表明洛克哈特法官希望更多的教徒享有起诉资格。该判决证实,特殊利益标准扩张到包括精神的和文化的利益(但情况似乎是,不仅仅是一种强制执行法律的利益)。⑦ 有人已经辩护说,在奥格尔案中正是某种职业上的利益使申请人符合资格条件。⑧

可见,利益种类很多,但是否构成起诉的利益范围取决于多种因素。

---

① Australian Conservation Foundation v. Minister for Resources (1989) 19 ALD 70.
② Yates v. Keating (1990) 98 ALR 21; Allan v. Department Allowance Authority [1998] 112 FCA (27 February 1998).
③ Ogle v. Strickland (1987) 13 FCR 306; 71 ALR 41.
④ Ogle v. Strickland (1987) 71 ALR 41 at ALR 52.
⑤ Id at 43 (Fisher J).
⑥ Id at 53 (Lockhart J).
⑦ Id at 48, 49 (Lockhart J).
⑧ Lindgren KE, 'Standing and the State', in Finn PD (ed), Essays on Law and Government Vol 2: The Citizen and the State in the Courts (1996) at 279.

3. 利益种类

以下从学理角度对多样化的利益类型做具体介绍。[①]

（1）义务（duties）：一般情况下，总检察长因为其作为国王的首位法律官员以及作为政府监护人角色这种优越的地位而施加的义务，使得其在公法中享有起诉资格。[②] 这种义务要求他行使权力对监控其他机关适当地执法（the proper administration of justice），这实际上涉及到公共利益。但是这种义务很广泛且不明确。总检察长对这些义务的履行有许多裁量权。

（2）权利：权利是典型的法律利益。[③] 它是一方当事人能够享有的利益中最强的类型。[④] 法律利益可以是现在的也可以是未来的[⑤]，可以是制定法上的也可以是衡平法上的，可以是直接的也可以是间接的。[⑥] 权利可以是个人的，或者它可以是在财产上的某种权利，如对土地获益的所有权。[⑦]

（3）裁量性资格（discretionary entitlements）：现在财产中的某种利益也可以是有条件的，受限制的（qualified）或裁量性的，产生利益仅仅是一种可能性、期望和期待。简言之，除权利之外，现在还有特权或裁量性利益（某种裁量性资格）。在极端但普通的有关某种裁量性资格案件中，财产的最初取得及其对它继续享有都是某些机关裁量权范围的事情。其结果是，尽管法律权利对起诉资格来说，一般是充分的[⑧]，但是利益不必是一种权利。[⑨] 利益可以是一种裁量性资

---

① Christopher Enright, Federal Administrative Law, The Federation Press, 2001, pp. 346—348.

② Parens patriae 意指国家的父亲。它是指国王的地位，经由总检察长，作为对那些不能照顾自己的人的保护者，例如孤儿和心智不健全的人。

③ Ex parte Sidebotham (1880) 14 Ch D 458 at 465 per James LJ.

④ Tooheys v. Minister for Business (1981) 36 ALR 64 at 79.

⑤ Ibid.

⑥ Ibid.

⑦ Western Australia v. Native Title Registrar (1999) 95 FCR 93 at 312[19].

⑧ Fordham v. Evans (1987) 72 ALR 529.

⑨ Tooheys v. Minister for Business (1981) 36 ALR 64 at 79 per Ellicott J.

格。① 现在许多利益产生起诉资格,但在将严格意义上的某种法律权利作为起诉资格标准的情况下,它们通常不能产生起诉资格。

(4) 从属关系(secondary relationships):对利益作纯粹的法律描述是不充分的也是不全面的,因为法律利益能产生从属性利益。从属性利益只是间接的法律上的,但是从道义上或事实上的术语来说,当事人仍然有真实的利益。例如,某块土地主人有这样的利益,表现在以下几方面:维护、改善这块土地的价值,这块土地的物理结构和建筑物,土地上的景色,从这块土地能听到的噪声,环绕它的公共和私人的快乐之事,等等。② 因此当事人作为土地主人所拥有的利益引起派生的、附属的、邻近的、附随的和相关的利益,这些利益涉及到对这块土地的享受(amenity and enjoyment of the land)。

(5) 象征性关系(symbolic relationships):有时候,某种利益是象征性的或无形的。一般情况下,这些象征性利益对起诉资格来说还不充分,因为它们不是公共利益③,而且因为与它们能给申诉人的主题事项所给予的亲近关系相比,当事人需要更亲近的关系。④ 所以愿望、希望、需求、思想、信任、情感和感觉都不是足够的好。在此基础上,许多利益或者不能产生起诉资格,或者只能为之提供微弱的诉求。例证有:仅有的知识的或情感的利益⑤、某种行为一概被阻止或者法律应该得到遵守这样的信念⑥、某种道德上的利益⑦、在相关领域的专业知识⑧、或者对某种争议问题的特别关切⑨。

(6) 利益范围(the zone of interest):美国已经对可能引起起诉资格的利益进行了界定和限制,其方法是参考利益区域概念。这是

---

① R v. Ward; Ex parte Brambles Holdings (1983) 34 SASR 269 at 275—276.
② Canberra Labor Club v. Hodgman (1982) 47 ALR 781.
③ Right to Life Association v. Department of Human Services (1994) 125 ALR 337.
④ Cameron v. HREOC (1993) 119 ALR 279.
⑤ Ibid.
⑥ Mark v. ABT (1991) 108ALR 209.
⑦ 关于这些种类的大多数,有些决定已经向其他方向发展了。如 Ogle v. Strickland (1987) 71 ALR 41.
⑧ Mark v. ABT (1991) 108ALR 209.
⑨ Right to Life Association v. Department of Human Services (1995) 128 ALR 238.

指由批准此项决定的法律所创造和规制的利益的区域。① 如果某人的利益是法律试图规制的事务之一,那么它们就处于法律规定的利益区域内,因此享有起诉资格。如果处于利益区域之外,它们就缺乏起诉资格。这在澳大利亚似乎并不适用。② 取而代之的是,关键不是这种利益是否为法律所预设或规制,而在于原告的实际利益情况。③ 可见,法院在理解作为起诉资格的利益时,考虑的是实际利益而非法律是否对此预设或规制。这就降低了起诉资格的门槛。

三、利益的载体:主题

学者把利益的载体称为"主题(subject)",它是指,为了享有起诉资格,某人必须在某事物中拥有利益。"某事物"就是这种利益的主题。主题可以分成几种类型:许可(permission)、资产(assets)、派生物(derivatives)、象征性关切以及在司法管理中总检察长的利益。

典型情况是,建立在古老的财产主题上(以权利为基础)的那些起诉资格的申诉,比那些新主题(建立在某种裁量性资格基础上)发展得更好。尽管如此,却没有什么规则要求原告申请保护或恢复的主题必须是传统财产利益的主题。④ 利益主题主要有以下情形:

1. 许可(permission)。通常情况下,许可规制涉及到执行两种主要功能的某部法律。第一,它禁止某人做某些事情,除非他们获得许可。第二,规定这种许可是由某官员裁量权决定授予的,除许可表达以外,也使用几种其他表达,如执照、允许、批准和限额。许可通常

---

① Allan v. Development Allowance Authority (1998) 152 ALR 439 at 444—446, 454—455.
② Allan v. Development Allowance Authority (1998) 152 ALR 439 at 441.
③ Onus v. Alcoa (1981) 149 CLR 27 at 42.
④ Onus v. Alcoa (1981) 149 CLR 27 at 42—43.

是产生起诉资格的充分利益。①

2. 资产(assets)。在许多案件中,利益的主题是某种资产。资产有两种:其一,资产可以是资本性资产(capital),这种主题可以是土地、某种动产(a chattel)、无形财产如公司的股份;知识产权;诉讼②;某种奖金(a bounty)、补助金(subsidy)或增产奖金(incentive payment)。其二,资产也可以是收益流(a stream of income)。它可能来源于某个就业合同③;从事某种贸易、职业或营业④;由于伤害而丧失收入的补偿;利益、红利;连同新财产,某种养老金或社会保障收益。⑤

3. 派生主题(derived subjects)。利益本身既可以是间接的也可以是直接的。间接利益常常产生于另一种利益,在这个意义上,这种利益的主题也是派生的。

4. 象征性事物(symbolic things)。某种利益的主题可以是象征性的,尽管此种利益难以在公法上证明其正确性。"象征性事物"是一个宽泛的术语,即使不是非常适合于包括非物质性事物⑥,而在其中,某人可能拥有某种利益。⑦ 此类事物可以

---

① R v. Ward; Ex parte Brambles Holdings (1983) 34 SASR 269 at 275—276.
② Brown v. Commissioner of AFP (1988) 83 ALR 477.
③ Edgar v. Meade (1916) 23 CLR 29.某工会的成员有资格挑战对此作出的无效的开除。
④ Manuka Business Association v. ACT Executive (1998) 146 FLR 464.尽管营业性利益常常产生资格,但有疑问的一个领域是,一位贸易上的竞争者是否有资格,虽然这一整段在其他因素下得到考虑,法院全体在 Alphapharm v. SmithKline Beecham (1994) 121 ALR 373 案中对此加以讨论,以致于法院不能对此提供一个清晰的结论。其中两个因素相互冲突。一方面,竞争是一件好事,正如怀特法官在 Consolidated Press Holdings v. South Australian Totalizer Agency Board (1984) 37 SASR 67 案中所说的那样。另一方面,竞争意味着公平的竞争,所以通过回避法律义务进行"欺骗"的某当事人不应该豁免来自某竞争者的挑战。
⑤ Green v. Daniels (1977) 13 ALR 1.
⑥ Onus v. Alcoa (1981) 149 CLR 27 at 73 per Brennan J.
⑦ 联邦《行政上诉裁判所法》第27条第2款似乎迎合了这些利益,其给某个组织或协会授予起诉资格,不管其是否属于法人。它规定,如果"某决定与包括在该组织或协会的目的的对象之中的某个事项有关",那么它就享有利益,而且该利益受到行政决定的影响,因此享有起诉资格。

是个人的或社会的。个人利益的事物如声誉①、家庭②、教育③、道德④、感情（emotion）⑤、智能（intellect）⑥、娱乐（recreation）⑦、精神⑧、美丽⑨以及某个职业（vocation）（尽管其有较大的经济利益）。⑩

---

① MacDonald v. Hamence（1984）1FCR 45；53 ALR 136（懈怠在一份城市的旅游指南中列举某个汽车游客旅馆的行为将引起对声望和名誉的损失）。名誉损失常常引起收入减少。例如，在 MacDonald v. Hamence 案中，懈怠列举出汽车游客旅馆导致未来收益的减少，连同营业价值的结果性减少。但是在 Re McHattan and Collector of Customs（NSW）（1977）1 ALD 67；18 ALR 154 案中，营业性声誉（value of the business）不是一种充分的利益。

② Kioa v. Minister for Immigration（1984）53 ALR 658（一个未成年女孩有资格挑战针对其父母所作的驱逐命令）；Gillick v. West Norfolk Area Health Authority ［1986］AC 112（5个不满16岁女儿的母亲挑战关于16岁以下女性进行避孕的建议的政府条款）。

③ Ex parte Cornford；Re Minister for Education ［1962］SR（NSW）220 at 224.

④ R v. Greater London Council；Ex parte Blackburn ［1976］1WLR 550（反对不强制执行猥亵性言论的法律）；R v. Butt；Ex parte Brooke（1922）38 TLR 537（对一位禁酒官在涉及许可证书事项上享有资格）；Ogle v. Strickland（1986）71 ALR 41（反对渎神的电影）。

⑤ 在 Australian Conservation Foundation v. Commonwealth（1980）146 CLR 493 at 530—531 案中，吉本斯（Gibbs）法官提出，仅仅感情性的利益包括"对矫正某种错误的满意"没有得到承认。美国 Allen v. Wright 52 Law Week 5110（1984）案认为，在某个机构遵守法定要求中的感情利益不足以享有起诉资格。在 R v. Butt Ex parte Brooke（1922）38 TLR 537 案中，在某个许可事项中，起诉资格被授予一位禁酒团体官员。在 Tooheys v. Minister for Business（1981）36 ALR 64 at 79 案中，艾利考特（Elliott）法官拒绝下面看法：法律中的"受害人"允许"公众的任何成员能申请一项审查令"。在 Re Control Investments（1980）2 ALD 74 at 79 案中，戴维斯（Davies）法官说，与联邦《行政上诉裁判所法》下的资格相关，"受影响的利益"这个短语"意指，某人享有的非一般公众成员具有的利益，也不是作为一个仅就持有下面信念的人：某种特定类型的行为应该被阻止或某部特定的法律应该得到遵守"。

⑥ 在 Australian Conservation Foundation v. Commonwealth（1980）146 CLR 493 at 530—531 案中，吉本斯（Gibbs）法官提出，仅仅学术利益（intellectual interests）不能获得资格的承认。

⑦ Association of Data Processing Service Organisation v. Camp 397 U. S. 150 at 152—153（1970）.

⑧ Onus v. Alcoa（1981）149 CLR 27（原住民的遗物）。

⑨ Association of Data Processing Service Organisation v. Camp 397 U. S. 150 at 152—153（1970）.

⑩ Right to Life Association v. Department of Human Services（1994）125 ALR 337；Cameron v. HREOC（1993）119 ALR 279.

社会利益例证①包括：文化②、宗教③、环境④、公民和政治（civics and politics）⑤（其中某人因作为公民、投票人⑥或纳税人⑦而有利益）。这些利益可能只是某人或团体的实际利益，或是建立在合法基础之上。⑧

5. 执法（administration of justice）。一般情况下，总检察长在公法上享有起诉资格，作为国王的首位法律官员，他有义务监督执法。在这里，利益和义务的主题都是合适的执法。

上述主题并非在任何情况下都是起诉的资格，需要具备其他相

---

① Australian Conservation Foundation v. Commonwealth (1980) 146 CLR 493 at 547，在该案中，梅森（Mason）法官主张，某种社会性利益也许可以赋予一项禁制令（指令）（injunction）的资格。

② Onus v. Alcoa (1981) 149 CLR 27（原住民的遗物）。

③ Ogle v. Strickland (1987) 71 ALR 41（牧师想试图挑战审查局的一项决定，即允许进口和登记一部被申诉为渎神的电影）。

④ Manuka Business Association v. ACT Executive (1998) 146 FLR 464. 在 Australian Conservation Foundation v. Commonwealth (1980) 146 CLR 493 案中，该基金公司是一个涉及环境的法人机构，被拒绝给予起诉资格，就中部昆士兰地区建议设立风景地和旅游地的相关决定提起诉讼。在 Sinclair v. Mining Warden at Maryborough (1975) 132 CLR 473 案中，则给予某个涉及其利益的当事人对沙滩矿井许可导致环境效果变化的决定予以挑战的资格，但这个人在矿井监察官早期举行的一个听证中是一个反对者。在 Central Queensland Speleological Society v. Central Queensland Cement [1989] 2 Qd R 512 案中，石灰石洞穴是为幽灵蝙蝠过冬的地点，而且被用作控洞。也请参见 Australian Conservation Foundation v. Minister for Resources (1989) 19 ALD 70.

⑤ Attorney General (ex rel McKinlay) v. Commonwealth (1975) 135 CLR 1 at 76；R v. Greater London Council; Ex parte Blackburn [1976] 1 WLR 550（该案中，仅仅是某个公民、纳税人或家庭成员就有资格申请对猥亵法的实施提出挑战；Australian Conservation Foundation v. Commonwealth (1980) 146 CLR 493 at 547（在该案中，梅森（Mason）法官主张，一种政治性的利益或许可以享有申请指令的资格）。

⑥ 在 Tonkin v. Brand [1962] WAR 2 案中，一位投票人被赋予资格对选区界限进行挑战。但是在 Attorney General (ex rel McKinlay) v. Commonwealth (1975) 135 CLR1 案中，法院对此有所分歧。在 Cormack v. Cope (1974) 131 CLR 432 案中，法院对此不热心。

⑦ 在某些训令（mandamus）案中，纳税人取得了资格：R v. Paddington Valuation Officer; Ex parte Peachey Property Corporation [1966] 1QB 380 at 400；R v. Cotham [1898] 1 QB 802.

⑧ Onus v. Alcoa (1981) 149 CLR 27 at 73 per Brennan J; Kioa v. West (1985) 62 ALR 321 at 372—373. 一个例子是 SS Constructions v. Ventura Motors [1964] VR 229 at 246. 该案中，一位邻居有一项法定权利接收允许改变土地使用的适当的通知，然而如果该当事人仅仅是一位邻居，那么要识别出其起诉资格更加困难。

关条件。

四、符合起诉资格的利益要求

1. 利益是否会确定起诉资格常常依赖于许多变量

在澳大利亚保育基金公司诉联邦案中①,高等法院判决认为:如果一个人或团体在诉讼的主题事项中有某种特殊的利益,其可以享有起诉资格。这种利益不必是法律上的利益(legal interest),但是并非所有的利益都将满足确定起诉资格。某种利益满足要求是客观决定的。一种利益是否会确定起诉资格常常依赖于许多变量:依赖于原告利益的特定性;依赖于其申请的救济和这种利益之间关系的直接性;而且还有默示的,依赖于这种利益是否属于适合于法律保护的一类。澳大利亚保育基金公司案断定,申请人的利益还不足够大,部分是因为被申请的这种救济不能以一种足够不同于它影响其他公众成员的方式来影响澳大利亚保育基金公司的成员,部分是因为这些成员的利益,无论如何,它们都仅仅是一种"智力上的或情感性的"利益。②

在其他案件中,法院还提到利益的程度和范围。利益的尺度(size)处于首要地位。在其中一案中③,布仁南法官说:"贯穿于各种利益的池塘,情感的波动可能延伸很广"④。因为利益是一种有关强度的程度问题⑤,真正的问题不在于原告是否有某种利益,而在于探求原告利益的"范围"(extent)⑥,以便决定这种利益是否充分⑦,是否不会"太遥远"?⑧

---

① Australian Conservation Foundation v. Commonwealth (1980) 146 CLR 493.
② Matthew Groves HP Lee, Australian Administrative Law, Cambridge University Press 2007, p. 161.
③ Re McHattan and Collector of Customs (NSW) (1977) 1 ALD 67.
④ Re McHattan and Collector of Customs (NSW) (1977) 18 ALR 154 at 157.
⑤ Allan v. Development Allowance Authority (1998) 152 ALR 439 at 441.
⑥ Schokker v. Commissioner, AFP (1998) 154 ALR 183 at 187.
⑦ Australian Foremen Stevedores v. Crone (1989) 98 ALR 276.
⑧ Re McHattan and Collector of Customs (NSW) (1977) 18 ALR 154 at 157.

2. 公共利益可以成为某些组织起诉资格的标准

一些联邦法院判决使该标准包含环境公益诉讼。这些判决认为,作为申请人的社团组织将需要证明其具有代表公益的能力。这可以通过与作出决定之前的那些程序(比如,协商或者给决定者提交意见)之间的关系显示出来①,而且可以通过政府资金资助该组织作为相关公益的代表的证据。② 另外,公众对特定利益需要保护的接受(如保护环境)③,以及该组织代表这种利益的能力是相关的。④ 如此,"考虑时下社会观念和价值就是必要的"。⑤

3. 亲近性(接近性)(proximity):利益(群体)与主题事项关系亲近

法院在奥纳斯案中⑥提出:在利益群体和主题事项之间必须有充分的亲近性。该案中两位来自古尔恩迪奇-杰马拉族的妇女申请宣告令和禁制令救济,阻止被告公司建造电解铝厂,该厂对受1972年维多利亚州《考古和原住民遗迹保存法》所保护的部落遗迹有不利影响。高等法院认为,该立法没有授予被视为一个阶层的原住民任何私人权利。但是,提出申请的两个妇女在该主题事项中有一种特殊的利益,因为这些遗迹对该部落来说,具有文化的和历史的重要性,它们可以帮助该部落独立的身份得以保存,并用于他们子女的教育中。另外,古尔恩迪奇-杰马拉族人是这种文化的监护者。如果这些遗迹受破坏,他们会比澳大利亚共同体其他成员受到更多特定的

---

① North Coast Environment Council Inc v. Minister for Resources (No2) [1994] FCA 1556; (1994) 36 ALD 533 at 552.

② Id at 551; Australian Conservation Foundation v. Minister for Resources (1989) 19 ALD 70 (Davies J) at 74.

③ Australian Conservation Foundation v. Minister for Resources (1989) 19 ALD 70 at 73—74 (Davies J); North Coast Environment Council Inc v. Minister for Resources (No2) (1994) 36 ALD 533 at 551—552.

④ North Coast Environment Council Inc v. Minister for Resources (No2) (1994) 36 ALD 533 at 553.

⑤ Australian Conservation Foundation v. Minister for Resources (1989) 19 ALD 70 at 74 (Davies J).

⑥ Onus v. Alcoa of Australia Ltd (1981) 36 ALR 425; 149 CLR 27.

影响。

　　法院认为,此种利益与该个人或团体之间要有充分密切的关系。法院必须对原告关心的主题事项的重要性以及他们与主题事项关系的密切性进行评估。① 斯蒂芬法官把这两位原住民妇女的特殊利益"在权衡性,特别是关系密切性"方面区别于澳大利亚保育基金股份有限公司对环境的关心。

　　北部海岸环境议事会案②考虑了是否有充分而密切的关系③。在该案中,北部海岸环境议事会申请,要求部长根据联邦《行政决定(司法审查)法》第 13 条规定对其授予一项木材碎屑进口许可的理由予以说明。部长拒绝了他的要求,认为申请人不是受害人。萨克维尔(Sackville)法官驳回了部长的辩解。他认为,该议事会是"受害人",法律赋予其要求当局说明理由。该议事会不可能单独依赖于它的目标、其作为环境影响说明的评论者或对可能不遵守法定程序所提出申诉的角色。但是,许多因素证明它对森林保育予以特别的关心,与主题事项的关系非常密切:第一,它是该地区最高的环境组织,与受碎木屑施工影响的地区有关系。第二,在宣传环境价值上承担重大的和负责任的角色已经得到联邦和新南威尔士州政府的承认,政府以财政支持和允许其参与政府决策的形式体现出来。第三,它有长期进行合作协调工程建设和就环境关切事项举行会议的历史,包括开展涉及反对实施碎木屑施工的活动。第四,它已经提出了森林管理方面的意见,并资助对该地区古树成长的研究。

　　尽管该议事会收到的资助比澳大利亚保育基金公司少,而且只是一个地区性组织,但它有某种特定的利益存在于涉及州森林和私人土地的木材碎屑方面的行政决定的主题事项中。其地区性有助于显示出它与该行政决定之间有更紧密的关切。

---

　　① Onus v. Alcoa of Australia Ltd (1981) 36 ALR 425; 149 CLR 27.
　　② North Coast Environmental Council Inc v. Minister for Resources (No. 2)(1994) 55 FCR 492; 127 ALR 61.
　　③ Tasmanian Conservation Trust Inc v. Minister for Resources and Guns (1994) 55 FCR 516; 127 ALR 580.

4."受影响人的"利益须是重大的,且这种利益须是"切身利益"

受影响的利益必须是实质性的,受影响的利益必须是重大的而非微小的。① 在某行政决定对某特定地区居民有重大经济和社会后果的情况下,他们可以被授予起诉资格。②

许多管辖权规定了"法定性训令"(statutory mandamus)救济,例如新南威尔士州1970年《最高法院法》第65条。法定性训令起诉资格的标准是,原告是否"个人自己有利益",即必须有"切身利益"。在其中一案中③,法院发布训令指令一位地方治安官恢复对比尔鲍(Bilbao)兄弟的死亡进行调查。比尔鲍与其兄弟的亲近利益和死亡背景都可能反映该家庭的情况,这一事实对申请资格来说都是充分的。作为裁判所面前程序的一方当事人参与调查,也可以满足这个标准。④

5."特殊利益"是指具有特定性和更大的利益

法院认为,"特殊利益"是一种"超过一般公众利益的那种利益"⑤,这种利益"在一般公众享有的利益之上"⑥,它比一般公众成员的利益更大⑦,它"与公众利益相比是完全特殊的"⑧,这种利益是"超越更广泛公众共同分享的那种利益"⑨,它"是高出公众一般成员利益之上的那种利益"⑩,它是比公众中其他每个人享有的利益"更多的东西"⑪,而且"对当事人来说它是特殊的利益(advantage),当该

---

① Chelfco Ninety-Four Pty Ltd v. Road Traffic Authority [1985] VR 1.
② Shire of Beechworth v. Attorney-General (Vic) [1991] 1 VR 325.
③ Bilbao v. Farquhar [1974] 1 NSWLR 377.
④ Dickinson v. Perrignon [1973] 1 NSWLR 72.
⑤ Onus v. Alcoa (1981) 149 CLR 27 at 44.
⑥ Australian Conservation Foundation v. Commonwealth (1980) 146 CLR 493 at 547.
⑦ Fordham v. Evans (1987) 72 ALR 529. 因此,在 Fowell v. Ioannou (1982) 45 ALR 491 案中,一位官员对某组织中需要临时帮助的某人提出建议,并不给予其资格,因为所有公众成员都处于同样的地位,申请人并不比别人有其特殊的利益。
⑧ Onus v. Alcoa (1981) 149 CLR 27 at 71.
⑨ Alphapharm v. Smithkline Beecham (1994) 49 FCR 250 at 264—265.
⑩ Schokker v. Commissioner, AFP (1998) 154 ALR 183 at 187.
⑪ Allan v. Development Allowance Authority (1998) 152 ALR 439 at 441.

行政决定被撤销时,当事人可以获得这种利益"①。这些表达都说明,申请人要符合原告资格,必须与行政行为之间有特殊的利益关系,且这种利益关系大于其他人。如果其他任何一个人都有与之相同或者大体相当的利益关系,那就说明这种利益关系的密切程度或者特殊程度还不够,就不享有起诉资格。除此之外,法院认为,上述这些公式"不应该被给予刚性的(僵化的)或不灵活的含义。它们是灵活的词语,这些词语的含义来自于并模仿它们出现的背景和相关特定法律的性质。"②这说明,对"特殊利益"的解释不能机械化。

奥纳斯案中③,高等法院认为,本案中的原告利益"比公众其他成员的利益更大而且实际上比非古尔恩迪奇-杰马拉族的原住民后代的利益更大"。④ 原告和古尔恩迪奇-杰马拉族的其他成员比澳大利亚共同体其他成员更容易受到文化遗迹(relics)破坏带来的更特定的影响,这是由于这些文化遗迹对他们来说具有特别重要的精神的和文化的作用。特殊利益标准被描述为一种灵活的标准,而且什么东西构成一种特殊利益也伴随案件的不同而不同。⑤ 斯蒂芬法官把这个标准描述为不能被机械地适用,而且不得在任何"准备好的经验法则(ready rule of thumb)"中发现。⑥

五、充分利益的判断标准⑦

自1980年澳大利亚保育基金公司诉联邦案以来,法院一直努力阐明什么才能构成确定起诉资格的充分利益。实际上,法院尽管继续引用吉本斯法官的附带意见,但还是放弃了"智力的或情感的"标准,取而代之的是许多其他的标准。

---

① Lord v. Comissioners of the AFP (1998) 154 ALR 631 at 645.
② Ogle v. Strickland (1987) 13 FCR 306; 71 ALR 41 at 44 per Lockhart J.
③ Onus v. Alcoa of Australia Ltd (1981) 36 ALR 425; 149 CLR 27
④ Onus v. Alcoa of Australia, Ltd (1981) 149 CLR 27 at 36 (Gibbs J).
⑤ Ibid.
⑥ Id at 42.
⑦ See Matthew Groves HP Lee, Australian Administrative Law, Cambridge University Press 2007, pp.166—169.

第三章 原告资格的利益条件

1. 以利益重要性为基础的起诉资格

起诉资格的争端在根本上需要法院对什么利益值得司法保护的正当性进行评估,斯蒂芬法官这一看法已经成为许多判决的基础。表面上,诸多判决并不容易与1980年澳大利亚保育基金公司诉联邦案或奥纳斯诉澳大利亚铝业公司案相协调。但实际上,这种不协调有个逐步过渡的过程。奥纳斯诉澳大利亚铝业公司案就体现了前后之间的过渡性。该案中,法院认为,原告代表一个小的团体。他们使用这块土地,而原住民的遗迹奠基于其上,且在起诉资格传承团体知识过程中一直使用这些遗迹。他们正在试图保护的这些利益对团体成员来说特别重要。[1] 该案可以在重要性的术语上,特别是在亲近的术语上加以区分,它都区别于下面关切:一群自然资源保护论者,无论多么真诚,他们对其环境及环境保护都持同情的态度。[2] 这里已经把重要性作为起诉资格的判断标准。

在奥格尔诉斯特里特兰案中[3],两个神职人员是否有资格申请对允许进口被宣称渎神的电影的行政决定予以司法审查。费希尔法官考虑,此争端涉及一种价值判断,问题是该牧师的职业和专业的关切应该足以赋予他们享有起诉资格。[4] 在费尔希法官看来,两个神职人员所代表的教徒及其组织的公益比非神职人员利益更重要。

在1989年澳大利亚保育基金公司诉能源部长案[5](ACF)中,戴维斯法官采了替代性方法,他引用了(微弱地得到证明)公共观点(public perceptions)和共同体期待(community expectations)作为澳大利亚保育基金公司有资格请求对威胁澳大利亚自然环境的行为予以司法审查的基础。包含在其中的推理是,澳大利亚保育基金公司的利益值得被看作比简单的情感性或智力性利益更多。但是后来的案

---

[1] Onus v. Alcoa (1981) 149 CLR 27 at 36—37 (Gibbs CJ), 42 (Stephen J), 62,63 (Wilson J, Aickin 法官赞同之)。墨菲和布仁南法官的判决没有明确地提到这个因素。
[2] Onus v. Alcoa (1981) 149 CLR 27 at 42 (Stephen J)。
[3] Ogle v. Strickland (1987) 13 FCR 306。
[4] Ogle v. Strickland (1987) 13 FCR 306 at 308。
[5] Australian Conservation Foundation v. Minister for Resources (1989) 19 ALD 70。

件似乎包含提及到的内容既不是对什么是重要问题的司法评估,也不是对"共同体价值"的司法评估。

2. 以起诉目的是否符合相关立法为标准

申请人起诉的目的和相关立法政策之间关系的直接性情况可以作为是否符合充分利用的重要标准。与立法政策一致的起诉目的可以作为认定申请人有充分利益裁决的基础;与政策不一致的起诉目的则不然。这种方法与在所申请救济和所主张利益之间合理的直接关系这一要求存在交叉关系,但是它们属于不同的争端。在申请的救济和原告利益之间存在某种密切关系并不必然意味着,相关立法是为了保护原告的利益。这说明,起诉目的与立法关系即使很密切,也不必然导致当事人享有起诉资格。

立法目的的方法与前述"共同体价值"的方法(即构成共同体价值某种指导的方法)之间有密切关系,但是与"共同体价值"方法不同的是,它似乎假定,在某部立法背景下足以构成起诉资格的某种利益,在另一种立法背景下也许不足以确定起诉资格。这一方法与高等法院在澳大利亚保育基金公司诉联邦(ACF)和奥纳斯诉澳大利亚铝业公司案中分析的方法相符。它也符合在巴特曼斯湾(Bateman's Bay)案中多数法官所作的与起诉资格问题的立法关联性相关问题的评论(但是并不容易与多数法官关于起诉资格规则的保留相符)。

立法目的的要求似乎既支持在涉及环境争议案件中起诉资格的判决,也支持那些在如此行为时有直接经济利益者案件中的有关起诉资格的判决,这些人已经申请对根据意在明确地不是为了保护这些经济利益的立法所作的行政决定提出挑战。① 在联邦法院对阿尔法法尔姆有限公司案合议庭全体判决之后,这一原则似乎更坚定地

---

① Rayjon Properties Pty Ltd v. Director-General, Department of Housing, Local Government and Planning [1995] 2Qd R559; Big Country Developments Pty Ltd v. Australian Community Pharmacy Authority (1995) 60 FCR 85; BGL Corporate Solutions Pty Ltd v. Australian Prudential Regulation Authority [1999] FCA 420; Chilcott v. Medical Registration Board of Queensland [2002] ASC 118.

得到接受。① 尽管该案只是关于申请行政性审查（administrative review）的决定，但是随后它逐渐被适用于申请《行政决定（司法审查）法》规定的起诉资格的案件中。在生命权协会（新南威尔士）公司诉联邦人力资源部部长案中②，林格伦（Lindgren）法官把他的判决建立在下列基础上：生命权协会缺乏起诉资格，部分是由于下列事实："对申请人予以道德和伦理的关切不是该法表明的某种关切的一种公共利益"。这个考虑影响了法院合议庭使之驳回该协会上诉。古姆（Gummow）法官评论说："《行政决定（司法审查）法》第5条第1款以未确定的方式在宽广的联邦法律范围内予以实施。"关于某特定申请人是否属于该条款含义范围内的"受害的"人，这一问题产生于下列背景：争议中的行政"决定"已经做出并且是根据该"法律"规定制定的。③ 洛克哈特法官把他的判决部分地建立在下列事实的基础上：原告申诉的基础并不涉及与争议中的药品或任何其他药品的"质量、安全、功效和及时提供（timely availability）"相关的事项，也不涉及该协会的目标与《治疗用品法》（Therapeutic Goods Act）的目标无关这一事项。④ 根据法官看法，《行政决定（司法审查）法》和《治疗用品法》的立法目的是判定当事人是否享有起诉资格的重要依据。

3. 利益与根本法律政策是否一致

几位法官提出，在决定某种利益是否足以确定起诉资格时，需要考虑的第三个因素是，利益是否与法律的根本价值相一致。这个因素明显与上文讨论的"立法目的"因素有交叉，但是有时候不容易与其相符合。萨科维尔和古姆法官对奥格尔诉斯特里克兰案的判决表示怀疑，前者基于下列理由：这一案件涉及到基督教徒特权，因而在

---

① Alphapharm Pty Ltd v. Smithkline Beecham (Australia) Pty Ltd(1994) 49 FCR 250.
② Right to Life Association (NSW) Inc v. Secretary, Commonwealth Department of Human Resources (1994) 52 FCR 201 at 226.
③ Right to Life Association (NSW) Inc v. Secretary, Department of Human Services and Health (1996) 56 FCR 50 at 83.
④ Right to Life Association (NSW) Inc v. Secretary, Department of Human Services and Health (1996) 56 FCR 50 at 68.

某个法律政策的层面上与这样的对待相反；而后者的理由是它与普通法上保护公民自由的法律政策相违背。①

4. 先例

案例法说明了方式上的情况，即连续性案件能够很快地改变有关是什么构成一种充分利益的概念问题。在连续案件之间引申出的类似点和差异点能很快产生一种累积性效果，以致于后来的案件是判例这个命题几乎不可能与作为早期决定的基础保持一致。奥纳斯案(恰好)区别于1980年澳大利亚保育基金公司诉联邦案，是基于原告利益受到影响的直接基础，但是法院合议庭在奥格尔诉斯特里特兰案判决部分建立在下列二者之间类似性基础上，即奥格尔案中的牧师利益和奥纳斯案中的原告利益。

有关环境的案件情况相同。1989年澳大利亚保育基金公司诉能源部长案中②，戴维斯法官把它的事实区别于1980年澳大利亚保育基金公司诉联邦案，且列举了许多可能证明下列结论正当性的背景情况：某组织有起诉资格，即使其大多数成员在争议的行政决定中可能仅仅只有一种情感性的或智力性的利益。在北部海岸环境议事会诉能源部长案中③，萨科维尔法官考虑，起诉资格可以奠基于存在类似的背景，对此他承认，也对该组织是否能适当地代表那些利益产生影响。在北部昆士兰保育基金公司案中④，切斯特曼(Chesterman)法官在这些判决(甚至1980年澳大利亚保育基金公司诉联邦案)基础上建构和推断："如果下列情况得到确认，即原告与控告的主题事项之间的关系不属于滥用程序，他就应该有起诉资格。如果原告没有受到恶意(malice)的刺激，不是一个好管闲事者(busy body)或诉讼狂热者，而且该诉讼没有导致另一公民承担很大的负担或者不便，

---

① Ogle v. Strickland (1995) 55 FCR 492 at 509—510; (1995) 56 FCR 50 at 85—86.
② Australian Conservation Foundation v. Minister for Resources (1989) 19 ALD 70.
③ North Coast Environment Council Inc v. Minister for Resources [1994] FCA 1556.
④ North Queensland Conservation Council Inc v. Executive Director, Parks and Wildlife Service [2000] QSC 172.

那么其起诉资格就应该是充分的。"① 在随后的昆士兰判决中,他的判决得到了遵守。②

综上可见,先例对于充分利益的构建具有重要的作用,澳大利亚法院对充分利益的看法内容非常丰富。

第二节 美国司法审查原告资格的利益要素③

一、利益主体

与前述澳大利亚类似,美国起诉资格也有一个发展过程,其利益主体类型越来越多,从最初只承认个人的原告资格,到后来逐步扩展到总检察长及其私人总检察长,再到承认公益组织。

1. 任何人(受害人)

1946年联邦《行政程序法》第10节(a)款规定:"任何人由于行政行为而受到不法侵害,或者受到在某一有关法律意义内的不利影响或侵害,有权对该行为请求司法审查"。④ 该条使用的虽然是"任何人",但实际上是指"受害人"或"不利影响人"。

美国州法院关于起诉资格的标准,没有联邦法院那样复杂,大部分州采取单一的事实上的损害标准。1981年修改的《州示范行政程序法》第5条第104节规定下列5类人有司法审查的起诉资格:第一,行政行为所特别指向的人。第二,产生行政决定的行政程序中的当事人。第三,如果被挑战的行为是一部法规,受该法规支配的人。第四,根据其他法律规定可能有起诉资格的人。第五,以其他方式受

---

① Ibid,[12].
② Save Bell Park Group v. Kennedy [2002] QSC 174.
③ 本部分参考了王名扬著:《美国行政法》,中国法制出版社2005年第2版,第598—621页、624—634页。郭介恒:《行政诉讼之当事人适格》,载翁岳生教授七秩诞辰祝寿论文集:《当代公法新论》(下),元照出版公司2002年版,第29—54页。法治斌:《人权保障与司法审查》(宪法专论二),月旦出版公司1994年版。
④ 这个翻译是根据多数人的解释。根据美国行政法教授戴维斯的观点,这节的解释应为:"任何人由于不法的侵害或不利的影响,或者在某一有关法律意义内的侵害,都有权对该行为请求司法审查"。

到行政行为侵害或不利影响的人。第五类人无疑是事实上受到不利影响的人。该款对第五类人作了解释:"任何人不能认为受到其他的侵害或不利的影响,除非:(1)行政行为对其已经产生,或者很可能产生损害;(2)当事人所主张的利益,属于行政机关在采取受挑战的行为时应当考虑的利益;(3)法院对其有利的判决将基本上消除或者矫正行政行为所引起的或很可能引起的损害。"① 最重要的是州法院的实践,多数州采取了单一的事实上的损害起诉资格标准。②

2. 总检察长及其私人总检察长

原告主张公共利益的起诉资格适用私人总检察长的理论。这个理论产生于 1943 年纽约州工业联合会诉伊克斯案,该案又是 1940 年桑德斯兄弟广播站判例的适用。法院从公共检察官开始,引申出检察官理论。法院的理论是:在出现官吏的违法行为时,为了制止这种违法行为,国会可以授权一个公共官吏,例如总检察长,主张公共利益提起诉讼,这时就产生了一个实际的争端。国会也可以制定法律授权私人或私人团体提起诉讼,制止官吏的违法行为。这时像总检察长的情况一样,也有实际的争端存在。宪法不禁止国会授权任何人,不论是官吏或非官吏提起这类争端的诉讼,即使这个诉讼的唯一目的是主张公共利益也可以。得到这样授权的人可以说是一个私人总检察长。③

3. 公益诉讼组织及其代表

最高法院在 1936 年改进有色人种地位全国协会诉巴顿案中④声称:"我们认为申诉人可以用自己名义主张这个权利,因为虽然是一个法人,它直接地从事这种活动……。我们也认为申诉人有资格主张其成员的相应权利。"但是社会团体代表其成员的资格受以下

---

① Model State Administrative Procedure Act (1981), Art. V, Judicial Review and Civil Enforcement, & 5-106 (standing).
② 王名扬著:《美国行政法》(下),中国法制出版社 2005 年第 2 版,第 633—634 页。
③ Associated Industries of New York State, Inc. v. Ickes, 134 F. 2d 694 (2d Cir. 1943).
④ National Association for the Advancement of Colored People v. Button, 371 U. S. 428 (1963).

限制:第一,成员的利益非常分歧且有明显冲突时,团体不能作为成员的代表进行诉讼。即使团体的领导一致同意,也不表示这个诉讼在达到团体的目的方面具有一致性质。① 第二,团体所提出的要求必须由其成员决定时,团体也没有资格代表成员进行诉讼。例如妇女堕胎是否允许问题,在妇女之间有不同的看法。这个问题的最后决定只能由妇女本人作出,团体不能代表。②

美国对利益主体的要求逐渐放宽。美国法上原告资格的范围从一开始的明显当事人扩大到了竞争人,再扩大到了消费者,然后进一步扩大到环境消费者以及纳税义务人。③

二、从权利标准走向利益标准

美国也将利益作为司法审查原告资格必备条件。既有相应的立法依据,更主要的是判例的解释。1946年以前,美国联邦司法审查的起诉资格,除宪法规定司法权普遍适用外,没有其他普遍适用的法律。起诉资格由法院的判例和个别的成文法规定。1946年联邦《行政程序法》关于起诉资格的条文中没有"利益"一词。将法律权利标准发展到利益范围标准,主要得益于20世纪70年代开始的联邦法院的判例。王名扬教授将美国起诉资格法律变迁分为以下三个阶段。

1. 1940年以前

有的学者将这一阶段采用的标准概括为"合法利益"标准。1940年以前,当事人只在权利受到侵害时才有起诉资格。如果权利没有受到侵害,即使由于行政机关的行为遭受重大损害,只要这种损害是没有错误的损害,当事人就没有起诉资格。④

---

① Associated General Contractors v. Otter Tail Power Co., 611 F. 2d 684 (8th Cir, 1979).
② Harris v. Mcrae, 448 U. S. 297 (1980).
③ 蒋岚:《论行政诉讼的诉讼利益》,载罗豪才主编:《行政法论丛》第8卷,法律出版社2005年版,第272页。
④ 王名扬著:《美国行政法》(下),中国法制出版社2005年第2版,第614—615页。

我国台湾地区学者也指出,在原告适格问题上,美国法院传统上一直强调原告必须因被告行为而受害。而此种损害须为"法律上之损害"。即仅在立法或普通法所保护的利益受损时,才能享有诉讼资格。换言之,要看其所受损害是否属于"法律权利"(legal right)。通常因契约、侵权行为、或授益性法律规定等所生的权利,即为其例。① 因此被总检察长列入属于共产党黑名单之民间组织,固为当事人适格,可寻求司法救济。② 但若非如此直接明显侵害个人权利的行为,法院一般均采较为保守态度,绝不轻启方便之门。③

此时法院判例关于司法审查的起诉资格,和私人之间的起诉资格适用同样原则,没有专门适用于行政法上的起诉资格标准。这是行政职务不太发展时期传统的起诉资格标准。起诉资格是程序上的标准,但是合法权利标准是当事人能否胜诉的实体法上的标准。实体法上的标准只在经过审理以后才能确定,这混淆了程序法和实体法。④

2. 40 年代变更

王名扬先生指出,从上世纪四十年代以来,美国起诉资格法律经过两次重大改革,起诉资格大为放宽。他虽然没有集中概括一个统一的适用标准,但在其所举案件中提到了损害、不利影响等措辞,因此可以将这一阶段的标准概括为:损害、不利影响等。

这些标准以法律权利标准为基础,并对此作了进一步的拓展。主要表现在三个方面:第一,联邦电讯委员会诉桑德斯兄弟无线电广播站案⑤,最高法院认为,尽管联邦电讯委员会的决定没有侵害桑德斯兄弟的任何合法的权利,桑德斯兄弟作为竞争者,其利益受到颁发新执照的不利影响,有资格请求法院审查联邦电信委员会的决定。

---

① Tennessee Electric Power Co. v. TVA, 306 US. 118, 137—138(1937).
② Joint Anti-Fascist Refugee Committee v. McGrath, 341 U.S. 123 (1951).
③ 参见法治斌:《人权保障与司法审查》(宪法专论二),月旦出版公司1994年版,第165—166 页。有关案例参见第 166—168 页。
④ 王名扬著:《美国行政法》(下),中国法制出版社2005年第2版,第615页。
⑤ FCC v. Sanders Brothers Radio Station, 309 U.S. 470(1940).

因为法律已经给予任何受到联邦电讯委员会决定不利影响的人请求司法审查的权利。最高法院认为,国会建立申请司法审查新的起诉资格标准时承认下列事实:"竞争者通常是唯一有足够的动力请求法院注意联邦电讯委员会在颁发执照时所犯法律错误的人"。法院认为竞争者虽然没有受到合法权利的损害,但是实际上受到了损害,可以依法享有司法审查的起诉资格。这个观点是美国行政法走向现代化的一个发展。第二,私人总检察长理论。在纽约州工业联合会(法人)诉伊克斯案中①,原告是煤炭消费者,被告是工业部长和煤炭局局长。原告由于对被告把煤炭价格提高的行为不服,根据《烟煤法》规定,请求第二上诉法院审查。被告主张原告没有起诉资格,因为被告的决定没有侵犯原告的权利;即使被告的决定不合法,原告因此受到损害,这种损害不足以使原告取得起诉资格,否则不符合宪法第3条规定的"案件"或"争端"的要求。上诉法院在判决中针对被告的主张,发挥了私人总检察长理论。法院认为,国会为了保护公共利益,可以授权总检察长对行政机关的行为申请司法审查,国会也有权以法律指定其他当事人作为私人总检察长,主张公共利益。因此存在这样的规定从而产生了案件或争端。国会对遭受行政行为侵害或不利影响的人授予起诉资格,指定了私人检察官。第三,1946年联邦《行政程序法》的规定。该法第10节(a)款规定:"任何人由于行政行为而受到不法的侵害,或者在某一有关法律意义内的不利影响或侵害,有权对该行为请求司法审查"。这一规定给法院扩大解释提供了机会和依据。

孔祥俊先生将这一阶段的标准概括为"受害人"标准。② 在1940年联邦通讯委员会诉桑德斯兄弟广播站案中③,最高法院认为,制定法关于联邦通讯委员会许可决定的"受害人"(persons aggrieved)有权请求司法审查的措辞非常宽泛,完全包括获准许可的申

---

① Associated Industries of New York State, Inc. v. Ickes, 134 F. 2d 694 (2d Cir. 1943).
② 参见孔祥俊著:《行政行为可诉性》,人民法院出版社2005年版,第202—203页。
③ FCC v. Sanders Bros. Radio Station, 309 U.S. 470 (1940).

请人的竞争对手,尽管通讯法的实体规定旨在保护公共利益,而不是诸如申请人的竞争对手那样的经济利益。此即"受害人"标准。该案之后,又在一系列案件中授权私人根据多种制定法审查条款具有原告资格,其假定是,国会视其为执行制定法规定的"私人总检察长"。① 但是孔祥俊先生在另一处提到,在 1940—1970 年间,最高法院适用了两个截然不同的原告资格标准,即在桑德斯案中②,所宣布的狭窄的法律权利标准和宽泛得多的"不利影响"标准。③ 可见,在这一阶段,法院实际上同时采用法律权利(或合法利益)、损害和不利影响等标准。这些标准是对第一阶段采用标准的继承和发展,但还没有根本突破。直到 1970 年,最高法院仅在国会明确授权"受到不利影响或损害的"任何人以后,才适用新的推理。在没有制定法的明文规定时,最高法院继续适用狭窄的法律权利标准。④

3. 当代两层结构标准的起诉资格

最高法院 1970 年在资料处理服务组织联合会(法人)诉坎普案中⑤,重新解释关于起诉资格的法律,给予联邦《行政程序法》新的解释,使它摆脱传统起诉资格的束缚,扩大能够对行政决定提起诉讼的人的范围。在成文法没有起诉资格的规定时,都适用判例法的原则,成文法规定的起诉资格,可以说是起诉资格的特别法。在没有特别法可以适用时,法院适用一般的行政程序法规定,但行政程序法如何

---

① See, e. g., Associated Indus. of New York v. Ickes, 134 F. 2d 694, 704 (2nd Cir. 1943), vacated as moot, 320 U. S. 707 (1943).
② FCC v. Sanders Brothers Radio Station, 309 U. S. 470 (1940).
③ 参见孔祥俊著:《行政行为可诉性》,人民法院出版社 2005 年版,第 213 页。
④ 孔祥俊:《行政行为可诉性》,人民法院出版社 2005 年版,第 214 页。
⑤ Association of Data Processing Service Organization, Inc. v. Camp, 397 U. S. 150 (1970).

解释由法院决定。①

1970年资料服务组织诉坎普案是建立当代起诉资格最重要的案件。申诉人控诉货币总监坎普的一项规定违法。坎普在1966年发布规定,允许包括坎普主管的美国国家银行和信托公司在内的国家银行,可以把它们的资料处理服务提供给其他银行和银行的顾客使用,作为银行业务的附属工作。申诉人根据1962年《银行业务公司法》起诉。该法规定:"任何银行业务公司除从事银行业务以外,不能从事其他活动"。地区法院认为申诉人没有起诉资格,上诉法院肯定地区法院的判决,最高法院对当事人的起诉资格做了原则性的分析,认为起诉资格问题必须符合两部分标准,即宪法的标准和法律规定的标准,称为双层结构标准。

最高法院声称,就宪法规定而言,"有一个概括是必要的,那就是联邦宪法要求的起诉资格必须在宪法第3条之内考虑。这条规定限制司法权力只包括案件和争端"。当事人提出申诉必须符合案件或争端的要求。最高法院认为本案的申诉人已经符合案件的标准。

最高法院批驳了上诉法院所持的法律利益起诉资格标准。上诉法院认为:"原告能够控诉所谓不合法的竞争,只在他的申诉追求:(1)由于公共协定或合同而产生的利益……;(2)由成文法所保护的利益……;(3)国会认为需要对行政行为进行审查的公共利益,而且原告明显地具有资格代表公众……"。最高法院认为,上诉法院的前两项标准,是将法律利益作为起诉资格标准。这是根据最高法院过去的判例。最高法院在当前的案件中,重新解释原告起诉资格

---

① 最高法院在适用制定法标准时考虑了三部制定法:审计官据此实施被指控的行为的《银行服务公司法》和《国家银行法》,以及适用于绝大多数行政行为的《行政程序法》。《行政程序法》赋予"在相关制定法的意义上因行政行为而受到不利影响或损害的"任何人以原告资格。最高法院的解释是,《行政程序法》要求考虑适用于行政行为的所有制定法所承认的利益,以决定当事人是否"受到损害"。最高法院认为《银行服务公司法》和《国家银行法》均适用于审计官的行为,两者均表明对允许银行参与非银行活动的潜在不利影响的担心。最高法院指出,该两部制定法均不是为了保护特定的集团,但其"一般政策"均是将竞争对手归入受保护的"利益区"。孔祥俊著:《行政行为可诉性》,人民法院出版社2005年版,第216页。

标准,与是否存在法律利益和起诉资格毫无关系。

最高法院把当代的起诉资格标准解释为:"法律利益标准所涉及的是案件的实质是否有理由,起诉资格问题与此不同。除开'案件'或'争端'标准以外,起诉资格涉及的问题是申诉人要求保护的利益是否可争辩地属于法律或宪法所保护的或调整的利益范围以内。因此行政程序法对'在有关法律意义之内,由于行政行为而受到损害'的人,给予起诉资格"。据此,起诉资格的标准分为两个部分:一是当事人的申诉必须是宪法所要求的案件,以当事人是否事实上受到损害为依据,称为事实上的损害标准。这是宪法的标准。二是法律的标准,即当事人所申请保护的利益必须可争辩地属于法律或宪法保护或调整的利益范围之内,称为利益范围标准。所谓可争辩地属于法律或宪法保护或调整的利益范围之内,是指有可能属于法律或宪法保护或调整的利益范围之内,不要求实际存在于法律或宪法保护或调整的利益范围之内。最高法院认为联邦《行政程序法》规定的当事人起诉资格标准就是上述两项标准。

最高法院考察了和本案有关的三个法律:《银行业务公司法》、《国家银行法》和《行政程序法》,认为《行政程序法》对在其他一切法律意义范围内受到行政行为侵害的人授予起诉资格。因此《行政程序法》要求法院在决定当事人是否受到侵害时,考虑能够适用于某一行政行为的其他一切法律所规定的利益。法院在本案中发现,《银行业务公司法》和《国家银行法》都能适用于货币总监的行为。这两部法律都表现国会对银行从事非银行业务的关注。法院注意到在这两部法律中,都没有规定要特别保护的个人或集体。然而这两部法律所表现的一般性政策,使竞争者有可能处在它们想保护的利益范围之内。① 在与资料服务组织诉坎普案同时判决的巴洛诉科林斯案中②,最高法院扩展了其两步骤标准。

1970 年最高法院在资料处理服务组织案件的判决中确定的利

---

① 王名扬著:《美国行政法》(下),中国法制出版社 2005 年第 2 版,第 620—621 页。
② Barlow v. Colins, 397 U. S. 159 (1970).

益范围标准(zone of interest test)和最高法院所抛弃的法律利益标准有重要的区别。根据法律利益标准,行政机关侵害当事人的行为,只有在法律上具有侵权性质时,当事人才能请求法院审查。利益范围标准与此不同,当事人的利益不需要是法律特别规定或特别保护的利益,只要有可能主张处在法律规定的或调整的利益范围以内,在这种利益受到侵害时,就可请求司法保护。"范围"一词,大大地扩张了具有请求司法审查资格的人的范围。利益范围标准中,不仅"范围"一词扩大了当事人的起诉资格,而且"可争辩地"一词也扩大了当事人的起诉资格。当事人所主张的利益,只要有可能处于法律所保护或调整的利益范围以内,就有起诉资格。至于当事人主张的利益是否实际上处于法律所调整或保护的利益范围以内,不是在决定起诉资格时就要解决的问题。区别对待当事人的起诉资格和当事人的主张是否成立,是利益范围标准的一项重要内容。[①]

三、利益类型

美国司法实践上谈到的利益类型有以下特点:第一,与澳大利亚类似,美国法院也认为简单的感情利益不足以授予起诉资格。在艾伦诉赖特案中[②],法院认为,在某个机构遵守法定要求中的感情利益不足以享有起诉资格。第二,美国法上原告资格的扩大可以说是由诉讼利益的突破加以完成的。司法对于非经济性的利益以及公共利益的关注,致使诉讼利益的"个人化"倾向逐步淡化。[③] 第三,在美国司法实践中,原告的资格经历了一个从"法定损害标准"到"双重损害标准",最后到现在的"事实不利影响标准"的演变。即相对人只要其利益受到所指控的行政行为的不利影响,他就具备原告资格,而不管这种利益是否有特定法律的直接规定,也不管这种利益是人身利益、经济利益还是其他如审美的、娱乐的、环境的利益等。可见在

---

① 王名扬著:《美国行政法》(下),中国法制出版社2005年第2版,第629—630页。
② Allen v. Wright 52 Law Week 5110 (1984).
③ 蒋岚:《论行政诉讼的诉讼利益》,载罗豪才主编:《行政法论丛》第8卷,法律出版社2005年版,第268页。

美国,公民具有广泛的诉的利益。① 根据不同标准可以作不同分类。如经济性利益和非经济性利益、个人利益和公共利益。

第三节　比　　较

上文对澳美两国相关做法进行了介绍,在此基础上,我们可以对两国情况做简要的比较。

一、共同点和联系

从前述介绍可以看出,两国起诉资格条件中都涉及到利益主体、利益类型、利益主题、利益判断标准等,并至少在以下几方面有共同点或者存在密切的联系。

1. 利益主体不断扩展

利益主体都经历了逐步扩展的过程,从只承认直接当事人享有起诉资格,到承认非传统的主体享有起诉资格。特别是公益诉讼,如环境保护、纳税等方面的公益组织诉讼,都承认总检察长代表公益诉讼的原告资格,以及私人在总检察长许可的情况下提起诉讼。

2. 两国都承认利益种类多种多样

两国除了承认物质利益,也承认非物质利益受保护。根据澳大利亚法院在澳大利亚保育基金公司诉联邦案②中法官们的研究,在美国下列看法已经获得很好的承认:非传统的利益(美学的(aesthetic)、保育的(conservational)、娱乐的以及经济(学)的(ecnomic)③);非常轻微的伤害;在户外公共地区娱乐机会的可能丧失④;用来主张

---

① 《环境公民诉讼·美国制度》,http://www.envi.org.tw/lawsuit/compare/Compare02.htm,2011年8月8日浏览。

② Australian Conservation Foundation v. Commonwealth (1980) 28 ALR 268. See Kathleen M Mack, Standing to Sue under Federal Administrative Law, Federal Law Review 1986, Volume 16 at 321 注释第13。

③ Sierra Club v. Morton (1972) 405 US 727,788。

④ US v. Scrap (1973) 412 US 669。

违宪目的的税收①；在实际目的和效果涉及更宽泛公益诉讼或社会政策诉讼争议的情况下投票选区划分案件可能是起诉资格的基础②。美国这些案件不仅影响了澳大利亚，也影响了英国。③ 澳大利亚对利益种类的理解也非常广泛。

两国法院都承认感情类利益不能确认起诉资格。在澳大利亚保育基金公司诉联邦案中④，吉本斯法官提出，仅仅感情性的利益包括"对矫正某种错误的满意"尚未被承认为起诉资格的利益。美国也不例外，在艾伦诉赖特案中⑤，法院认为，某个机构遵守法定要求中的感情利益不足以让当事人享有起诉资格。

3. 两国都将充分利益作为起诉资格的重要条件

澳美都将充分利益作为起诉资格条件。有理由认为，澳大利亚起诉资格制度受美国影响，这是因为在澳大利亚20世纪70年代新行政法出现之前，当时主要继承的是英国的普通法。而在现代司法审查的起诉资格制度上，英国逐步出现自由式的倾向，其原因之一就是受到美国的影响。"此变化的灵感也来自美国，美国最高法院已经敞开司法制度之门，允许各宽泛的利益进入法院，它对认可团体的直接起诉资格发挥着相当重要的作用。当1978年引入司法审查程序时，法律委员会的建议中包括了目的不在于束缚司法裁量的美国式的'充分'利益标准。"⑥

前述澳大利亚法院根据利益的重要性、利益是否与立法目的一致、利益是否与法律政策一致，以及连续性案例发展的情况等来判断利益充分性，在美国法院差不多也如此采用。如美国在20世纪70

---

① Flast v. Cohen (1968) 392 US 83.
② Baker v. Carr (1962) 369 US 186, 204.
③ 〔英〕卡罗尔·哈洛、理查德·罗林斯著：《法律与行政》（下卷），杨伟东等译，商务印书馆2004年版，第994页下注释9。
④ Australian Conservation Foundation v. Commonwealth (1980) 146 CLR 493 at 530—531.
⑤ Allen v. Wright 52 Law Week 5110 (1984).
⑥ 〔英〕卡罗尔·哈洛、理查德·罗林斯著：《法律与行政》（下卷），杨伟东等译，商务印书馆2004年版，第993—994页。

年代以后,通过连续性案例推动采用利益范围标准。再如美国法院也重视利益与立法目的的一致性问题。在1987年克拉克诉证券产业协会案中①,最高法院指出,利益范围标准"并不意味着特别的要求",只是在"原告的利益与制定法默示的目的具有如此遥远的联系或者不一致,而不能合理地认定国会意欲允许该诉讼"时,才会否定其原告资格。②

4. 承认组织的代表性

澳美两国都承认某个组织有资格作为其受害成员的代表,或者作为有某种利益的成员的代表,尽管该组织本身可能没有遭受损害。③承认起诉资格可能存在于某个特定的原告,无论其是个人或者组织,可以对与一般公众任何成员或者所有成员损害相同的侵害行为申请矫正:"不能仅仅因为许多人遭受同样的伤害,就否认给予资格。"④

5. 解释利益都经历了由传统普通法到现代公法的发展过程

澳大利亚经历了普通法上的特殊损害到主题事项中的特殊利益,不断扩展利益主题的范围和种类;又逐步扩大享受主体;采用特殊利益标准解释法律中的"受害人"。美国则从法律利益标准到受害人(不利影响)标准,再到实际损害及利益范围两层结构标准。法律利益标准主要属于传统的普通法标准。实际损害和利益范围标准则属于现代起诉资格标准。

6. 两国都讨论了起诉资格与是非曲直(merits)的区别,强调不能把起诉资格的审查等同于对案件是非曲直进行审查

两国都认为,对作为起诉资格的利益审查不能过于严格,不能把审查阶段要解决的实体问题,放在起诉资格确定阶段来解决,否则就

---

① Clarke v. Securities Industry Assn. 479 U. S. 388 (1987).
② 孔祥俊著:《行政行为可诉性》,人民法院出版社2005年版,第204页。
③ Scrap; Sierra Club. See Australian Conservation Foundation v. Commonwealth (1980) 28 ALR 268. See Kathleen M Mack, Standing to Sue under Federal Administrative Law, Federal Law Review 1986, Volume 16 at 321 注释第13.
④ US v. Scrap (1973) 412 US 669, 687. Australian Conservation Foundation v. Commonwealth (1980) 28 ALR 268. See Kathleen M Mack, Standing to Sue under Federal Administrative Law, Federal Law Review 1986, Volume 16 at 321 注释第13.

会提高起诉资格的利益标准。

(1) 澳大利亚

法院很早就讨论过资格问题与是非曲直的区别。多数法官主张把二者区别开来,主张在解决是非曲直阶段去判断起诉资格问题,而不要在起诉阶段考虑是非曲直问题。① 一般法②和《行政决定(司法审查)法》适用中都考虑过这个问题。

第一,一般法中法院主张诉讼资格问题在最终审理时连同实质性争议一起处理。

法院认为,当诉讼资格成为争议问题时,在一般法中,法院有裁量权对提出起诉资格异议的诉讼阶段作出处理。③ 如果起诉资格在开始时被处理并且原告失败,法院则没有机会考虑实质性争议,或者没有机会考虑该行为的"是非曲直"(merits)。就是说,起诉资格是程序性问题,而是非曲直是实体性问题。如果在程序性起诉资格阶段要求严格,当事人不能通过,就会失去处理其实体性问题的机会。困难在于,在判断当事人是否有起诉资格的阶段,法院要对申请人利益造成的影响是否已超出其他公众成员利益作出决定,而在法院面前只有少得可怜的材料,在此情况下,要对起诉资格与是非曲直分离的问题作出决定,并且附带不适当地考虑涉及其中的责任特别是申请诉讼期间宣告的救济(interlocutory relief),这显然是非常困难的。在奥纳斯诉澳大利亚铝业公司案中④,在当事人同意的基础上,即如果继续审理该项诉讼,将不得扩大申诉陈述中辩护的事实,那么该问题被作为预备性事项加以处理。但是当这种事项被上诉到高等法院时,布仁南(Brennan)法官说,所辩护的事实在审判官面前获得解释和扩展,而且如果继续审理该项诉讼,那么审判官可能不得不在法院

---

① See Margaret ALLARS, Standing: the Role and Evolution of the Test, Federal Law Review 1991 Volume 20 at 89—91.

② "一般法"含义参见第二章第一节脚注。

③ Robinson v. Western Australian Museum (1977) 138 CLR 283,302—3; Onus v. Alcoa of Australia Ltd (1981) 149 CLR 27, 38,57,76.

④ Onus v. Alcoa of Australia Ltd (1981) 149 CLR 27.

已有证据的基础上重新考虑该事项。① 在后来的一般法案件中,法官愿意在最终审理时连同实质性争议一起处理诉讼资格问题。② 这样做对当事人来说更有利。

第二,在《行政决定(司法审查)法》案件中法院主张在最后审理中或者在上诉中连同实质性争议一起处理。

在起诉资格是有争议的问题时,法院在最后审理或者上诉中,连同实质性争议一起处理的案件数量超过了被作为预备性事项(preliminary matter)处理的案件数量。③ 经常发生下列情况,在起诉资格于预备性审理阶段加以处理的情况下,审理可能涉及到需要某个预备性决定的其他事项。起诉资格也可能在某种紧急的但属于诉讼期间宣告的申请(interlocutory application)的背景下获得处理④;或者作为被告对权能异议(an objection to competency)的告知提出申诉的结果而获得处理,该权能异议通告也提出了可诉性争议⑤;或者在申请宣告令的背景下,该宣告令涉及应该完成说明理由⑥;或者申请延长

---

① Onus v. Alcoa of Australia Ltd (1981) 149 CLR 76.

② R v. Inland Revenue Commissioners; ex parte National Federation of Self-Employed and Small Business Ltd [1982] AC 617,645, 649, 656,727(Fleet Street Casuals case); Onus v. Alcoa of Australia Ltd (1981) 149 CLR 27, 38, 57,76; Administrative & Clerical Officers Association v. Conn (1988) 52 NTR 57, 63, 71. Cf Central Queensland Speleological Society Incorp v. Central Queensland Cement Pty Ltd (No. 1) (1989) 2 Qd R 512 (per Thomas J, contra Derrington and de Jersey JJ). See generally M Allars, Introduction to Australian Administrative Law (1990) para 6.158.

③ See eg Fowell v. Loannou (1982) 43 ALR 415, 45 ALR 491 (该争议是如此处理的,最初支持申请人在上诉到联邦法院合议庭时对其不利;进而上诉到高等法院,Ioannou v. Fowell (1984) 156 CLR 328,被限制到可诉性争议上);Australian Broadcasting Commission Staff Association v. Bonner (1984) 54 ALR 653; Vangedeal-Nielsen v. Smith (Commissioner of Patents)(1980) 33 ALR 144.

④ Eg Canberra Labour Club Ltd v. Hodgman (1982) 47 ALR 781.

⑤ Eg Tooheys Ltd v. Minister for Business and Consumer Affairs (1981) 36 ALR 64; Ralkon Agricultural Co Pty Ltd v. Aboriginal Development Commission (1982) 43 ALR 535.

⑥ 《行政决定(司法审查)法》第13条4A款第2项。它规定:联邦法院或者联邦治安法院可以根据已经收到本条第3款规定的通告的某个当事人的申请,作出命令,宣告当事人被授予或者不授予提出请求的资格。

提出审查令请求的时间。①

在图希斯案中,起诉资格争议是经过权能异议的途径提起的,该案是在经过当事人之间的协商同意作为预备性事项前提下加以审理的。艾利考特法官在对"受害人"作出解释的基础上推断,作为预备性起点,该申请人有起诉资格。如果起诉资格测试标准过于狭窄,要求申请人证明它有一项关税退款的法定权利(而不是针对进口商的

---

① 《行政决定(司法审查)法》第11条第1款第3项、第3—5款。Eg Ricegrowers Co-operative Mills Ltd v. Bannerman and Trade Practices Commission (1981) 38 ALR 535; Australian Institute of Marine and Power Engineers v. Secretary, Department of Transport (1986) 71 ALR 73; Ralkon Agricultural Co Pty Ltd v. Aboriginal Development Commission (1982) 43 ALR 535.

第11条第1款第3项:对法院审查令的申请,应向法院的登记处提出。对已经作出的决定,并向申请人提供的公文中已载明该决定内容的申请,包括公务员应在规定期间内作出却意图在规定期间届满后作出决定的申请,应在规定期间内或者法院(无论规定的期间届满之前或者之后)所允许的期限内向法院的登记处提出。

第11条第3款:本条第1款第3项所称的期间,自决定作出之日起计算,至下列日期后的第28日止:(1)如果决定对事实的实质性问题作出认定,提到该认定所基于的证据或者其他材料,并列举了作出该决定的理由,则该日期是向申请人送达载有上述决定内容的公文之日。(2)本款第1项不适用于下列情形:A 如果向申请人送达的报告书载明了某项证据或者其他材料以及理由等认定内容,除了根据第13条第1款应在向申请人送达载有决定内容的公文之日起28日内提出申请外,则该日期是报告书送达之日。B 如果申请人根据第13条第1款,请求作出该决定的公务员提供该项所称的报告书,则该日期是法院根据第13条第4款发布命令宣告该申请人无权提出该请求之日,或者是根据第13条第3款,通知申请人不能由其提供该报告书之日。C 在任何其他情况下,该日期是向申请人送达载有决定内容的公文之日。

第11条第4款:(1)在对某个特定决定提出审查令申请的期间未作规定的情况下,(2)在对由某个特定申请人针对特定决定提出审查令申请的期间未作规定的情况下,如果法院认为该申请没有在行政决定作出之后的合理期间内提出申请的话,联邦法院或者联邦治安法院可以拒绝受理要求审查决定的申请;(3)在第1项所适用的案件中,可以拒绝受理要求审查该决定的申请;(4)在第2项适用的情况下,可以拒绝受理该项所指申请人提出的要求审查该决定的申请。

第11条第5款:在形成本条第4款所规定的意见的过程中,法院应同时考虑下列因素:(1)申请人知道作出决定的时间;(2)在具有本条第4款第2项的情况时,由另一个申请人或者其他申请人对与行政决定有关的审查令的申请提出规定的时间期限。

法院还可以考虑其认为有关的其他事项。

严重申诉)①,那么艾利考特法官就不愿意把起诉资格问题作为预备性事项处理:"申请人是否是一位受害人这是一个法律和事实混合的问题,在许多案件中,这一问题最好是在最后的审理阶段加以决定,那时所有事实都在法院面前,且法院对该事项上的全部辩论情况有所了解。"②艾利考特法官如此看待这一问题,但是,基于他对"受害人"的解释,可以推断,当事人在缺乏另外证据的情况下,也可以确定其享有诉讼资格。

在多伊尔诉参谋总长案中③,预备性审理(preliminary hearing)阶段法院处理了三个程序性事项:延长时间的申请、诉讼资格争议、法院应该行使其裁量权拒绝《行政决定(司法审查)法》第10条第2款第2项第2目下的管辖权④,其原因是该法律中有适当的条款规定了总督会同行政局(Governor-General in Council)的审查。费希尔法官认为,申请人有起诉资格,而且因为没有不适当的延迟,同意延长时间。他支持图希斯案中艾利考特法官表达的、倾向于所有事实都呈现在法院面前的情况下,在最后审理中处理起诉资格问题。但是与艾利考特法官不同,费希尔法官没有把起诉资格看成在预备性事项的审理中(hearing of preliminary matters,)获得最后的决定(finally decided)。起诉资格问题可以在后来审理中最终处理(could be dealt with finally at a later hearing),此时实质性争议也获得处理。

总之,法院认为,起诉资格只能在所有证据的背景下才能获得适

---

① 在图希斯案中,申请人间接受到对部长代表所作受挑战的决定的影响,部长代表已经拒绝适用《海关税则第二细目》条款。为了申请人的利益而进口物品的该公司已经支付了关税,而且获得申请人的偿还。如果部长代表作出了有利的决定,给进口公司退税,那么后者即进口公司可能有义务给申请人退税。因此,假如一项有利的决定,申请人就可以针对该公司提出一个"认真但不重要的申诉",要求该退税偿还款能继续到达他这里。因为在一项宣告该决定无效的命令中,成功的司法审查达到顶点,被偿还请求所伴随;这将促使下列这样一种主张:申请人是一位"受害人"。

② Tooheys Ltd v. Minister for Business and Consumer Affairs (1981) 36 ALR 64,79.

③ Doyle v. Chief of General Staff (1982) 42 ALR 283.

④ 尽管本条第1款有规定,但法院可以根据其裁量权,以下列任一理由拒绝受理根据本法第5—7条规定而对决定、为作出决定所采取的措施或者懈怠作出决定向其提出的申请:(2)本法以外的法规已赋予申请人申请法院、另一法院或者另一裁判所、当局或者官员审查上述决定、措施或者懈怠作出决定的权利。

当地决定,而且可能在对法律争议进行检查的背景下。这种认识提示,起诉资格涉及的事项是实质性的,如同那些有关审查理由产生的事项。

(2)美国

与澳大利亚类似,美国也注意把起诉资格问题与要解决的是非曲直问题区别开来。前者是程序性问题,后者是实体性问题。前者标准不能过于严格,否则就会混淆两个阶段的任务,就会提高起诉资格的门槛,导致许多人被拒之于法院大门之外。在20世纪40年代前,美国法院采用合法利益标准。该标准指出,只有法院首先认定行政机关业已侵犯了请求人的"法律权利",请求人才具有请求审查行政行为的原告资格。一些批评者认为,该标准将原告资格问题与案件的是非曲直问题混为一谈。因为法院往往需要考虑原告所主张的行政行为合法性的是非曲直以后,才能决定其是否具有赋予原告资格所需要的足够的法律利益。另外,该标准也过于严格,因为它更多依赖古代普通法概念。正是由于这些障碍的存在,美国司法于20世纪40年代抛弃了这种原告资格原则。……按照法律权利标准,法院需要决定起诉人的请求是否有法律依据(或者法律价值),以确定起诉人是否有权请求法院裁决案件的是非曲直。这种循环推理过程对于确定是否有请求司法审查的资格并无必要,并且,它会使法院在尚未对案件是非曲直有充分把握时过早地决定是非曲直。因此,将考虑一方当事人请求的是非曲直作为确定其是否具有提出该请求的原告资格,会使对该请求的是非曲直的处置很蹩脚。[①]

由上可见,澳美两国法院都主张把起诉资格的程序问题和是非曲直的实体问题分开,且不能在确定资格阶段就对实体性问题作出决定,否则会提高起诉资格的条件,从而把很多人拒之于法院大门之外。这种认识对于当事人起诉资格确认非常有利。我们认为,这是人类治理行政权方面取得的重大进步,反映了对起诉资格认识的

---

① 参见孔祥俊著:《行政行为可诉性》,人民法院出版社2005年版,第201—202、212页。

深化。

7. 小结

澳美两国上述诸多一致性,反映了利益在确定起诉资格方面的重要性。诉讼利益"与当事人的权利义务密不可分"。"诉讼利益实在与实体法的关系甚为密切。"①可以说,一国立法或者司法实践对利益的规定和解释情况直接关系到公民权利能否很好地实现,当然也关涉到公共利益能否获得有效保障。至于澳美两国有很多相同点,不仅在于两国之间渊源于普通法传统,更重要的是这些做法是人类治理社会、治理行政权力的有效手段和成功方法。

二、不同点

1. 立法对起诉资格的利益要求不同

澳大利亚联邦《行政决定(司法审查)法》直接规定了"利益"。而美国《行政程序法》没有规定。美国法院在1946年《行政程序法》出台前的很长时间内,把法律权利作为起诉资格构成要件,与当时立法没有提供明确的依据分不开。澳大利亚之所以没有在此问题上走弯路,与其立法上有明确规定(即没有把起诉资格条件限制在法律权利内)分不开。

2. 法院解释利益的重点不同

美国法院长期将资格条件局限在"法律权利"范围内。直到20世纪70年代才突破,此后不断扩展。澳大利亚法院没有遇到美国那样的困难,它在实践中也遇到过权利、利益和正当期待能否成为起诉资格条件的问题,但通常是在涉及到自然正义或者公平程序原则的适用时才谈到。②澳大利亚法院争议较多的是,作为起诉资格条件之一的"特殊利益"要求原告在主题事项中的利益必须大于一般社会公众的利益。再者,法院长期强调,符合起诉资格条件的原告所具

---

① 蒋岚:《论行政诉讼的诉讼利益》,载罗豪才主编:《行政法论丛》第8卷,法律出版社2005年版,第245—246页。

② 参见朱应平著:《澳大利亚行政裁量司法审查研究》,法律出版社2011年版,第237—239、243—246页。

有的特殊利益只能为当事人所特有。前者限制了利益的数量和程度,后者限制了起诉资格的享有主体。最后,澳大利亚法院还注意到对利益主题多样化的探讨。

3. 美国的进步性和阶段性明显

美国有三个明显的发展阶段,通过立法和司法判例,推动起诉资格快速发展。但总体来说澳大利亚高等法院却比较保守,它有很多机会发展起诉资格条件,但是都没有作出很好的阐述,对很多一般性问题没有展开分析,并且长期把处理案件的方法局限在20世纪80年代的案例中,错过了一次次突破发展的机会。因而,澳大利亚在推进起诉资格发展方面,高等法院比较保守,有不少发展是通过联邦法院来推进的。

4. 澳大利亚对美国案例经验借鉴不足

澳大利亚高等法院在一些案件中考虑和分析了美国案件,但遗憾的是,有些是对美国案例的错误解释和适用。

第四章

原告资格的利益损害条件

澳美两国都将利益受到损害作为原告起诉资格的必备条件,两国都对此在相关立法中有所体现,并对损害作出了相应解释,另外还都有识别利益损害的一些基本技术规范,并承认损害的多样性。在多数情况下,要证明受到利益侵害的特定性,如果其特定性不强,通常很难符合起诉资格的要求。

第一节 澳大利亚司法审查原告资格的利益损害条件

一、损害概述

1. 立法规定

当事人为了享有起诉资格,原告利益必须遭受某种干涉或损害,必须有受害人存在。在立法上,澳大利亚司法审查原告资格的损害条件有以下特点:

(1)"损害"作为起诉资格的标准有明示和默示性表达方式

默示的方式是指,对损害的要求暗含在起诉资格的公式中。例如,它暗含在"特殊利益"公式的标准中。明示的方式是指,对利益的损害要求是明确规定在法律中的,例如,它在"受害人"、"受影响人"这样的表达之中。[1] 可见,在普遍法中,损害的要求暗含于"特殊

---

[1] Right to Life Association v. Department of Human Services (1994) 125 ALR 337.

利益"标准之中,意指特殊利益受到不利影响。

明示的要求表现在法律规定的"受害人"概念之中。这是澳大利亚立法对"损害"规定的一大特点。如联邦《行政决定(司法审查)法》第5条规定:本法生效后,受本法所适用的决定侵害的个人,具有下列理由之一的,可以就该决定向法院申请审查令……。

第6条规定:公务员为作出本法所适用的决定已经或正在或准备采取措施的,受该措施侵害的个人可以以下列一项或者数项理由就该措施向法院申请审查令……。

第7条第1款规定:在下列情况下受公务员拖延侵害的个人可以以过分拖延作出决定为由,就拖延作出决定向法院申请审查令:(1)公务员有职责作出本法所适用的决定;(2)没有任何法规规定公务员应当作出决定的期限;(3)公务员没有作出该决定。

第2款规定:在下列情况下受公务员拖延侵害的个人可以以该公务员有职责作出决定为由,就在规定期限内拖延作出决定的行为向法院申请审查令:(1)公务员有职责作出本法所适用的决定;(2)法规规定了公务员作出决定的期限;(3)公务员在规定期限届满前未作出决定。

从上述条文可以看到,"损害"是包含在"受害人"概念之中。

使用"受害人"这一概念来表达"利益必须受到损害"这一条件,还在其他一些法律中获得确认。如1991年昆士兰州《司法审查法》第7条、第20条第1款、第21条第1款、第22条第1款;澳大利亚首都地区《行政决定(司法审查)法》第5—7条、第3条第4款。

(2)"损害"是个泛称。它可以有其他表述方式。从上面列举的第5—7条看到,法律使用了"侵害"这个词,而"侵害"包括了利益受到不利影响。《行政决定(司法审查)法》第3条第4款规定,在本法中,① 受行政决定侵害的个人包括:其利益受行政决定不利影响的人;至于经由报告或者建议作出的决定,其作出决定依据了上述报告或者建议的,其利益受行政决定不利影响的个人。② 受到为作出决定或者懈怠作出决定而采取的、正在采取或者准备采取的措施侵害的个人,包括其利益受到或将受到上述措施或者懈怠作出决定不利影响的个人。

（3）损害也适用于其他一些行为和对象。如"受害人"也被授予申请对某些政府决定说明理由的资格（第13条第1款），但联邦法院宣告某人不被授予作出此类请求资格时除外（第13条4A款第6项）。① 《行政决定（司法审查）法》第12条规定了"利害关系人"（persons interested）。前一章在利益主体部分分析过，虽然立法规定不清楚、司法解释不明确，但一般可视为广义的原告即受害人。

2. 判例对损害（通过"受害人"或"特殊利益"表现）解释的特点

（1）法院使用过诸多词语表达"损害"的要求。

法院说：原告可能遭受②"伤害"③、"危险"④、"冒险"⑤、"不利状况"⑥、"严重的不利效果"⑦、"影响"⑧、远非一般补偿的某些好处的丧失。⑨ 在联邦《行政决定（司法审查）法》第3条第4款的受害人的定义中，它意指其利益受到"不利影响"。但总的来说，法院主要使用"特殊利益"标准暗含损害的方式来阐述损害这一起诉资格的要件。

（2）法院使用"特殊利益"这一默示性"损害"的要求概括各种救济的损害标准。

在澳大利亚，特殊利益标准不仅是普通法上起诉资格的要求，也成为解释成文法上"受害人"的起诉资格标准，还成为其他救济如行政上诉裁判所、议会监督专员等救济中申请人的资格标准。

联邦《行政决定（司法审查）法》第3条第4款将"受害人"界定为"受某行政决定损害"、"受某行政措施损害"、"受懈怠作出行政决定的损害"等三种情况下的当事人。这些规定，在字面上不同于其

---

① 澳大利亚法律改革委员会报告已经建议，第13条以原来的形式保留下来，而申请理由的资格不得被拓宽，以与一般的建议保持一致。
② Broadbridge v. Stammers (1987) 76 ALR 339 at 341.
③ Barlow v. Collins 397 US. 159 at 167—169 at 341.
④ Queensland Newsagents Federation v. TPC (1993) 118 ALR 527.
⑤ Ibid.
⑥ Allan v. Development Allowance Authority (1998) 152 ALR 439 at 442.
⑦ Allan v. Development Allowance Authority (1998) 152 ALR 439 at 447.
⑧ Right to Life Association v. Department of Human Services (1994) 125 ALR 337.
⑨ Allan v. Development Allowance Authority (1998) 152 ALR 439 at 442.

他几种救济方法对申请人资格的要求。联邦《行政上诉裁判所法》规定，申请行政上诉裁判所救济的资格条件为申请人必须是其利益受到影响的人。联邦《议会监督专员法》第6条规定，为了向议会监督专员提出申诉，当事人必须在所申诉的主题中有充分的利益。可见，从字面上看，申请三种救济所需要的条件不同，分别为司法审查的申请人是"受害人"、行政上诉裁判的申请人是利益的"受影响人"、议会监督专员救济的申请人是"有充分利益"的人。尽管上述几种救济资格法定术语措辞不同，但在实践上没有太大的差别。甚至即使在原则上存在差别，在实践中也通过灵活使用公式而得到克服。结果，尽管对不同种类救济来说，法定起诉资格公式不同，但在多数情况下，资格条件的差别微乎其微。就其主要部分来说，这种变化更是语义上的而非实质性的。① 高等法院的贡献在于，把司法审查、裁判所救济和议会监督专员救济等资格条件的公式统一起来。② 这种共同适用的公式可以表达为：原告（或申请人）在受到挑战的行政决定中应该有某种"特殊利益"。③ 这里的"特殊利益"标准就是普通法上的标准。

"特殊利益"一语本身虽然不足以显示出"损害"的要求，但是它暗含着"特殊利益"受到损害或不利影响的要求。其推理逻辑至少有两个方面：

第一，仅仅讨论"特殊利益"不足以达到解决起诉资格的目的，只有进一步查明特殊利益是否受到损害或者不利影响，才能达到确定起诉资格的目的。可以说确定特殊利益是否"受害"或者受到不利影响既是特殊利益延伸的含义，也是其内在含义，不考查是否受到损害，单纯考查特殊利益就失去了根本意义。

---

① Australian Institute of Marine and Power Engineers v. Secretary, Department of Transport (1986) 71 ALR 73 at 81.
② 在联邦《行政决定（司法审查）法》下的"受害人"，法院解释这个公式意指申请人必须有某种特殊利益。
③ See, eg, Kioa v. West (1985) 159 CLR 550 at 621; Shop Distributive and Allied Employees Association v. Minister for Industrial Affairs (SA) (1995) 183 CLR 552.

第二，如前文第二章指出，《行政决定（司法审查）法》第3条第4款规定，"受害人"包括了其利益受到行政决定、行政措施或懈怠作行政决定"不利影响"的人。因为这一定义范围非常广泛且是非穷尽性的①，结合第5—7条，有两个测试起诉资格的标准：其一，直接体现在第3条第4款中的其利益受到"不利影响"的某个人；其二，在其自然意义上"受害的"人。这是第5—7条规定的。根据第5、6、7条，申请人必须受到相关决定、措施或懈怠作决定的损害。② 实际上还有其他条文，即"受害人"也被授予申请对某些政府决定说明理由的资格（第13条第1款）。《行政决定（司法审查）法》第12条给予"利害关系人"享有"受害人"的起诉资格。起诉资格可以通过这两个短语之一来探求。过去的案例很大程度上忽视了这个定义，而是将重点集中在"受害人"本身，对"不利影响"重视不够。原因可能在于这两个短语相似："利益受到不利影响的人"在语义上与"受害人"无大差别。把这两个公式单独使用的话，就是指起诉资格必须包括利益受到损害或不利影响，本身就是指广义的"损害"。把这两个公式与"特殊利益"结合起来，那就是"特殊利益"受到不利影响或损害。可见，即使法院因为受普通法特殊利益标准影响较深，也不意味着该标准不包括"损害"的要求。

从实际情况看也是如此。法院在1980年澳大利亚保育基金公司诉联邦案中，把传统上使用的"特殊损害"转变为"特殊利益"，放宽了起诉资格标准。尽管1977年联邦《行政决定（司法审查）法》规定了"受害人"标准，但法院仍然主要采用"特殊利益"标准，但其中包含着特殊利益是否受"损害"的判断。从已经作出的判例看，法院处理起诉资格的损害标准的路径是：首先，在通常情况下，先考查当事人在诉讼主题事项中是否有特殊利益。如果有，要进一步判断其特殊利益是否受到了某种不利影响或损害。其次，如果诉讼主题事

---

① 情况就是如此，因为该定义使用了"包括"（includes）这个术语。参见 Douglas v. Minister for Aboriginal Affairs (1994) 34 ALD 192.

② See, eg, Letts v. Commonwealth (1985) 62 ALR 517.

项不包含当事人的特殊利益,法院要再作出两种选择,对此下文也会述及。一种是考查当事人申请的救济种类本身是否需要个人利益受损害这一条件。如宣告令和禁制令在传统上由申请人在公法上进行申请,是为了强制实施某种法律义务,无需某个申请人法律上的权利或财产权利受到影响。某种禁制令可以被申请来强制实施成文法,例如在限制某个公共当局实施越权行为,帮助实现某部成文法授予的权利,而这种权利不可能是财产性的。再一种是考查其是否有其他特殊的地位或者关心事项实际受损的情况,如果有,认定符合"损害"标准,符合起诉资格标准要求。无论后面这两种情况之哪一种,此时法院实际上是直接采用《行政决定(司法审查)法》第5—7条的受害标准,但此时已经超出了通常的"利益"。法院开始走入《行政决定(司法审查)法》的轨道,但遗憾的是,法院还没有在主要趋势上按照法律设定的标准展开解释和适用工作,其主要的思路方法仍然按照传统的特殊利益标准进行解释和适用。

(3) 强调给予广义的解释,但仍然没有根本上摆脱传统"特殊损害"标准的影响。

艾利考特法官在图休斯有限公司诉商业和消费者事务部长案中主张[①],根据联邦《行政决定(司法审查)法》制定的目的,"受害人"这个术语应该被给予比普通法上标准更宽泛的含义。案例法已经证明这一解释趋势。

在澳大利亚海洋和电力工程师研究所诉交通部长案中[②],澳大利亚海洋和电力工程师研究所根据《行政决定(司法审查)法》第13条申请对被告拒绝给予某项税收陈述的决定予以审查。古姆法官考虑该机构是否是《行政决定(司法审查)法》第13条规定的"受害人",并对原告资格作出其他评论。他说:"对行政决定司法审查的其他很多领域在于衡平法,特别是在禁制令和宣告令救济方面。

---

① Tooheys Ltd v. Minister for Business and Consumer Affairs (1981) 4 ALD 277 at 290.
② Re Australian Institute of Marine and Power Engineers v. Secretary, Department of Transport (1986) 13 FCR 124.

……在衡平法方面，十九世纪已经把注意力放在使用衡平救济来保护严格意义上的法律的和衡平的权利，特别是保护其本质上属于财产性的权利。因此在公法中衡平救济的对待，在无论提出要求者是否缺乏总检察长许可的案件中，都被1903年博伊斯案[①]所谓的规则缠绊。它们有自己的复杂性，在澳大利亚，最近一系列高等法院的判决降低了复杂性……其结果是，此处的原告资格现在并不要求传统意义上特殊的损害，尽管仅仅是某种信念或关切还不足够，但是超出公众所享有的某种'特殊利益'则满足了要求"。[②] 此处的传统普通法上对"特殊损害"的要求较高：无论资格条件要求是如何措辞（"受害人"、"受影响人"、"充分的利益"等等），无论这种救济是什么，不管它是成文法还是普通法上的，法院一般把它看作为要求某种"特殊的利益"。所谓"特殊利益"，是一种"超过一般公众利益的那种利益"[③]，这种利益"在一般公众所享有的利益之上"[④]，它比一般公众成员的利益更大[⑤]，它"与公众利益相比是完全特殊的"[⑥]，这种利益是"超越更广泛公众共同分享的那种利益"[⑦]，它"是高出公众一般成员利益之上的那种利益"[⑧]，它是比每个人享有的利益"更多的东西"[⑨]，而且"对当事人来说它是特殊的利益，当该行政决定被撤销时，当事人可以获得这种利益"。[⑩]

上段提到的1903年博伊斯案[⑪]规则是指由巴克利法官阐述的"只有总检察长能够进行控告以保护公益"这一规则的两种例外。

---

① Boyce's Case [1903] 1 Ch 109.
② Ibid at [22].
③ Onus v. Alcoa (1981) 149CLR 27 at 44.
④ Australian Conservation Foundation v. Commonwealth (1980) 146 CLR 493 at 547.
⑤ Fordham v. Evans (1987) 72 ALR 529. 因此，在 Fowell v. Ioannou (1982) 45 ALR 491 案中，一位官员对某个组织中需要临时帮助的某个人给出的建议，并不给予其资格，因为所有的公众成员都处于同样的地位——每个人都是此项工作未来的申请人。
⑥ Onus v. Alcoa (1981) 149CLR 27 at 71.
⑦ Alphapharm v. Smithkline Beecham (1994) 49 FCR 250 at 264—265.
⑧ Schokker v. Commissioner, AFP (1998)154 ALR 183 at 187.
⑨ Allan v. Development Allowance Authority (1998) 152 ALR 439 at 441.
⑩ Lord v. Comissioners of the AFP (1998) 154 ALR 631 at 645.
⑪ Boyce's Case [1903] 1 Ch 109.

在下列两种情况下,某原告可以控告:第一,对公权利干涉也达到了干涉原告私权利。第二,私人权利没有受到干涉,但是原告就其公权利来说遭受了某种特殊的损害,这种损害是其自己特有的且由对公权利的干涉引起的。① 这两个标准有两个不足:首先,几乎没有什么东西把博伊斯案中第一点例外(对公权利的干涉也达到了干涉原告私权利)区别于私法中的起诉资格概念。② 其次,第二个例外不能识别出"特殊损害"是否可以是金钱损失以外的其他损害,并且把"特殊损害"限制在只有原告才享有的限度内。正因为存在这两个不足,澳大利亚对此进行过修正。其中高等法院最重要的两个判决是澳大利亚保育基金公司诉连案和奥纳斯诉澳大利亚铝业公司案。

上述情况说明,虽然这些解释不是直接针对损害或受害人的解释,而是对"特殊利益"标准的解释,但是这个解释对判断是否构成损害产生直接和重大的影响。可见,法院使用"特殊利益"标准代替传统普通法上的"特殊损害"标准,本身是为了克服传统标准的滞后性。但是,由于法院在采用"特殊利益"标准时,同样过于强调当事人的特殊利益受到特殊损害,这种损害要大于一般社会公众损害,且只为当事人自己所特有,其结果不仅没有解决传统普通法"特殊损害"标准存在的缺陷,反而在"特殊利益"中得到延续。

(4)当事人没有特殊利益但有实际损害时,仍然承认其构成为合格的起诉资格者。

奥格尔案陈述了该法定标准的幅度。③ 在该案中,尽管联邦法院合议庭似乎已经假定,"受害人"标准类似于申请衡平救济的标准(即特殊利益标准)。但是洛克哈特法官说:"真实的情况是,在法律的或衡平的权利或财产的或金钱的利益意义上,这些申请人在该行政决定的主题事项中没有特殊的利益,但是他们是受害人,因为驱逐

---

① Boyce v. Paddington Borough Council [1903] 1 Ch 109 at 114 (Buckley J).
② Allars M, An Introduction to Administrative Law, Butterworths, Sydney, 1990, at 289.
③ Ogle v. Strickland (1987) 13 FCR 306; 71 ALR 41.

渎神是他们职业必要的事情。"①据此,虽然在一般情况下把"受害人"解释为"特殊利益受到损害或者不利影响"的人,但还是要根据案件具体情况而定。当事人即使不符合"特定主题事项中的特殊利益"标准,但只要是实际受害人,就可以享有起诉资格。这说明法院有时候把普通法上"特殊利益"(损害)标准和法定的"受害人"标准结合起来使用,这可以弥补单一的"特殊利益"标准的不足。

(5)法院对《行政决定(司法审查)法》中对"受害人"的解释不足。

对受害人含义仅有的规定是联邦《行政决定(司法审查)法》第3条第4款:受害人"包括……其利益受到不利影响的某个人……"。虽然这一公式留给法院开放的选择机会,也就是,基于本法的目的,包含于该款中不处于这个描述范围内的其他人也可以被视为受害人。② 但是从实际情况看,法院还没有形成这种开放的解释方法。

3."损害"的要求③

(1)目的要求:有必要知道基于起诉资格的目的,是什么构成损害。也即要根据起诉资格的目的来解释损害的构成要件。

(2)真实性和可能性要求:损害可能是真实的也可能仅仅是受到威胁。④ 如果是受到威胁,有必要对这种损害的可能性进行评估,

---

① 需要说明的是,在本案中,洛克哈特法官采用的是"受害人"标准,而其他有法官认为,两位牧师有特殊利益。洛克哈特法官说:两位牧师在等级制的基督教教会中都处于神圣的地位。作为宗教牧师,与普通的公众成员相比,他们处于特殊地位,因为传播耶稣及其师徒学说、教育和培养基督教信念、抵制或反对渎神等是他们的职责和工作。费希尔法官认为,这些牧师的利益超出了基督徒群体其他普通成员的利益,普通成员只有智力上的或者感情上的关心因而没有起诉资格。牧师有资格作为"受害人"。威尔科克斯法官认为,在奥纳斯案(Onus)中显示出来的原告资格规则的自由化与在其他普通法国家特别是英国和加拿大表达出来的态度是一致的。威尔科克斯法官还说,至少在两个澳大利亚案件中,非财政的关切被承认为足以引起某人受到"损害"。有人已经辩护说,在奥格尔案中正是某种职业上的利益使申请人符合资格条件。

② D C Pearce, (ed), Australian Administrative Law Service 2104.

③ Christopher Enright, Federal Administrative Law, The Federation Press, 2001, pp.351—352.

④ Australian Institute of Marine and Power Engineers v. Secretary, Department of Transport (1986) 71 ALR 73.

因为这与起诉资格直接相关。威胁的可能性必须是真实的,①或者是真实的和紧迫的②,而不是遥远的或不真实的。③

(3) 直接性和即刻性:对原告的损害可能是直接的和立即的④。如果这种损害只是间接的,它是否足以构成资格存在争议。某些案件表明,它是足够的⑤,而其他案件则表明它还不充分——只有直接损害才是足够的。⑥ 由于这些概念易变,很难采取教条主义的态度。

(4) 必要性。有的救济种类不需要个人遭受具体的利益损害。在一般情况下,起诉资格需要证明当事人受到的损害比一般公众成员更大,但是这种要求也随着救济种类的不同而不同。⑦ 获得资格标准的内容传统上依赖于争议中主题事项的性质、相关法律和所申请的救济。法院可以基于裁量权,给"受害人"即遭受的损害超出普通公众成员的人提供调取案件复审令和禁令救济。⑧ 在要求某个原告法律的特定权利受到影响方面,训令的资格规则传统上比调取案件复审令和禁令等其他特权性令状的救济更受限制。⑨ 但是巴特曼斯湾案中涉及的救济是宣告令和禁制令。与特权性令状不同,而且特别不像受训令保护的法律上的特定权利,宣告令和禁制令在传统

---

① Fordham v. Evans (1987) 72 ALR 529.
② Broadbridge v. Stammers (1987) 76 ALR 339 at 341.
③ Fordham v. Evans (1987) 72 ALR 529.
④ Right to Life Association v. Department of Human Services (1994) 125 ALR 337.
⑤ Australian Institute of Marine and Power Engineers v. Secretary, Department of Transport (1986) 71 ALR 73.
例如在 Ross v. Costigan (1982) 41 ALR 319 案件中,被召集到某个皇家委员会作证人,由证人对可能的刑事犯罪作证,它带来刑事程序及其之后的犯罪的可能性。
⑥ Broadbridge v. Stammers (1987) 76 ALR 339 at 341.
⑦ 以下参见 Enderbury, James, "Equity and Public Law in the Law of Standing: Bateman's Bay Local Aboriginal Land Council v. the Aboriginal Community Benefit Fund Pty Ltd", (1999) 21 Sydney Law Review 129.
⑧ Allars M, An Introduction to Administrative Law, Butterworths, Sydney, 1990, at 283.
⑨ Id at 286. 调取案件复审令、禁令和训令等这些特权性令状都处于这个评论范围之外,而且与巴特曼斯湾案不相关。对这些救济所作的一般研究参见:Aronson and Dyer, Judicial Review of Administrative Action (Law Book Company, Sydney 1996) at 721—826; Allars M, An Introduction to Administrative Law, Butterworths, Sydney,1990, at 280—287; Cane P, An Introduction to Administrative Law, 3 rd ed, Oxford: Clarendon Press 1996 at 62—65.

上由申请人在公法上进行申请,是为了强制实施某种法律义务,无需某个申请人法律上的权利或财产权利受到影响。某种禁制令可以被申请来强制实施成文法(statute law),例如限制某个公共当局实施越权行为,帮助实现某部成文法授予的权利,而这种权利不可能是财产性的。①

高等法院在巴特曼斯湾地方原住民土地议事会诉原住民团体利益基金有限公司案中指出②,本院有许多判例,甚至在缺乏某种法律利益的情况下,某项产业诉讼的"非当事人"(a stranger)有资格根据宪法第75条第5项,作为控告人申请禁令,尽管在此情况下,法院更有可能使用拒绝救济的裁量权。③ 在西澳大利亚国家足球联盟案中④,首席法官巴维克依赖于沃辛顿案中⑤布雷特法官陈述的命题,即:这些判例显示,在考虑是否应该授予禁令时,理由不是个人诉讼者是否遭受损害,而是由于所规定的裁决命令没有得到遵守而导致特权令已经受到侵害。如果情况不是如此,就很难理解为什么一个非当事人可以对此进行干涉。⑥

上述事例说明,法院对损害的理解不限于个人受害者,也不限于法律利益;对于某些救济令状来说,由于其适用对象、条件和目的不

---

① Maclean D, "Injunctions", in Parkinson P (ed), Principles of Equity (1996) 620 at 632.

② Bateman's Bay Local Aboriginal Land Council v. Aboriginal Community Benefit Fund Pty Ltd (1989)194CLR 247; 155 ALR 684; [1998] HCA 49 High Court of Australia, in Roger Douglas, Douglas and Jones's Administrative Law, 4th ed. , The Federation Press 2002,p. 393.

③ R v. Graziers' Association of NSW; Ex parte Australian Workers' Union (1956) 96 CLR 317 at 327; R v. Watson; Ex parte Australian Workers' Union (1972) 128 CLR 77 at 81; R v. Federal Court of Australia; Ex parte WA National Football League (1979) 143 CLR 190 at 201—202.

④ R v. Federal Court of Australia; Ex parte WA National Football League:(1979) 143 CLR 190 at 201.

⑤ Worthington v. Jeffries (1875) LR 10 CP 379 at 382.

⑥ 参见哈维法官在 Attorney-General v. Mercantile Investments Ltd (1920) 21 SR (NSW) 183 at 187, 189 案件中的评论;布雷首席法官在 Attorney-General v. Huber (1971) 2 SASR 142 at 161—162 案件中不同意见的判决; Attorney-General (ACT) v. ACT Minister for the Environment (1993) 43 FCR 329 at 332—334, 340—341; 115 ALR 161 at 164—165, 171—172. 也参见 Wade and Forsyth, Administrative Law, 7th ed,1994 at 608—610.

同,不需要个人利益受害的事实;特别是在某些公益受害时,个人提起诉讼不需要个人受害的事实。

（5）必要的程度和方式。起诉资格通常需要个体遭受的损害比一般公众更大。要判断某人是否符合起诉资格,必须知道"损害的强度和程度"①,因为某原告获得起诉资格不仅仅是因为他们的利益受损害,而是因为这种损害足够地严重。一种潜在的或受威胁的损失对授予起诉资格是否具有"足够的重要性"?② 这是对利益受害强度和程度重要性的概括。具体有两个衡量公式:其一,某原告必须是受害人,或者受到特殊的影响,也就是远比平常公众成员的影响更大。③ 如果说,某行政决定影响了原告的利益,但与其他公民相比"没有什么区别",这还不足以构成起诉资格。④ 这说明强度和程度还不够。其二,在其他公式中,问题不在于原告是什么,而在于他们遭受了什么影响和如何遭受影响。他们遭受了"对自己来说是特殊的伤害"⑤,或者他们"比其他共同体成员遭受了更大的伤害或者以一种非常不同于其他成员的方式遭受了伤害"⑥。因此,在"对特定个人的权利或利益产生影响的决定,与没有任何区别地影响全体公众成员利益的决定之间"产生了差异⑦。没有差异则没有起诉资格。

可见,法院从损害程度和方式两方面提出了特殊的要求。这些标准太高,不利于当事人获得起诉资格。

---

① Ibid.
② Australian Foreman Stevedores Association v. Crone (1989) 20 FCR 377 at 380—381.
③ Right to Life Association v. Department of Human Services (1994) 125 ALR 337.
④ Botany Bay City Council v. Minister for Transport (1996) 66 FCR 537 at 553.
⑤ Bateman's Bay Local Aboriginal Land Council v. Aboriginal Community Benefit Fund (1998) 194 CLR 247 at 264 [42]; Boyce v. Paddington Borough Council [1903] 1Ch 109 114.
⑥ Right to Life Association v. Secretary, Department of Human Services (1995) 37 ALD 357 at 370.
⑦ Botany Bay City Council v. Minister for Transport (1996) 66 FCR 537 at 553.

二、损害的多样性①

如前指出,由于澳大利亚法院很少对《行政决定(司法审查)法》中的"受害人"进行解释和适用,对于多数案件采用"特殊利益"标准来处理问题,所以在理解澳大利亚原告起诉资格时,不能机械地理解"损害"。不能认为法院很少或者没有提到"损害",就不把利益损害作为起诉资格条件。法院在很多情况下使用"当事人在诉讼主题事项"中有"特殊利益"受到影响,虽然没有对损害的种类进行具体归纳总结,但是在法院处理的案件中涉及的损害种类非常多。列举如下:

1. 对信念的侵害不构成法定损害

在 1980 年澳大利亚保育基金公司诉联邦案中,澳大利亚保育基金公司对部长的行为申请各种禁制令和宣告令审查。作为起诉资格,该公司声称有许多因素,包括其作为一种组织的目的,其某些成员在该地区的参与,一般公众基于该地区户外的目的的使用,以及它自己作为该程序的反对者。法院审查了几个不同的资格测试公式,认为没有任何可以找得到的理论支持其起诉资格。吉本斯法官说,"在诉讼的主题事项中有某种特殊利益"的某个人才有资格,并认为澳大利亚保育基金公司不符合这一要求;②就现在的目的来说,某种利益并不意味着某种简单的智力的或情感的关切。③ 法官指出,无论多么强烈地持有某种信念、无论坚持多久以及多么真诚,无论是有由某个个人或者组织主张过该种信念,它都不会满足资格的条件。④

法院通过拒绝允许某个组织主张其个体成员的利益或者以其目标或目的(objectives)为基础的利益,以及把澳大利亚保育基金公司

---

① Kathleen M Mack, Standing to Sue under Federal Administrative Law, Federal Law Review 1986, Volume 16 pp. 319—349.
② Australian Conservation Foundation v. Commonwealth (1980) 28 ALR 268.
③ Ibid 270.
④ Ibid 270 per Gibbs J; 277 per Stephen J; 283 per Mason J.

的利益特征化为只是一种信念等方法,拒绝了当事人享有起诉政府官员对其行为负责的起诉资格。该案明确了仅仅对某种信念的侵犯不构成起诉资格所要求的损害,法院是使用"特殊利益"标准进行分析的。

2. 对风俗习惯的损害

在奥纳斯诉澳大利亚铝业公司案中①,原告是来自澳大利亚铝业公司拥有的土地所在地区的某部落土著人,该公司在这块土地上已开始建造工程项目。但是这块土地包含有开展宗教活动的地点,属于立法的"遗迹"(relics)范围②,某部立法把损害外表或损害土著人遗迹的行为定为犯罪。

原告奥纳斯提供证据证明他们与这块土地关系密切:原告有时候去那个地方,并在这块土地上教育他们的孩子了解土著人的风俗习惯。法院认为上诉人有起诉资格:他们申诉不仅遗迹有某种文化上的和精神上的重要性,而且根据法律和人们的风俗习惯,他们是保护这些遗迹的监护人,他们实际上还使用了这些遗迹。居住在某特定地区的某特定团体的土著人们中的某个小共同体,传统上就占有这个地区,并在遗迹中主张可以在那个地区发现其祖先的利益,这种共同体的地位确实是非常不同于白澳大利亚人团体,后者由对某些社会政策事项上拥有某些共同的观点所联系,而这些社会政策事项也同样涉及到其他澳大利亚人。③ 这说明了澳人对此没有特殊利益,奥纳斯案以某种重要方式扩展了1980年澳大利亚保育基金公司诉联邦案,因为它承认某种非传统利益即原住民文化的影响作为获得起诉资格的基础。

3. 不遵守行政计划的法定程序造成经营旅游业损失

州法院审理的案件之一是弗雷泽岛屿防卫组织有限公司诉赫维

---

① Onus v. Alcoa (1981) 36 ALR 425.
② 1972年维多利亚州《考古和原住民遗迹保存法》。
③ Onus v. Alcoa (1981) 36 ALR 432 per Gibbs J.

湾城议事会案①。该案件涉及质疑弗雷泽岛屿再分(细分)许可争议事项。原告主张,在批准细分计划时,某些细则(by-laws)没有被遵守。如果这些程序被遵守,原告就可以反对。原告进一步主张其目标是作为保护该岛屿自然状态的组织并且经营该岛屿的旅游业盈利,非毁坏性特征是他们盈利组织的必备特征。法院授予其起诉资格的基础是,经营旅游业盈利明显是一种特殊利益,原告可以证实其受到这种细分计划的不利影响。②此案中法院仍然采用了"特殊利益"标准。

4. 建造大坝对商业利益的损害

塔斯马尼亚原野协会诉弗雷泽案③中的原告申请禁制令,阻止被告批准联邦对富兰克林大坝下的高顿电厂予以资助,其基础是,根据1975年联邦《遗产委员会法》和1974年联邦《环境保护(影响和建议)法》,此种行为违法。法院触及到了是非曲直问题,并针对原告申诉的内容作出裁决。梅森法官简单地叙述了原告的主张,关于其声称的损害以及作为协会(society)的利益,还有其"有限的商业利益……在出售与该地有关的物品。"④被告没有挑战原告的资格,因为他们假定,原告所主张的商业利益满足了根据弗雷泽岛屿防卫组织有限公司(FIDO)案中的某种特殊利益的标准。情况也许是,高等法院有意识地(尽管不是明示地)偏离1980年澳大利亚保育基金公司诉联邦案判例。然而本案与澳大利亚保育基金公司案在事实方面非常相似,但却作出与前案完全不同的处理,以至于足以把法院的许多看法作为对前述案件中起诉资格理由的严重悖离。此案中法院也采用了"特殊利益"标准。但1980年案件中,法院认为当事人没有起诉资格。

---

① Fraser Island Defenders Organization Ltd (FIDO) v. Hervey Bay Town Council [1983] 2 Qd. R. 72.
② Ibid.
③ Tasmanian Wilderness Society v. Fraser (1982) 42 ALR 51.
④ Ibid.

5. 商业利益损害或者间接损害

第二章介绍过图希斯有限公司诉商业及消费事务部长案①,该案最有价值的是艾利考特法官支持原告资格时对受害人标准作出的阐述,其中涉及损害的要求:"'某人是受害人'这个词语,在我看来,不应该给予狭义的解释。它们不应被限制在能够确定他们在作出的行政决定中有某种攸关法律利益的人的范围内。……从受审查裁量权的宽松性质,以及那些法定程序清楚地部分被设计为替代更复杂的特权性令状程序这一事实,我确信,该立法无意设计某种狭义的含义。但这并不意味着公众任何成员能申请审查令。但是,我确信它至少包括了能证实损害的某个人,这种损害是受到投诉的那项行政决定的结果,这种损害超出作为平常的公众成员的损害。许多案件表现出那种损害,因为该行政决定直接影响其存在或者其未来的法律权利。但是在某些案件中,这种效果更少具有直接性。原因可能是在某项商业行为中对其产生影响,或者正如我认为的那样,此案就是如此,其影响了他或者她针对第三人的权利。"②

此案对损害要素的重要贡献在于:第一,强调要采用广义的方法理解受害人,这对当事人权益保护是有利的。第二,指出了损害与行政行为、利益之间的关系:这种损害是受到投诉的那项行政决定的结果,许多案件显示出损害,因为该行政决定直接影响其存在或者未来的法律权利。第三,确立了损害的程度:作为起诉资格标准的损害是超出平常公众成员所遭受的损害。第四,损害也有间接的可能:在某些案件中,损害的效果更少有直接性;某项商业行为可能产生影响。

该案对损害标准阐述的不足有:由于法院过于强调"损害"必须超出一般公众成员,并强调商业利益和法律权利,这一判决又成为联邦法院继续适用普通法上关于损害的那些限制排除人们请求无形的或非传统的利益的判例基础。这些又提高了起诉资格的门槛。

---

① Tooheys Ltd v. Minster for Business and Consumer Affairs (1981) 36 ALR 64.
② Tooheys Ltd v. Minster for Business and Consumer Affairs (1981) 36 ALR 290.

6. 支付公款增加个人税收负担对财产的损害

在戴维斯诉联邦案中①,一群土著人申请宣告令,宣告 1980 年联邦《澳大利亚二百年当局法》(Australian Bicentennial Authority Act)的部分内容无效。被告提议删除该申诉中与资格相关的某些内容。原告主张的起诉资格奠定在下列三个理由基础上:(1)在出售设计图案带有符号的物品时,其金钱利益受到澳大利亚首都地区的控制。(2)作为奥纳斯诉澳大利亚铝业公司案确定的标准,土著人享有特殊的文化利益。(3)在两百年事项上的公款支出来自于纳税人,其财政利益将"增加税收负担"。

首席法官吉本斯适用 1980 年澳大利亚保育基金公司诉联邦案和 1981 年奥纳斯诉澳大利亚铝业公司案的原则,承认这些案件是对行政行为的挑战,然而戴维斯是对联邦法律有效性的直接挑战。基于第一个理由的起诉资格被明确地支持为有效的。关于第二个理由,吉本斯首席法官"在接受该种利益属于情感的或智力之外的利益这一点上"表达了困难,但是他说:"原告主张不能因为不重要而被驳回",而且避免了在预备阶段表达出"任何最终性的看法"。关于第三个理由,该案最重要的方面是法院对纳税人资格表达的看法。首席法官吉本斯最初提到维多利亚州总检察长许可布莱克诉联邦案②,同时给澳大利亚纳税人起诉资格留下了空间,他然后检查了加拿大、英国和美国支持纳税人资格的发展情况,并推断说:"对我来说,下列做法是不正确的,基于这一申请,对原告是纳税人这一事实是否给予其资格挑战那部关于公款已经被并将被支出的法律的有效性作出决定。该问题是可以争辩的而且是有充分理由的。如果作为纳税人资格的起诉被提起并在最后被接受,就会为希望基于非传统的或公益团体挑战政府行为的原告创造更大的挑战机会。"

该案既承认金钱利益也承认非金钱利益的影响,这为纳税人挑

---

① Davis v. Commonwealth (1986) 68 ALR 18.
② Attorney-General(Vic); ex rel Black v. Commonwealth (1981) 146 CLR 559, 589—90.

战立法留下了空间。

7. 对宗教信仰或者精神价值的损害

在奥格尔诉斯特里克兰案中①,两位牧师挑战一部进口电影的登记行为,他们的理由是,这部电影是渎神的,违反了1956年联邦《海关(电影)法规》②第13条。当事人起诉资格的利益基础是:这部电影亵渎了根本的基督教信仰、教义,在阻止这部电影放映时,宗教牧师有某种特殊的利益,而且牧师比一般社会公众的利益更大。(471页)③

初审法院谢泼德法官说:"申请人不该获得起诉资格,尽管他们作为宗教牧师有特殊地位,但是我不认为他们与其他作过不同程度的奉献、承认基督教信仰的社会成员地位有何不同。这种情况,以及缺乏对财产或所有利益有任何威胁等事实都说服我,只能做出拒绝给予起诉资格的结论。"上诉到合议庭后,合议庭一致地推翻了初审判决。费希尔法官、洛克哈特法官和威尔考克斯法官都同意,原告精神上的关切将他们置于与社会其他成员非常不同的地位。费希尔、洛克哈特法官把该结论建立在原告是牧师和教职人员的地位上,而威尔考克斯法官则认为他们作为基督徒的利益是充分的。如果拒绝给予原告起诉资格,除了总检察长以外,没有任何人可以挑战政府行为的适当性。而在总检察长拒绝起诉的情况下,法院无法获得救济,对许多公益诉讼来说,情况常常如此。所以,由希望提起非传统型利益的当事人提起诉讼是合适的。

总之,奥格尔案在联邦《行政决定(司法审查)法》下的起诉资格法律中是一个非常重要的发展。该案同时采用了传统普通法的特殊利益标准和法定的"受害人"标准。

---

① Ogle v. Strickland(1986)11 FCR 462. 在上诉到联邦法院合议庭被推翻,(1987)71 FLR 41.
② The Customs (Cinematograph Films) Films 1956 (Cth).
③ 本书前文指出,法院主要采用了"受害人"这一法定标准来分析案例,但也有法官采用"特殊利益"标准来分析,所以综合本案全体法官看法,实际上同时采用了法定的受害人标准和普通法上的特殊利益标准。

8. 基于行政机关邀请参与竞争但没有获得与政府签订合同的当事人利益的损害

在适用法定"受害人"标准时,超越普通法上资格限制的案件是霍克太平洋有限公司诉弗里兰案。① 该案中的霍克公司是由民航局邀请参加生产飞机的登记中享有利益的七个公司之一。民航局从霍克公司和其他三个当事人中挑选投标人。民航局基于相关信息断定霍克公司和另外一个投标者有唯一适合的飞机。合同最后被授予霍克公司的竞争者。霍克公司根据《行政决定(司法审查)法》规定申请多种命令宣告民航局程序的某些方面无效或不正确。

法院陈述了过去的起诉资格法:陈旧的法律,即申请人必须作为受投诉行政决定的结果而受害,且超出一般公众成员受到的损害。若申请人和第三答辩人是商业竞争者,只有这个事实还不足以使前者成为合格的受害人。② 关于商业竞争者资格的这种陈述是一种传统的而且受到批评的普通法原则。③ 根据陈旧的起诉资格法,霍克公司没有起诉资格。然而,法院确实发现,霍克公司是受害人。法院指向那些"实际的因素……凭借其关于投标者所提交的资料。投标的花费和大量文件也表明这一点"。④ 法院继续说,"申请人关于自己是受害人的申诉主张获得其受到邀请参加投标这一事实的支持。这种选择性邀请刺激申请人精心准备投标,而且将其置于远远高于其他公众成员地位之上"。⑤

该案意义在于,法院意识到陈旧资格法的局限性,直接适用了《行政决定(司法审查)法》中的受害人标准,而且注重考虑实际受害因素。

类似案件是水稻种植合作磨粉厂有限公司诉班纳曼案⑥,申请

---

① Hawker Pacific Pty Ltd v. Freeland (1983) 52 ALR 185.
② Ibid 1910.
③ 澳大利亚法律改革委员会报告第 126 段。
④ Hawker Pacific Pty Ltd v. Freeland (1983) 52 ALR 185.
⑤ Ibid.
⑥ Rice Growers Co-operative Mills Ltd v. Bannerman (1981) 38 ALR 535.

人已经收到一份提交《贸易惯例法》规定文件的邀请。法院认为,该行政决定对申请人公司有实质性影响,包括机密信息的披露、准备文件遇到的麻烦和费用,以及承担虚伪信息或者误导信息要受处罚的风险。法院认为,这种影响足以确立一种超出一般公众成员所遭受的利益或者损害,因此足以授予资格。这一看法类似于前述霍克太平洋有限公司诉弗里兰案中的观点①,后者涉及到对政府邀请参加建设飞机投标的回应,当事人这种努力被认为足以授予其资格。该案也是把传统的特殊利益标准和《行政决定(司法审查)法》的受害人标准结合起来。

9. 某些强制风险可以被看作构成损害

拉尔昆农业有限公司诉原住民发展委员会案②涉及土地权利资格问题,这是发生在政府成立的土著人团体之间的争议。拉尔昆(Ralkon)根据与波因特麦克利委员会(Point McLeay Council)、联邦土著人土地委员会(Commonwealth Aboriginal Land Commission)达成的模糊协议,一直在耕种这块土地。土著人发展委员会,即联邦土著人土地委员会的继承者,提议对这块土地的权利资格和(或者)租赁进行变更。拉尔昆公司反对并根据联邦《行政决定(司法审查)法》申请审查。被告主张说,拉尔昆公司不可能在那块土地上有任何利益,因为它不是一个土著人机构。法院认为,在政府机构拟实行的行为中,拉尔昆公司有被强制离开这块土地的风险,因此是受害人。可见法院直接适用了《行政决定(司法审查)法》中的受害人标准。

10. 妨碍观赏湖水风景构成损害

在堪培拉劳动者俱乐部有限公司诉霍德曼案中③,俱乐部申请一项命令阻止出售位于申请人俱乐部和湖畔(lakeshore)之间的联邦土地。如果继续出售这块土地而且被作为建设工程的基础,将损害申请人对湖水的观赏。该俱乐部被认为是受害人。该案也直接适用

---

① Hawker Pacific Pty Ltd v. Freeland (1983) 52 ALR 185.
② Ralkon Agricultural Pty Ltd v. Aboriginal Development Commission (1982) 43 ALR 535.
③ Canberra Labor Club Ltd v. Hodgman (1982) 47 ALR 781.

了《行政决定(司法审查)法》中的受害人标准,损害的利益不是传统的经济利益。

11. 受害人不受州作为参与人的影响

在帕克斯农村分销有限公司诉格拉森案中①,当局签发的一项许可要求申请人偿还大约15万澳元,该偿还支付与某石油购买计划有关。该案中的主要争议是,申请人是否是某部联邦制定法之下的受害人,因为对新南威尔士州有偿还义务而对联邦却无此义务。法院认为,申请人是受害人,因为过多的支付数量是根据一项联邦计划确定的,尽管州是该计划实际的参与者。该案也适用《行政决定(司法审查)法》的受害人标准。

12. 对移民案中受驱逐者的损害

在萨法迪诉移民部长案中②,法院认为,受到驱逐令处理的某个人明显属于《行政决定(司法审查)法》的受害人。

在基奥瓦诉移民及种族事务部长案中③,申请人是一岁大的澳大利亚国民,其父母受到驱逐令的制裁,他们不可能基于自己的利益而提出直接挑战。尽管未成年人没有受到驱逐令制裁,但是必须被迫随其父母离开澳大利亚。法院裁决,未成年人是受害人,而且有资格挑战当局针对他们父母的驱逐令。这个决定是建立在申请人母亲所做的下列陈述基础上的:如果未成年人在汤加国(Tonga)接受培养与在澳大利亚相比,无论在经济上、社会上和教育上都处于不利地位,但是如果留在澳洲享受澳大利亚国民资格的好处,就会剥夺其享受父母培养的权利。因为其父母被驱逐离开澳洲。

13. 拒绝升迁职位的损害

在多伊尔诉总参谋长案中④,一位部队少校因为被拒绝升职而申请延长对该行政决定审查的时间。法院直接表达了在可以获得的救济和起诉资格要求之间的关系。

---

① Parkes Rural Distributions Pty Ltd v. Glasson (1983) ALR 601.
② Safadi v. Minister for Immigration (1981) 38 ALR 399.
③ Kioa v. Minister for Immigration and Ethnic Affairs (1984) 53 ALR 658.
④ Doyle v. Chief of General Staff (1982) 42 ALR 283.

答辩人动议驳回申请人的请求,其理由是,该案件实际审理时,多伊尔少校事实上已经被解除了军队职务。法院拒绝在一个早期阶段对答辩人提起的争议作出决定。法院引用图希斯案支持其拒绝对起诉资格争议作出决定,并说:"在早期预备性阶段过多地考虑申请人缺乏有利的材料这一因素,对法院的决定来说是不正确的"。① 图希斯案则主要采用受害人标准。法院的逻辑是,如果把起诉资格确定的标准等同于审理阶段要解决是非曲直这一实体性问题,就会提高起诉资格的门槛,导致当事人是否受害的事实无法获得审查。

14. 损害包括利害关系人受到的影响

在意外伤害保险互助有限公司诉贸易惯例委员会案中,贸易惯例委员会作出了对花旗公司的有利决定。意外伤害保险互助有限公司申请贸易惯例委员会撤销此项批准。后者拒绝保险公司的申请,保险公司申请对拒绝撤销此项批准行为进行审查。花旗公司根据《行政决定(司法审查)法》第12条申请被加入为该项审查的一方当事人。该保险公司反对并主张,花旗公司不是利害关系人,因为如果授予该上诉权,花旗公司就会在后来的审理中成为参与人,以致于花旗公司将获得最后的审理。法院拒绝了此项主张,裁决说:"因为花旗公司享受了该项批准的好处,任何关于该项批准的步骤都涉及到一种法律上可以承认的利益。"法院走得如此之远,以至于说,为了正义,需要共同诉讼。确认利害关系人的损害标准也等同于一般的原告起诉资格标准,可以视为广义的原告。

15. 利害关系人的损害

在澳大利亚广播委员会工作人员联合会诉邦纳案中②,基本争议是在两个人之间,其中一方已经被临时提升到某个空缺职位上,另一方没有获得这种提升。澳大利亚广播委员会工作人员联合会向澳大利亚广播委员会申诉局申诉。对申诉决定不服再上诉,其向联邦法院的上诉明显依赖于下列基础:初次审理此项挑战的晋升申诉局

---

① Ibid 288.
② Australian Broadcasting Commission Staff Association v. Bonner (1984) 54 ALR 653.

(Promotions Appeals Board)人员构成不适当。

有关澳大利亚广播委员会晋升申诉局人员任命的法定条款要求,该空缺职位的提名产生程序是,由该委员会晋升申诉局主席请求来自于工作人员联合会(staff association)或登记的产业组织的提名,这就是本申诉的主题。成功的申请人和反对者都是澳大利亚职业工程师联合会(Association of Professional Engineers Australia)的成员。但是,该主席要求提名来自澳大利亚广播委员会工作人员联合会,而不是澳大利亚职业工程师联合会。

科比法官讨论了该联合会的申诉资格:

《行政决定(司法审查)法》第 12 条是一个受益的条款。它不应该被给予狭义的解释,以至于削弱其立法目的。在本案中,或许可以基于多种理由把澳大利亚广播委员会工作人员联合会看做在"某行政决定中有利害关系",包括一般情况下主张澳大利亚广播委员会工作人员成员代表的适当性,这是一种正当性的产业诉求;特定情况下主张澳大利亚广播委员会晋升申诉的工程师代表的适当性诉求,这也是一种正当的产业诉求。如果排除了这些上诉,无论在一般或特定案件中,其代表工作人员的成员和工程师这样的诉求,在澳大利亚广播委员会的某些雇员眼中,很可能被降低。① 可见,在科比法官看来,该案中当事人的损害是指代表工作人员的成员和工程师的诉求可能受到损害。科比法官似乎把该联合会起诉资格的基础,至少部分奠定在某种抽象利益的基础上,这种抽象利益,与该组织的角色和目标相关,而且与联合会作为其成员的代表地位相关。这一点已经超出了法院传统上采用的"传统利益的标准"(orthodox tests of interest)。②

在该案中,法院之所以承认澳大利亚广播委员会工作人员联合

---

① Australian Broadcasting Commission Staff Association v. Bonner (1984) 54 ALR 665—666.

② 科比法官有可能已经提到产业组织某些特殊的地位。参见墨菲法官在澳大利亚保育基金公司诉联邦案中的看法。Australian Conservation Foundation v. Commonwealth (1980) 28 ALR 290—291.

会的起诉资格,是因为它把这个联合会看成是争论的双方当事人即澳大利亚广播委员会工作人员成员的代表和澳大利亚广播委员会晋升申诉的工程师的代表。换言之,如果不授予联合会起诉资格,工作人员或者工程师都受害。

第二节 美国司法审查原告资格的利益损害条件

一、概述

在最高法院对起诉资格标准的解释中,与利益范围存在很少争议不同,如何认定原告资格标准中事实上的损害,曾在法院产生激烈的争论。

1. 立法和判例的确认

联邦《行政程序法》第 10 节(a)款规定:"任何人由于行政行为而受到不法侵害,或者受到某一有关法律意义内的不利影响或侵害,有权对该行为请求司法审查"。[①] 可见,法律明确将受侵害(损害)作为起诉资格的标准。

1981 年修改的《州示范行政程序法》第 5 条第 104 节规定第五类人有司法审查诉讼的起诉资格:以其他方式受到行政行为的侵害或不利影响的人。对第五类人的解释是:"任何人不能认为受到其他的侵害或不利的影响,除非:(1)行政行为对该人已经产生,或者很可能产生损害;(2)该人所主张的利益,属于行政机关在采取被攻击的行为时应当考虑的利益;(3)法院对该人有利的判决将基本上消除或者矫正行政行为所引起的或很可能引起的损害。"[②]……多数州采取了单一的事实上的损害起诉资格标准。[③]

---

① 这个翻译是根据多数人的解释。根据美国行政法教授戴维斯的解释,这节的解释应为:"任何人由于不法的侵害或不利的影响,或者受到某一有关法律意义内的侵害,有权对该行为请求司法审查"。

② Model State Administrative Procedure Act (1981), Art. V, Judicial Review and Civil Enforcement, & 5-106 (standing).

③ 王名扬著:《美国行政法》(下),中国法制出版社 2005 年第 2 版,第 633—634 页。

美国判例也以利益受损害为条件确认原告起诉资格。根据最高法院1970年在资料处理服务组织联合会诉坎普案件的判决,原告的起诉资格依两项标准确定,其中第一项即为"事实上的损害",这是宪法标准。由于事实上的损害这个概念太抽象,可以包括很多内容,作成不同的解释,这个标准在适用时发生极大的差异。有时两个案件基本相同,法院可能认为一个符合起诉资格标准,一个不符合,原因在于法院有时利用起诉资格标准达到诉讼以外的目的。①

2. 损害的要求

根据判例和学者总结,作为起诉资格的利益损害必须符合以下要求。

(1) 直接性、急迫性、现实性。最高法院指出:"原告必须表明,其因被指控的官方行为而遭受损害或者有遭受此种直接损害的急迫危险,以及损害或者损害威胁必须同时是现实的和直接的,而不是推测的或者假想的。"②现实性是指损害已经发生或者发生的可能性极大,不是基于推测可能发生的损害,也不是申诉人对于某一问题的关注、爱好、愿望。个人的动机不论如何强烈或优越,都不能代替客观的事实。美国法院有时对现实性的要求比较严格,例如在西拉俱乐部诉莫顿案件中,③申诉人是一个保护自然资源的团体,它控诉森林团体机构允许一个私人企业在一个自然环境未被破坏的地区,建设一个巨大的滑冰场。同时该团体认为森林管理机构的决定破坏了风景、自然和历史的目标、野生动物的环境,妨碍未来一代对公园的享受。最高法院认为申诉列举的事项可以作为司法审查的对象,但是申诉人没有起诉资格。因为申诉人没有指出他自己或者他的任何一个或几个成员,由于森林管理机构的决定受到损害。没有现实的损

---

① 王名扬著:《美国行政法》(下),中国法制出版社2005年第2版,第625页。
② See, e. g., City of Los Angeles v. Lyons, 461 U.S. 95, 101—102 (1983); See also Lujan v. Defenders of Wildlife, 504 U.S. 555, 560 (1992). 在后一判例中,最高法院指出,"(就事实上的损害而言,我们是指)对法律保护的利益的侵犯,这种侵犯具有下列特征:(1) 具体的和特定化的……(2) 实际发生的或者急迫的,而不是'推测的'和'假想的'"。
③ Sierra Club v. Morton, 405 U.S. 727 (1972).

害存在,仅仅由于对某一问题感兴趣,抽象地代表公众,不足以使一个团体取得起诉资格。

(2)特定性和重要性。施瓦茨指出:"除非他作为个人亲自受到损害,否则他只是抽象地请求裁定行政行为合法与否。大法官霍姆斯曾把这种诉讼称之为'对空宣告',不足以动用联邦司法权。'只有当裁决真正的、严肃的、重要的个人之间的纠纷,需要把行使联邦司法权作为最终手段时,行使这种权利才是合法的'"。① 据此能够起诉的损害必须是特定的损害,且只是某个人或某部分人受到的损害。如果损害的范围很广,包括全体公民在内,任何个人不比其他人所受的损害更多,大家在损害面前人人平等,这是一种不能分化的抽象损害。

最高法院非常强调个人遭受损害。法院曾宣称,宪法第3条限制司法权力的"不能再限缩的最低限度",要求当事人"应当表明其个人遭受了某种实际的损害或者有损害危险"。② 1972年西拉俱乐部诉莫顿一案③提出的问题是,原告是否受到"不利影响或者损害",而有权按照行政程序法对批准建设滑冰场的管理机构的决定请求司法审查。最高法院指出:"西拉俱乐部没有指出其自身或其成员将会因开发而影响任何活动或者休闲。西拉俱乐部在其诉状和说明中均未指出其成员为何种目的而使用该山谷,以及其以何种方式的使用将会因被告拟采取的行为而受到重大影响。"结论是,"仅仅是问题中的利益,不管这种利益多大,也不管该组织如何胜任对问题的评估,均是不够的"。

在合众国诉挑战规制机构程序学生案中④,学生团体按照行政程序法,要求对州际商业委员会提高运费的决定进行司法审查,最高

---

① 〔美〕伯纳德·施瓦茨著:《行政法》,徐炳译,群众出版社1986年版,第420页。
② Valley Forge Christian College v. American United for Separation of Church and State, 454 U. S. 464, 475 (1982).
③ Sierra Club v. Morton 405 U. S. 727 (1972).
④ United States v. Students Challenging Regulatory Agency Procedures 412 U. S. 669 (1973).

法院肯定了原告起诉资格。该团体是乔治华盛顿大学法律中心的学生,他们认为铁路运费的上涨导致运输成本增加,不利于再生资源的利用,而再生资源的减少将导致增加自然资源的利用,因而需要更多地采矿从而造成更多的污染。这些学生认为,最后会致使他们对华盛顿特区的森林、河流和山川的享受将因此减少。最高法院支持了学生团体的原告资格,认为审美的和环境的损害足以支持原告资格,只要原告主张其遭受了个人损害。

上述两案在原告资格认定上的不同结果表明,原告在起诉时必须特别指出其遭受了个人损害。案件表明,对某一事项的想象利益(an ideological interest)不足以赋予其原告资格。

最高法院仍然继续适用西拉俱乐部案标准。在露简诉全国野生动物协会一案中①,原告指控联邦政府弱化了对特定联邦土地中的环境保护。全国野生动物协会的两个会员提交的书面陈述指出,他们使用被指定的地域附近的土地,而增加的采矿活动将破坏该地域的自然景观。但是,最高法院指出,该主张过于一般化(general)而不能确定特定的损害,原告不具有原告资格。最高法院引述了地区法院的裁决,即"在最低限度上,……对于遭受不利影响的土地是否为其使用的,书面陈述模糊不清"。就是说,当事人无权主张原告资格,除非能够表明他们使用了正在按照新的联邦法规开发的特定联邦土地。

在1995年一案中②,最高法院认为,只有居住在某一选区的人,才可以主张选区的划分违反平等保护的宪法规范。最高法院曾认为,如果为了增加选举少数民族代表,政府可以按照种族划分选区。③ 只有居住在某选区的人才可能受划分该选区的损害,而选区以外的人因未受损害不具有原告资格。

个人遭受损害这一要求的最为重要的适用,也许是要求寻求禁

---

① Lujan v. National Wildlife Federation 497 U.S. 871, 883 (1990).
② United States v. Hays 515 U.S. 737 (1995).
③ See Miller v. Johnson, 515 U.S. 900 (1995).

令或者宣告救济的原告,必须表明将有损害发生的可能性。这就是洛杉矶市诉莱昂斯案的主张。① 法院认为,警官莱昂斯(Lyons)可以就其遭受的损害寻求损害赔偿,但因其不能表明其个人在将来再次遭受窒息的实质可能性,而不具有原告资格。怀特大法官在其为最高法院撰写的判决书中解释道:"莱昂斯请求禁令救济的原告资格,取决于其是否可能因警察使用窒息方式而在将来会遭受损害"。其结论是:"(由于)缺乏再次遭受同样方式致害的充分可能性,莱昂斯不具有多于其他洛杉矶市民的禁令救济权;并且,对于仅仅主张执法官员特定行为违宪的任何市民,联邦法院可以不接受其请求。"莱昂斯案确定,为使某人具有寻求禁令救济的原告资格,他必须声称其将要遭受非法政策之害的实质可能性。自该案以后,最高法院重新确认,寻求禁令或者宣告救济的原告必须表明将来受害的可能性。

(3)对过去实施但现在已经停止的违法行为进行起诉的资格须证明损害重新发生的可能性。

在1998年一案中②,被告公司7年来一直未提交《紧急计划和社区知情权法》所要求的报告,但在原告起诉之前就停止了违法行为。由于立法仅规定针对未来行为的禁止令和交给政府的民事罚款,并没有授权完全针对过去违法行为的公民诉讼,而原告未能证明违法在今后重新发生的可能性,因而被法院判决缺乏诉讼资格。

国会立法不仅可以定义新的损害,还可以建议新的因果关系链条以产生原先不存在的具体争议。某些下级法院原来并不尊重国会对因果关系的决定,但最高法院判例表示,国会的认定"值得司法注意和尊重"。在2000年的案例中③,被告被指控屡次在水中超标排放水银。原告要求获得宣示性判决和禁止令以及民事罚款。地区法院估算了民事罚款,但拒绝颁发禁止令,因为被告在诉讼期间已经实质性服从法律要求。在上诉中,原告挑战罚款决定。上诉法院判决

---

① City of Los Angeles v. Lyons 461 U.S. 95 (1983).
② Steel Co. v. Citizen for a Better Environment, 523 U.S. 83.
③ Friends of the Earth v. Laidlaw Environmental Service, Inc., 528 U.S. 167.

原告失去诉讼资格,因为罚款只是交给联邦政府,和原告本身无关。最高法院 7 名法官的意见撤销了上诉法院的决定,判决原告有资格起诉,因为罚款将对被告未来的违法行为具有"威慑"效果。例如国会已经认为,《清洁水源法》所规定的罚款通过削弱被告违法的经济动机,不仅促使它立刻服从法院,而且也对未来的违法行为产生威慑作用。既然如此,原告有资格上诉对未来行为有影响的罚款决定。①

(4) 确定损害的方式有客观损害和可能的损害。1970 年以来,最高法院仅仅将某些损害作为满足该要求的损害,也即并非所有损害都能满足此处的损害要求。② 在 2000 年以前,大多数法院都根据客观上的损害界定环境损害。例如,如果起诉人主张因向河流中非法排污而受到了损害,如于 1996 年 12 月 17 日过量排放钠而使其无法在河流中养殖鳟鱼,那就很难通过诸如生物学、毒物学和水文学之类的途径,证明特定的排污造成了不特定的不利影响。在其中一案中③,最高法院认为,起诉人只需证明其具有特定的非法排污对鱼造成不利影响的"合理担心"(reasonable concern),就可以满足事实上的损害的要求。最高法院在是否遭受事实上的损害的确定方式上的变化,使得起诉人能够非常容易地说明被诉行为与起诉人的损害之间的因果关系。有了这种方式,起诉人确定特定的排污引起了鳟鱼渔民的"合理担心",要比说明鳟鱼被造成的事实上的不利影响容易得多。④ 这里的"合理担心"实际上是一种主观的可能的损害。

二、利益损害的发展脉络⑤

美国法院对利益损害的解释也经历了逐步放宽的过程。大体有

---

① 张千帆、赵娟、黄建军著:《比较行政法》,法律出版社 2008 年版,第 696 页。
② 除具有足以满足原告资格标准的"事实上的损害"外,还要求起诉人必须证明其损害是由被诉行为引起的,以及该损害能够为法院所救济。这两者就是因果关系和可救济性的要求。这三个要件在功能上紧密相连,相互依存。
③ Friends of the Earth v. Laidlaw Envirnmental Services 528 U. S. 167 (2000).
④ 孔祥俊著:《行政行为可诉性》,人民法院出版社 2005 年版,第 219 页。
⑤ 本部分主要参考〔美〕肯尼思·F. 沃伦著:《政治体制中的行政法》(第 3 版),王丛虎等译,中国人民大学出版社 2005 年版,第 460—463 页。

两类情况:第一,一般以当事人的利益受损害为基本要求。第二,在某些情况下,特别是最高法院对环境保护案件中的原告适格也越来越倾向于从宽认定,甚至原告无须证明其个人利益受有损害。这也就使行政诉讼接近了民众诉讼实质。① 第二种情况特别突出地表现在环境保护领域。根据美国"环境公民诉讼"制度,原则上利害关系人乃至任何人均得对违反法定或主管机关核定的污染防治义务的包括私人企业、美国政府或其他各级政府机关在内的污染源提起民事诉讼;以环境行政机关对非属其自由裁量范围的行为或义务的不作为为由,对疏于行使其法定职权、执行其法定义务的环保(署)局长提起。显然,此一"环境公民诉讼"突破了传统的"以其权利或利益遭受损害"为起诉条件的"原告资格"理论,同时赋予社会公众和法院参与环境行政管理的途径,内容上兼有民事诉讼和行政诉讼两种成分,性质上属于公益诉讼之一种。② 至于第二种情况,学者认为最大的功劳不在于最高法院,而是有关环境保护的法律。如《空气清洁法》、《水污染防治法》、《噪音管制法》、还有一些州的环境保护法,都针对公、私团体违反管制标准的污染行为,以及行政机关怠于执行非属其裁量的职务行为时,明确允许个人诉诸法院,而无须有其自己利益受损害的证明。而之前在没有法律规定时,则还达不到公民诉讼的程度。③

直到 20 世纪 60 年代,法院几乎在全部案件中都仅仅将侵害当作一方当事人的行为对另一方造成的直接货币损失。只有为寻求经济上赔偿以救济行政机关对其做出违法行为时,当事人才去法院提

---

① 蒋岚:《论行政诉讼的诉讼利益》,载罗豪才主编:《行政法论丛》第 8 卷,法律出版社 2005 年版,第 270 页。
② 《环境公民诉讼·美国制度》,http://www.envi.org.tw/lawsuit/compare/Compare02.htm,2011 年 8 月 8 日浏览。
③ 蒋岚:《论行政诉讼的诉讼利益》,载罗豪才主编:《行政法论丛》第 8 卷,法律出版社 2005 年版,第 271、273 页。

起诉讼。① 即使根据《资格法》的这种狭义解释,请求人也常常无法取得资格,因为他们不能向法院证明他们的经济损失与该集团中的其他人遭受的损失不同。如在珀金斯诉卢肯斯钢铁公司案中②,最高法院认为:"在法庭上有资格的被告必须证明侵害或对他们本人特定权利的威胁,以区别于行政法中的公共利益"。

20世纪70年代,公民、消费者和法律团体对法院施加的压力缓和了资格要求。在沃斯诉赛尔丁案中③,最高法院拒绝给予反对《城市规划法》的请求人起诉资格,请求人认为该法歧视低收入和中等收入的人,剥夺了他们在一个靠近纽约州罗切斯特市相对富裕的白人郊区获得住房的机会。虽然法院多数法官根据他们是第三人而不是低收入和中等收入的人的技术理由拒绝给予请求人资格,因此不能在争议中将规划财产看作直接的、具体的和"可认识的利益",但多数法官暗示在《城市规划法》中有直接利害关系的当事人如果能够证明他们由于该法令的实施遭到了侵害的"实质可能性",就能取得资格。沃斯案判决是一个相对现代化的资格案件,因为法院认识到按下述条件可以给予请求人资格:(1)提出非经济侵害;(2)当事人会被政府行为侵害的实质可能性;(3)拒绝给予的法定权利资格。

在总统咨询委员会诉里佐案中④,法院判决,居民顾问委员会是一个有资格代表其成员的适格原告。虽然没有认为居民顾问委员会作为一个组织受到白人计划终止造成的侵害,但居民顾问委员会已经证实了这一行为对其成员造成的真实侵害。

在阿灵顿海茨村诉大都市住房公司案中⑤,最高法院对沃斯案

---

① For example, see Tennessee Electric Power Co. v. TVA, 306 U. S. 1181 (1973); Perkins v. Lukens Steels Co., 310 I,'. S. 113 (1940); United States v. Caltex Philippines, Inc., 344 U. S. 149 (1952); and Kansas City Power and Light Co. v. McKay, 225 F. 2d 924, cert. denied, 350 US. 884 (1955).
② 参见《美国最高法院判例汇编》,第310卷,第113页,1940。转引自沃伦著:《政治体制中的行政法》(第3版),中国人民大学出版社2005年版,第460页脚注4。
③ 参见《美国最高法院判例汇编》,第422卷,第490页,1975。
④ 参见《联邦地区法院判例补编》,第425卷,987页,东部地区,宾夕法尼亚州判例,1976。
⑤ 参见《美国最高法院判例汇编》,第429卷,第252页,1977。

的解释产生怀疑,判决出于经济和非经济理由,应该给予大都会住房开发公司——一个希望为低收入的人建造住房的非营利组织资格。法院强调,应该给予大都会住房开发公司起诉资格的原因在于它可能会从有利的法院判决中受益。另外,法院强调"经济侵害不是能够证明原告资格的唯一的侵害种类,这一点早就很明显"。

在杜克动力公司诉卡罗莱纳环境研究集团公司案中①,最高法院向取消几个混乱的资格要求迈出了大胆的一步。

虽然对于当事人来说现在取得资格相当容易,但是也有判决证明如果不符合基本的资格前提,法院仍然会很快拒绝当事人的资格请求。例如,在布兰顿诉通信委员会案②中,对一个听众起诉广播电台 10 多次广播各种带有"f"的单词的要求,法院拒绝给予其起诉资格。在联邦电信委员会无法按照听众的控告作为之后,原告在联邦法院提起诉讼。然而,联邦法院认为原告缺乏资格,因为没有损害赔偿请求或对"边际损害"寻求救济,但法院反而想对广播电台施加惩罚,"……希望影响另一个将来行为"(909 页)。在伦尼诉格拉里案③中,虽然基于充分理由作出判决,但最高法院认为是否可以给予委员会的单个成员资格非常值得怀疑,因为他们的第三人地位不允许他们代表整个委员会起诉。虽然在移民和规划署诉公证援助项目案④中,最高法院无法给予法律援助中心此种法律援助组织资格,该组织反对移民规划署制定的一项对非法进入美国的移民施加赦免限制的法规。法院认为,国会打算给予真正遭受行政机构非法侵害的当事人或"在'利益区域'受法律保护而不是受'利益区域'以外的第三人保护的当事人资格"(423—424 页)。

总之,美国法院对利益损害做了多方面的阐述,既包括多种损害,也包括利益损害主体的多样性;还包括证明利益损害的真实性和

---

① 参见《美国最高法院判例汇编》,第 438 卷,第 59 页,1978。
② 参见《联邦上诉法院判例汇编》,第二辑,第 993 卷,第 906 页,哥伦比亚特区巡回上诉法院,1993。
③ 参见《最高法院判例报告》,第 111 卷,第 2331 页,1991。
④ 参见《最高法院判例报告》,第 114 卷,第 422 页,1993。

可能性。起诉资格对损害的要求越来越宽松。

三、损害的类型

美国法院对损害作为起诉资格条件作了很多阐述,在判决中也提到过多种类型的损害。

1. 经济上的损害

法院在数据处理服务组织协会案中确认,起诉人受到"经济上或其他事实上的损害",是确定原告资格的必要条件。该案涉及的是经济损害。由于货币审计官允许银行首先向客户提供数据加工服务,独立的数据加工者可能遭受收益上的损失。最高法院通常认为,因行政行为改变经济条件而可能造成的经济损失,就足以满足第一步骤的要求。①

从逻辑上说,因行政行为可能遭受经济损失的任何其他起诉人,均符合原告资格的该部分要求。在下列案件中②,最高法院基于经济损害支持了公私共分罚款之诉。③ 美国《虚假申报法》授权起诉人可以代表政府对虚假申报者提起诉讼,如果他胜诉了,起诉人有权分得一部分索回的赔偿金。被告认为此类诉讼的起诉人缺乏宪法第3条规定的原告资格,因为他不是因为自己受到损害而提起诉讼。最高法院没有支持这种主张,因为"制定法给予起诉人本身一种诉讼利益"。最高法院确定了另一种理论,即"被指定者具有对指定者遭受的损害提出请求的原告资格"。最高法院认为被指定者理论的有效性,部分原因是,"国会可以界定一种新的法律权利,其反过来可以赋予救济索赔人所受到的损害的原告资格"。

在克林顿诉纽约州一案中④,最高法院基于经济损失认定两组

---

① 如下列案件:Clarke v. Securities Industry Assn., 479 U.S. 388 (1987); Investment Co. v. Camp, 401 U.S. 617 (1971); Arnold Tours, Inc. v. Camp, 400 U.S. 45 (1971); American Trucking Assn. v. United States, 364 U.S. 1 (1960); Alton R. Co. v. United States, 315 U.S. 15 (1942)。

② Vermont Agency of Natural Resources v. United States 529 U.S. 765 (2000)。

③ 这是指私人和政府根据制定法规定,用共分罚款的办法提起诉讼。

④ Clinton v. New York 524 U.S. 417 (1998)。

原告具有起诉《法案部分条款否决法》(Line Item Veto Act)的宪法资格。① 最高法院说:"最高法院通常承认,因(政府行为)改变市场条件而可能遭受经济损害的任何起诉人,均满足该原告资格标准。"

许多案件赋予因政府行为受到损害的下列人员原告资格:可能支付较高价格的消费者;因政府行为可能对雇主收益的不利影响而使其工作或者工资水平受到损害的雇员;以及因政府行为可能受到不利经济影响的任何其他人或集团。

就由全体公民或所有纳税人分担的经济损失而言,最高法院对纳税人原告资格案件持有不同的态度。在下列案件中②,最高法院认为,联邦纳税人不具有起诉联邦支出的原告资格。该案中,纳税人试图起诉联邦资助州妇产医院项目的合宪性。最高法院认为,纳税人在财政资金中的利益"相对微不足道和无法确定;该基金中的任何支付对将来纳税的影响如此遥远、变动不定和不确定,因而不存在诉请法院采取防止性措施的衡平权力的资格"。最高法院认为,要想具有原告资格,起诉人必须证明"他遭受了因行政行为导致的直接损害或损害的直接危险,而不只是遭受了与一般公众并无不同的不确定损害"。

在1973年一案中③,当事人只要有"可证明的细小损害"就足够被赋予起诉资格。在后来几个判决中,最高法院认为有1.5美元和5美元就足够了。而且损害的大小也不能解释最高法院在纳税人原告资格案件中的态度,因为最高法院从未调查损害的大小。在有些案件中,联邦财政支出足以给纳税人造成很大的损失,如为越南战争付出的财政支出,但最高法院仍然否定了纳税人的起诉资格。这也可以以"遭受了与一般公众并无不同的损害"来解释。

但是,最高法院对于遭受与其他任何人并无不同损害的人,并非

---

① "Line Item Veto"乃是指否决一部法案中不影响其他条款的效力的某些条款。也即否决某些条款而并不否决整个法案。
② Frothingham v. Mellon 262 U.S. 447 (1923).
③ United States v. Students Challengeing Regulatory Agency Procedures (SCRAP), 412 U.S. 699 (1973).

一概不赋予原告资格。联邦纳税人在某些情况下具有原告资格。

2. 其他损害

法院承认,满足原告资格的条件还包括经济损害以外的其他损害,这里列举几例。

第一,最高法院承认名誉损害足以符合原告资格的宪法要求。

第二,最高法院承认环境或美感的损害也足以赋予原告资格,但在确定符合要求的环境或美感损害的性质上曾遇到过困难。最高法院在 ADP 案中最初宣告事实上的损害标准时,在附带意见中强调了其承认"审美的、资源的、娱乐的及经济的"损害。在 1972 年西拉俱乐部案中[①],西拉俱乐部起诉森林管理部门授权在国家原始森林公园建设大型滑冰场的决定。俱乐部声称森林服务管理机构的行为"对景观、自然和历史风貌及野生动植物能造成损害或其他不利影响,也会损害后代对公园的享受"。最高法院认为这些损害足以符合原告资格的要求:"与经济福利一样,审美的和环境的福利在我们的社会中是生活质量的重要组成部分,而特定的环境利益由许多人而不是少数人分享,并不使其更不值得受司法程序的法律保护"。但是,最高法院否定了俱乐部的原告资格,因为它并未主张它或它的成员会因被起诉的行为而遭受特定的环境的或审美的损害。最高法院指出:"原告所主张的损害只能为使用(公园的)人直接感受到,而建设高速路和滑冰场只是对这些人造成审美的或娱乐价值的减损"。据此,如果俱乐部能够提出其有成员使用该公园,及其因被诉行为受到了上述使用价值的减损损害,就可以符合原告资格的要求。[②]

第三,法院还承认机会和能力的利益损害。[③] 在 1976 年助困医院免税案中[④],联邦税务局允许某些只对穷人提供急救服务的非营

---

① Sierra Club v. Morton 405 U.S. 727 (1972).

② Richard J. Pierce, Administrative Law Treatise, 4th ed., vol. 2, Aspen Law & Business, pp. 1129—1130.

③ 张千帆、赵娟、黄建军著:《比较行政法》,法律出版社 2008 年版,第 694—695 页。

④ Simon v. Eastern Kentucky Welfare Rights Organization, 426 U.S. 26.

利医院享受税收优惠。某些穷人及其组织起诉财政部长和税务局负责人,宣称该决定违反了1954年《内部岁入法》和《行政程序法》,因为税务减免的决定会鼓励医院拒绝为穷人提供服务。原告中的某些人曾因交不出钱而遭到医院拒绝提供服务,但最高法院判决原告缺乏诉讼资格。鲍威尔法官的多数意见指出,尽管原告承受了事实上的伤害,但这并不足以满足宪法第3条的"具体争议"要求,因为本案的被告不是医院,而只是财政部长和税务局负责人。原告隐含假设了其所获得的救济——要求医院为穷人提供服务,以作为税务减免的条件——将对拒绝为其提供服务的医院有所遏制,但这完全是一种猜测,因为它假定医院在财务上是如此依赖于对其有利的税务待遇,以致于如果法院将法律解释为要求接受穷人才能获得税务减免,那么医院就不得不接受穷人。且医院是否因税务减免的决定才拒绝为穷人提供服务,也纯粹是一种猜测。因此,原告既未证明其所受的伤害可被追溯到其所宣称的违法行政行为,也未能证明对行政行为的司法救济将有效解决这个问题。布仁南和马歇尔法官的赞同意见认为,本案的原告所主张的利益损害是指获得医院服务的"机会和能力",因为税务局的决定对这些非营利医院传递了错误的经济信号。在这个意义上,事实损害已经存在,因而原告应被认为具备了诉讼资格。如果法院将这类主张作为纯粹的"猜测"而不予受理,那么少数族群的孩子是否必须证明政府对种族隔离学校的税务减免导致了学校不愿放弃种族隔离,才算具有适当的起诉资格?在许多案件中,损害是概率性的,因而不带有确定性。譬如某人下毒但未能将人毒死,但他仍然将被认为构成了事实损害。因此,原告不需要证明胜诉所带来的好处,就能证明赢得好处的概率之存在。更糟糕的是,法院将其判决完全建立在宪法第3条的"具体争议"条款基础上,因而国会不可能通过立法改变其决定。

第三节 比 较

一、共同点和联系

澳美两国在利益损害判断的标准上有很多共同点，澳大利亚法院很注意研究美国判例。两国共同点表现在以下几方面。

1. 两国法院都强调对损害做广义的理解

这种广义理解意味着不仅仅指物质利益的损害，还有更多的其他非物质利益的损害；损害不一定就是指遭受到某种损害，也可能是对某种利益造成了不利影响；不仅包括已经造成的实际损害，也包括可能的损害或威胁、风险等。

2. 两国都要求损害要具备相应的条件

损害只是一个泛称，有很多种不同的名称和表达方式，要从本质上把握损害；损害一般是现实的，但也有威胁可能的；损害一般是直接的和立即的，但间接的也有可能构成损害；一般不针对过去实施的但现在已经停止的违法行为，要追究的话也需要证明其具有重新发生的可能性；确认损害方式都有客观损害和可能性损害标准。

3. 两国都承认损害要具有突出的特定性和个人性

损害必须是当事人自己所遭受的，必须特定化，不能泛化。一般的损害通常不具有起诉资格。但理解这一点要注意，不能因为公众中也有申请人遭受的损害就简单地否定当事人个人受损害。它要求申请人必须阐明自己所遭受的特有的损害，而不能以公众遭受的损害代替自己个人的损害。

4. 澳大利亚法院注意研究美国相关案例

在判断利益必须受损害方面，澳大利亚法院借鉴了美国最高法院的判决，但是有学者研究发现，澳大利亚法官对美国案件予以错误的适用。①

在澳大利亚保育基金公司诉联邦案中,最高法院四位法官都清楚地讨论了一系列美国法院关于资格的案例②,根据该报告,政府确实没有遵守已经生效的《环境保护(建议的影响)法》规定的程序。③该基金公司据此主张在一般的环境主题中享有利益,而且"基金公司的某些成员,有接近和使用受影响环境的权利,这些都将受到有害的影响"④,基于上述理由,基金公司提出了诉讼,但该诉讼基于缺乏出庭资格的理由而被法院驳回。该裁决获得高等法院3对1的多数确认。

吉本斯法官在一个简要的段落里讨论了美国判决,并引用了来自沃斯诉赛尔丁案中的一段陈述⑤,这段陈述符合他的看法。⑥ 因为被引用的这段陈述是非常一般的陈述,某人必须已经"在该争端的结果中主张了个人的利害关系"。

斯蒂芬法官认为:"正如我理解美国判决那样,他们没有走得如此之远,以至于在起诉资格的基础被限制到对环境构成某种受威胁的危害予以关切的情况下,授予上诉人的资格"。⑦ 这是对美国判例所做的正确陈述,但是该法官把它错误地适用于澳大利亚高等法院面临的事实情形。因为在澳大利亚西拉俱乐部诉莫顿(Sierra Club v. Morton)案中,原告没有主张对其自己或者其成员的损害,因而被拒绝授予诉讼资格。而在美国合众国诉挑战规制性机构程序的学生案中,在主张对其成员造成个人的伤害的情况下,当事人被授予资格。

---

① Daniel A Bronstein, An American Perspective on Australian Conservation Foundation Incorporated v. Commonwealth of Australian and the Status of Environmental Law in Australia, (1982) Federal Law Review 76—89.
② Australian Conservation Foundation v. Commonwealth (1979) 54 ALJR 176, 181 per Gibbs J; 185 per Stephen J; 188—189 per Mason J; 191 per Murphy J.
③ Australian Conservation Foundation v. Commonwealth (1979) 54 ALJR 176, 177—179 per Gibbs J.
④ Ibid 177.
⑤ Warth v. Seldin 422 US 490 (1975).
⑥ Australian Conservation Foundation v. Commonwealth (1979) 54 ALJR 176, 181.
⑦ Australian Conservation Foundation v. Commonwealth (1979) 54 ALJR 176, 185.

如果在美国,澳大利亚保育基金公司(ACF)肯定被授予起诉资格。

梅森法官简单地讨论并广泛地引用了西拉俱乐部诉莫顿案和西蒙诉东肯塔基福利权组织案①中的资料。他说,因为他们没有主张他们作为组织所遭受的损害……只有在那些成员代表受事实损害才可以确定他们的诉讼资格,因此可以基于维护这些受害人的权利而提起诉讼。② 而事实上,该公司主张了其自己和其成员遭受了损害。

基于澳大利亚高等法院法官们注意研究美国判例,但却做出错误的适用情况,有学者提出:"根据澳洲法院对美国法院在立法同样问题上支持起诉资格案例的讨论,澳洲法院的这种过失值得注意。"③

二、不同点

澳美两国在利益损害上也有不同之处,主要表现在以下方面。

1. 确认损害的复杂性不同

澳大利亚立法没有明确使用"损害"这个概念,这给法院解释带来不便。学界认为,损害可以分为明示性损害和默示性损害。明示性损害是通过《行政决定(司法审查)法》中使用的"受害人"、"不利影响"的人等体现的。默示的表达就是传统普通法上的"特殊利益"。法院在多数情况下考查当事人是否有特殊利益,即使用普通法标准。有时使用成文法的"受害人"标准,有时将二者结合起来适用。本来简单的问题被法院复杂化了。与澳大利亚不同,美国立法直接规定了"损害",法院也直接解释损害。

2. 解释损害标准的重点和方式不同

澳大利亚长期以来不是直接解释《行政决定(司法审查)法》中

---

① Simon v. Eastern Kentucky Welfare Rights Organization, 426 U. S. 26, 426 U. S. 38 (1976).
② Australian Conservation Foundation v. Commonwealth (1979) 54 ALJR 176, 189.
③ Kathleen M. Mack, Standing to Sue under Federal Administrative Law, Federal Law Review 1986, Volume 16 p.321. 另外可参见 Daniel A Bronstein, An American Perspective on Australian Conservation Foundation Incorporated v. Commonwealth of Australian and the Status of Environmental Law in Australia, (1982) Federal Law Review 76—89.

界定的受害人和不利影响,而主要在"特殊利益"的框架下讨论当事人的特殊利益受害性。其重点一直放在"特殊利益"上。另外,有时澳大利亚法院在解释损害时,会把普通法上的"特殊利益"受害标准和《行政决定(司法审查)法》中的法定标准"受害人"结合起来使用,这样就能弥补单一标准的不足。

澳大利亚法院一般的思路是:首先判断申请人在诉讼主题事项中是否有特殊利益,如果有,进一步考查其是否受到损害或者不利影响,以确定是否有起诉资格。如果申请人在诉讼主题事项中没有特殊利益,法院要确定是否有其他可能的特殊地位、特殊关切事务等受到不利影响,以确定是否有起诉资格。即使申请人自己没有特殊利益受损害,但若其所代表的组织利益受害,也可能构成起诉资格需要的损害。还有一种情况就是某些救济种类的性质决定了不需要个人利益损害,此时不需要此项标准作为起诉资格的要求。总之,澳大利亚法院既使用传统的普通法上的特殊利益标准,又使用《行政决定(司法审查)法》中的"受害人"和"不利影响",有时把两者结合起来。总体看,对法律中的"受害人"和"不利影响"标准使用较少,多数情况下使用普通法的特殊利益标准。与之不同的是,美国法院则直接将"实际损害"作为两大起诉资格标准(本文分解为四个标准,便于做更细化的研究,二者并不矛盾)之一,围绕着损害展开详细的解释、分析和适用。

美国对利益损害有很多判断案例,一般直接对是否构成损害进行判断。澳大利亚也有很多案例,但是法院对利益损害的判断一直受到普通法较大影响,他们主要采用传统的普通法上"特殊利益"标准。虽然法院在推进利益损害的判断上有了长足进展,但是总的来看没有实质性突破。"《行政决定(司法审查)法》下的案件已经稳定地处于普通法的分析框架之下,要求对某种狭窄范围的利益产生损害作为授予某当事人资格的基础,而该当事人是申请挑战政府行为的人。"①学者这一评价可谓一针见血。

3. 强调个人特有利益损害的要求和发展趋势不同

澳大利亚由于受到传统"特殊利益"标准的影响，对于个人遭受损害的要求似乎比美国高，因为它更强调个人损害或者强调受到损害的方式比一般公众更严重。在经济性利益损害上，对经济受害的要求较高。虽然学界有人主张放弃起诉资格，但是司法上还远没有出现这种征兆。

美国法院并不要求受损害一定比别人更大或更严重，而强调个人遭受损害的特定性、直接性；美国法院更强调，起诉人必须证明自己直接遭受损害的确定性，"他遭受了因行政行为导致的直接损害或损害的直接危险，而不只是遭受了与一般公众并无不同的不确定损害"。美国到了20世纪60年代后期，资格法在许多方面更加放松。法院基本上在给予授予资格方面变得更宽容。虽然法院过去以非常狭义的术语解释侵害，因而排除了许多人在法庭上取得资格的可能性，但是最近对于什么构成可引起诉讼的侵害的广义司法解释逐步冲破了许多精致当事人取得起诉资格的传统藩篱。过去20年中对资格要求的放宽主要归功于《消费者法》、《环境法》和《住房法》等等这类公民——消费者领域的大量新案件。这一发展是最近几年行政法对于公共管理和公共政策研究变得如此重要的主要原因之一。②

由此将法院卷进了可怕的争议之中。虽然保留了一些资格测试，抛弃了另一些资格测试，却又发明了一些新的资格测试。对于根据特定的情况应该适用什么样的资格测试的争论使许多人主张真正

---

① Kathleen M Mack, Standing to Sue under Federal Administrative Law, Federal Law Review 1986, Volume 16 p.336.

② 〔美〕肯尼思·F.沃伦著：《政治体制中的行政法》（第3版），中国人民大学出版社2005年版，第460页。

放弃资格要求。① 将来可以预测,正如在许多州中已经做的那样,只要原告能够通过最简单的资格测试,即只要原告能证明侵害或可能的未来侵害与被告行为之间非常合理的偶然联系,法院就会几乎例行公事般地给予资格。事实上,在克拉克诉证券工业协会案中②,最高法院用一个简单的"利益范围"测试确定是否应该给予资格。③

---

① 关于这一立场,参见布伦南法官在 Simon v. Eastern Kentucky Welfare Rights Organization, 426 U.S. 26(1976)案件中的协同看法,在该案中他主张,资格标准的适用令人悲哀的混乱(第64—66页)。也可参见 Mark v. Tushnet, The New Law of Standing: A Plea for Abandonment, Cornell Law Review 62 (April 1977): 663—700.
② 参见《最高法院判例报告》,第107卷,第750页,1987。
③ 〔美〕肯尼思·F.沃伦著:《政治体制中的行政法》(第3版),中国人民大学出版社2005年版,第462页。

第五章

原告资格的因果关系条件

当事人利益受损并不必然符合起诉资格的要求,只有在其利益损害是由所诉公权行为造成的情况下,才可能符合要求。这要求在利益损害和公权行为之间有因果关系,二者之间没有因果关系则不享有起诉资格。澳美两国在此点上既有相同处也有区别。本章主要对两国关于利益损害的公权主体、公权类型、公权与利益损害因果关系等进行归纳和比较。

第一节 澳大利亚司法审查原告资格的因果关系条件

在澳大利亚起诉资格四要件中,利益损害由受挑战的行政决定引起这一条件受关注程度较低。学者指出:"原告必须有某些特殊的东西,这一要求常常以多种多样的方式与前面四要素中的每一个要素联系在一起,尽管第三个要素(损害是由受挑战的决定引起的)不像其他三个那样有密切的联系,所以这一特殊的要求不像其他要素那样受到注意。"[①]但是法院明确要求二者之间存在因果关系。[②]在澳大利亚保育基金会有限公司诉联邦案中[③],梅森法官认为原告一般有起诉资格的情况是:"他能证明对其财产或财产性权利,对其

---

① Christopher Enright, Federal Administrative Law, The Federation Press, 2001, p.354.
② Ibid., p.352.
③ Australian Conservation Foundation Inc. v. Commonwealth (1980) 146 CLR 493.

经营或经济利益……以及也许对其社会的或政治的利益有实际的或者推定的伤害或损害。"①据此,实际的或推定的损害是确定资格的重要条件。在另一案中,高等法院引用了美国联邦最高法院的看法,并指出:"在损害与申请审查所指控的行为之间有一个原因的联系",就是说,"损害可以清楚地回溯到被告所作的受挑战的行为"。②这种损害"不可能是不在法院面前的某些第三人的独立行为的结果"。③ 例如,某个原告没有真实地受到某行政决定的影响,而当时该行政决定一旦做出,就立即被另一个行政决定所压倒。④ 据此可知,澳法院有时引用美国案例支持起诉资格需要利益损害与公权行为之间因果关系为条件。

一、公权主体⑤

起诉资格通常以行政主体给相对人造成损害为条件。澳大利亚行政法学上,行政法一般被看作是处理政府与被管理者之间关系的行为规范。行政法学是一门关于法律控制政府决定者及其工作人员的权力和行使权力程序的学问。行政法不仅包括普通法和法律,也包括公共当局及官员的规则、惯例、指导方针和程序,它是公法的一部分。斯密思在《宪法和行政法》一书中指出:"行政法是公法的一个部门,它涉及到政府的实际运行、行政过程……行政法调整行政过程……"⑥可见,"政府"是行政法调整不可缺少的一方当事人。

行政法上的"政府"是指澳大利亚的政府结构,包括:(1)"政府"是行政部门(或"国王"),它行使"行政权力";通常通过制定授

---

① Australian Conservation Foundation Inc. v. Commonwealth (1980) 28 ALR 284.
② Lujan v. Defender of Wildlife 504 US 555 at 560—561 (1992) per Scalia J; Truth About Motorways v. Macquarie Infrastructure (2000) 200 CLR 591 at 634 [113] per Gummow J, at 656 [169] per Kirby J.
③ Ibid.; Re McHattan and Collector of Customs (1977) 18 ALR 154.
④ Deloitte Touche Tohmatsu v. ASC (1995) 128 ALR 318.
⑤ 参见朱应平著:《澳大利亚行政裁量司法审查研究》,法律出版社2011年,第39—58页。
⑥ Smith, Constitutional and Administrative Law, Penguin Books Ltd, 5th ed 1985, p. 533.

权立法执行议会的法律。当今行政机关拥有很广泛的权力,它控制下议院并支配了立法议程,还从议会获得广泛的授权。(2) 包括一系列机构和官员:总督、行政委员会(executive council)①、内阁(内部和外部内阁)、总理、部长及部长助理、政府部门及其官员、法定当局及其成员和工作人员、法定官员和工作人员。

行政法学上并没有行政主体概念,学者在考查行政机关构成时,通常从诉讼角度加以考虑。行政法给挑战行政机关行使权力的行为提供救济。在此种挑战中,政府官员是被告(respondent)。

传统上,政府是由作为首脑的国王、国王的部长、内阁及其"他我"②(alter ego)、行政委员会(行政局)(二者由部长组成)、以某个部长作为政治首脑的政府部门等组成。现在由于出现了行政机关的第二个组成部分,即法定机构(statutory bodies)和法定办公室(statutory offices),使得这个状况有所改变。它们是由法律创设出来且往往是在传统行政机关组成部分之外的机构。尽管这些组成部分呈现独立情况,但是仍然有混合。如某政府部门可以是法定机构,某部长可以主管某法定机构,某法定机构的雇员(职工)可以是公务员。

有两种法定机构特别重要:裁判所和地方政府。既有法定机构也有非法定机构。它们可以行使由法律授予的权力、由国王委任的特权性权力以及普通法下的权力。处于政府公域和所谓企业公司的私域之间的是那些半公半私的机构。"qango"被设计来代表准自治性非政府组织。因为它们半公半私的性质,已经给行政法带来了问题。

行政决定者(人员)是指拥有行政权,并因此采取或不采取行动、作出或不作出决定的人。就行政决定来说,有潜在的两个或者更

---

① "administrative"和"executive"在澳大利亚含义相同,在表示与立法、司法相对应的时候,通常用"executive"。参见 S. D. Hotop, Principles of Australian Administrative Law, 6th ed., The Law Book Company Limited 1985, p.104, note1。"行政委员会"在我国香港地区又称为"行政局"。

② 参见朱立平著:《澳大利亚行政裁量司法审查研究》,法律出版社 2011 年版,第 69—89 页。

多的行政决定者。首先是法律上的行政决定者,这个人处于该部门或组织的顶端,在法律上对该决定负责并作出回应(answerable)。其次是功能方面的行政决定者。这些是指实际上做了那项工作并作出决定的那些人(或那个人)。

法律上的行政决定者是国王、部长、法定机构、法定办公室,以及在某个组织内如在某个部门或某个法定机构或办公室内被指定的官员。在由法律授予权力的场合,大多数情况如此,这些人在法律上被称为行使那项权力的人。在任何审查那项决定的诉讼或者在任何民事诉讼中,这些人都是被告。这些人也是对《信息自由法》规定的提供信息的责任人,是《行政决定(司法审查)法》和《行政上诉裁判所法》之下需要对行政决定说明理由的人。①

功能上的行政决定者是指实际承担行政行为的组织及个人。一项决定的作出可以分散由几个层次的机构在几个不同的场合下完成。行政决定通常不是由单独一个行业(a single line)作出的决定,而是可能建立在许多不同来源如职业专家、档案资料、技术信息和知识、报告和调查,以及证据等信息输入的基础上。再者,行政决定可以由之前决定的政策加以引导或指导。这意味着在某些情况下,有不止一个功能性行政决定者。这可能以许多可能重叠的方法出现,授权法可以规定行政决定的两个或三个结构②;行政决定者可以把他们的决定权加以委任③;作出决定可以通过某个机构的层次被分

---

① 《信息自由法》第 15 条第 2 款;1977 年《行政决定(司法审查)法》第 13 条第 1 款;《行政上诉裁判所法》第 28 条第 1 款;《联邦法院规则》命令第 4 规则第 2 条第 2 款;表格 56;1976 年《议会监督专员法》第 5 条。《行政决定(司法审查)法》第 5、6 和 7 条创设了法定审查的诉讼,都明示地或默示地提到决定者。

② 例如在 South Australia v. O'Shea (1987) 73 ALR 1 案中,法定条文施加了角锥形的结构,以便于假释决定有三个层级:医学检查、委员会建议和主管负责人决定;73 ALR 1 at 23 per Brennan J.

③ Singh v. Minister for Immigration (1989) 90 ALR 397.

散①;某个长官可以由另一个人、官员、雇员或代理人,代表他们作出各种询问和接收提交材料②;某长官可以借助某个咨询者的帮助作出决定。③

二、公权类型

"行政行为"概念只是一个泛称。因为严格意义上的行政行为通常是指最终的行为,不包括过程中的、准备性的行为。但从各国和地区实践看,立法或者司法往往会突破这一限制,为了适应这种变化,本书把侵害利益的行政行为统称为公权行为。④

一般法上所说的行政行为范围更宽泛一些。而联邦《行政决定(司法审查)法》对受司法审查的行政行为的种类作了详细的规定,

---

① 在某机构作出决定时,该决定是由该层次之下的官员作出的,他们实际上用各种方法办理那项申请,发现事实等等,最终以一种或其他方法决定该事项。以此方法,该决定可以通过该机构几个层级并在几个不同的场合分散完成。现在的行政决定过程通常不再是该决定可以建立在许多不同来源如职业专家和经验、档案信息、技术信息和知识、报告和调查,以及证据等的基础上。另外,该决定可以由以前决定的政策加以指导和引导。

② Videto v. Minister for Immigration (1986) 8 FCR 167 at 69 ALR 342. 该案认为,如果某个下属有一个提交行为,该部长就有了该行为。换言之,部长下属行为被视为部长的行为。

③ Ozmanian v. Minister for Immigration (1996) 137 ALR 103.

④ 本书使用"公权行为"也是受到我国台湾地区立法的启发。我国台湾地区行政诉讼的受案范围标准是"行政处分",大致相当于我国大陆地区的"具体行政行为"。早期的"诉愿法"第2条对"行政处分"界定十分狭窄。它将行政处分界定为"'中央'或地方机关基于职权,就特定之具体事件所为发生公法上效果之单方行政为。"此定义限制了法院的受案范围。这一缺陷在后来立法中得到修正。1999年通过的我国台湾地区"行政程序法"第92条第1项和修正后的"诉愿法"第3条均规定:"本法所称行政处分,系指行政机关就公法上具体事件所为之决定或其他公权力措施而对外发生法律效果之单方行政为"。可见,它与早期"诉愿法"规定不同之一在于增加了"其他公权力措施"。换言之,纳入行政诉讼受案范围的不只是"行政决定",还包括"其他公权力措施"。这一立法规定与澳大利亚《行政决定(司法审查)法》的规定很相似。参见朱应平:《扩大行政诉讼受案范围的两条新路径》,《政治与法律》2008年第5期。翁岳生编:《行政法》(上册),中国法制出版社2002年版,第633—634页。

受司法审查的行政行为有 3 项:第 5 条行政主体作出的行政决定①、第 6 条行政主体作出的措施②、第 7 条行政主体懈怠作出决定的行为。该法三项标准比美国《行政程序法》"行政行为"标准要宽泛得多,由此使行政主体作出的非典型的行政行为能纳入司法审查的受

---

① 第 5 条规定:在本法生效后,受本法所适用的决定侵害的个人,具有下列理由之一的,可以就该决定向法院申请审查令:(1)该决定的作出违反自然正义原则的;(2)该决定的作出违反法定程序的;(3)作出该决定的公务员无权作出该决定的;(4)该决定不属于法律授权范围的;(5)作出该决定属于滥用职权的;(6)该决定具有法律上的错误,是否错误在该决定的卷宗上很明显的;(7)该决定系因欺诈行为引起或者受欺诈行为影响的;(8)该决定系证据不足的;(9)该决定具有其他违法情形的。

有下列情形之一的属于本法第 1 款第 5 项所称的滥用职权:(1)使用权力时考虑了不相关的因素;(2)使用权力时没有考虑相关因素的;(3)行使权力不合法定目的的;(4)行使自由裁量权系基于不道德信念的;(5)行使自由裁量权基于他人的指示或者命令的;(6)行使自由裁量权虽符合法律或政策,但不考虑特定案件的是非曲直的;(7)行使权力是那么的不合理,以致任何一个有理智的人都不会那样行使权力的;(8)行使权力时反复无常的;(9)以其他方式滥用职权的。

本条第 1 款第 8 项所言的证据不足是指:(1)根据法律要求,只有特定的事项已经确立时,作出该决定的公务员才能作出该决定,然而却没有任何证据或者其他材料(包括他有权考虑的事实)能合理地证明该事项已经确定的;(2)作出决定的公务员基于特定事实的存在所做的决定,而该事实却并不存在。

② 第 6 条规定:公务员为作出本法所适用的决定已经采取、正在采取或者准备采取措施的,受该措施侵害的个人可以以下列一项或者数项理由就该措施向法院申请审查令:(1)该措施已经、正在或者有可能违反自然正义原则的;(2)该措施已经、正在或者有可能违反法定程序的;(3)已采取、正在采取或者准备采取措施的公务员无权采取该项措施的;(4)建议性决定的作出未经法规授权的;(5)建议性决定的作出系滥用职权的;(6)在采取措施的过程中,具有、正在发生或者很可能发生法律错误的,或者在作出建议性决定时很可能发生法律错误的;(7)在采取措施的过程中,其行为已经发生、正在或者很可能发生的;(8)建议性决定证据不足的;(9)建议性决定具有其他违法情形的。

有下列情形之一的属于本法第 1 款第 5 项所称的滥用职权:(1)使用权力时考虑了不相关的因素;(2)使用权力时没有考虑相关因素的;(3)行使权力不合法定目的的;(4)行使自由裁量权系基于不道德信念的;(5)行使自由裁量权基于他人的指示或者命令的;(6)行使自由裁量权虽符合法律或政策,但不考虑特定案件的是非曲直的;(7)行使权力是那么的不合理,以致任何一个有理智的人都不会那样行使权力的;(8)行使权力时反复无常的;(9)以其他方式滥用职权的。

本条第 1 款第 8 项所言的证据不足是指:(1)根据法律要求,只有特定的事项已经确立时,作出该建议性决定的公务员才能作出该决定,然而却没有任何证据或者其他材料(包括他有权考虑的事实)能合理地证明该事项已经确定的;(2)作出建议性决定的公务员基于特定事实的存在所做的建议性决定,而该事实却并不存在。

参见叶必丰译:《澳大利亚 1977 年行政决定(司法审查)法》,《行政法学研究》1996 年第 1 期。

案范围。此外,该法还对上述受案范围事项的具体含义作了详细的规定和解释。列举如下:

1. 第3条第1项规定:"本法所适用的决定是指依法针对具体情况所作的、准备作的或者应申请所作的(无论是否有行政自由裁量权)具有行政性质的决定,而不是总督所作的决定。"该定义中的"决定"包括:作出的行政决定、准备作的行政决定、应申请所作的行政决定。

2. 详细解释"作出决定"的含义。根据第3条第2项,作出决定包括6种具体情形:(1)作出、中止、撤销或者拒绝作出命令、认定或确定;(2)给予、中止、撤销或者拒绝给予执照、指导、同意或者许可;(3)授予、中止、撤销或者拒绝授予许可证、权力或者其他法律事件;(4)规定条件或者限制;(5)答复申诉、查问或者要求;(6)作出或者拒绝作出任何其他行为或事项。

除了上述一般的正式意义的"作出决定"外,该法还规定了"准作出决定"的情形,即第3条第3项规定:"法规明文规定在作出决定前应运用法定权力作出报告或者建议的,为本法的目的作出该报告或者建议本身应当被视为作出决定。"这一项规定大大扩展了行政主体"作出决定"的范围,使更多的行政行为能纳入司法审查受案范围。

3. 解释了行政措施的含义。《行政决定(司法审查)法》第3条第5项规定:"本法中关于为作出决定所采取的措施,包括为作出决定而进行的准备工作,以及搜集证据、进行询问或者调查。"可见,"措施"是指行政主体为完成某一完整行政行为所做的准备行为或中间性的行为,行政主体作出的措施行为也属于司法审查受案范围。

第6条第1项具体规定了措施适用的情形:公务员为作出本法所适用的决定而已经采取、正在采取或者准备采取措施的,受该措施侵害的个人或者以下列一项或数项理由就该措施向法院申请审查令;……。

4. 解释了懈怠作出决定的含义。第3条第1项规定,懈怠作出决定包括拒绝作出决定。第2项规定,本法所称的懈怠作出的决定种类,可解释为相应的决定。所谓"相应的决定"是指上述提到的"作出决定"的类型,包括:(1)作出、中止、撤销或者拒绝作出命令、认定或确定;(2)给予、中止、撤销或者拒绝给予执照、指导、同意或者许可;(3)授予、中止、撤销或者拒绝授予许可证、权力或者其他法律事件;(4)规定条件或者限制;(5)答复申诉、查问或者要求;(6)作出或者拒绝作出任何其他行为或事项。

另外,立法和判例还对某些不宜由法院解决的争议行为排除在司法审查之外,当事人不享有起诉资格。有些争议涉及敏感的政治问题,司法机关处理容易引起权力争议,此时不授予当事人起诉资格。立法和判例确认,有些涉及对利益不利影响的行为,由司法救济不太适合,交给立法机关和行政机关处理可能更有效,至少有两种情形:第一,那些本质上是立法或司法的决定被排除在外,它们不具有"行政特征"的"决定"。第二,联邦《行政决定(司法审查)法》第3条第1款(c)(d)两项排除下列决定:(c)项排除了总督作出的决定;(d)项规定,根据联邦《行政决定(司法审查)法》附表1中列出的法律作出的诸多决定,它涉及到数十部法律中的决定。如根据1979年《澳大利亚安全情报组织法》作出的决定,根据1959年《联邦银行法》作出的决定等。c、d两项排除的事项,主要是因为这些事项属于政策性事项、政治性强,由法院审查,可能会干涉政治权力的运作,也可能与分权原则不符合。

综上,澳大利亚法律不仅对起诉资格针对的公权行为作了宽泛的规定,而且对其具体含义作了明确规定。这些详细的法律规定便于司法机关适用法律处理案件。

三、公权行为与损害之间的因果关系

公权行为与利益损害之间存在因果关系达到何种情况才符合起诉资格要求,对此判断比较困难。法院在考虑损害与被控告行政行为之间是否存在因果关系时,主要观点概括如下。

1. 法律上的因果关系与哲学上的因果关系不同

梅森法官说,[①]很久以前有人说过,法律上的因果关系概念不同

---

① March v. Stramare (1991) 171 CLR 506. At para. 13, Mason CJ gives a masterful exposition of the historical approach to causation, in a judgment cited in a number of the English cases.

于哲学和科学上的因果关系概念。正如温德耶法官在新西兰国家保险有限公司诉埃斯帕尼案中指出的那样,在哲学和科学中,因果关系概念是在查阅条件和发生之间关系的解释现象的背景下获得发展的。而在法律中,因果关系的问题产生在下列背景下:对某个确定的发生情况予以查明或者分配责任。法律并未接受约翰·斯图亚特·米尔把原因界定为所有共同充分地产生原因的条件总和。在法律中,当某违法行为是足以产生损害的许多条件之一时,某人可能对损害负责任。① 据此,法律上的因果关系不需要也不可能做到查明某行为发生的全部原因(条件),只要能证明某结果和法定的行为之间存在因果关系即可。难点在于,到底哪些条件或者原因符合时才能确定会发生该结果。

2. 立法没有明示因果关系,并不意指不需要当事人提供其利益受损害和行政行为之间存在某种因果关系的证据或证明

在特鲁斯阿布特高速公路有限公司诉麦格理基础设施案中②,特鲁斯阿布特高速公路有限公司因为其他公司违反《商业惯例法》而开始起诉,其主张是:由麦格理基础设施投资管理公司发布的计划书是虚假的,因为它没有准确地陈述东部分销商高速公路(the Eastern Distributor freeway)上的交通流量。特鲁斯有限公司主张,它满足了在《商业惯例法》中"任何人"这个词语的要求,即使它在该案中唯一的利益是确保麦格理公司遵守联邦法律。法院要决定的问题之一是该公司是否有起诉资格。

申请人没有主张在其争议的主题事项中享有特殊利益,没有遭受被告行为的任何损失或者损害。法院指出:就本案来说,被告提出的主张是,没有相关的可诉争议需要由联邦法院作出决定,除非在当事人之间有某些相互作用;而且只有在被告所做行政行为和申请人

---

① Multiple Causes of Injury:When a defendant should justly be held responsible, http://www.lambchambers.co.uk/docs/art10.pdf.
② Truth About Motorways Pty Ltd v. Macquarie Infrastructure (2000) 200 CLR 591 at 634[113] per Gummow J, at 656[169] per Kirby J.

之间实际上存在因果关系的情况下,当事人之间才存在相互作用。①而本案申请人没有主张其在自己所投诉行为的结果中遭受任何损失或者损害。而且,它承认自己在这种程序的主题事项中没有特殊利益。既然没有特殊利益,为什么还主张起诉资格呢?

申请人特鲁斯阿布特高速公路有限公司引用《商业惯例法》第80条和第163A条,认为自己申请起诉,完全符合该法授予联邦法院的管辖权,而且这种管辖权处于法律授予其作为法人的权能范围内。② 因为《商业惯例法》中使用了"任何人"这个词语。

法院否定了当事人的主张。法院认为,即使立法没有明确把当事人提供特殊利益或者个人损害作为其获得起诉资格的条件,但并不意味起诉资格根本不需要利益损害和被控诉行为之间存在因果关系。由于当事人没有证明二者有因果关系,法院否定其资格。

3. 作为起诉资格的因果关系要满足一定的程度要求③

由行政决定导致的损害的原因(真实的或可能的)涉及到程度问题。

(1)必须足够地亲近。在市内交通系统连城有限公司诉艾伦案中,墨尔本城市环形工程涉及两个高速公路的连接,还包括图拉马莱恩高速公路(Tullamarine Freeway)另外通道的建设工程。1992年联邦《发展津贴署法》(Development Allowance Authority act)允许给相关基础工程颁布执照,其产生下列效力:基础性借款可以豁免某些利益所得税。这刺激了贷款方,使之愿意借钱给此类工程。政府还颁布了一项与城市连接工程相关的许可。艾伦居住在图拉马莱恩高速公路旁,该项建设导致其诸多不便,因此艾伦向联邦行政上诉裁判所

---

① Finally, on this aspect of the case, the respondent argues that there is no relevant justiciable controversy determinable by a Federal Court unless there is some reciprocity between the parties, and that can only exist, if, in effect, there is some relationship of cause and effect between the actions of the respondent and the applicant.

② The applicant claims no special interest in the subject matter of the dispute. It has not suffered any loss or damage by reason of the respondent's conduct. It invokes the jurisdiction conferred on the Federal Court by ss 80 and 163A simply in its capacity as a (corporate) person.

③ Christopher Enright, Federal Administrative Law, The Federation Press, 2001, p. 356.

申请对发展津贴署拒绝重新考虑其颁布执照的决定进行审查。《行政上诉裁判所法》第 27 条允许由"其利益受到某项决定影响"的人们或者为了他们的利益而申请对此决定进行审查。行政上诉裁判所裁决其缺乏申请资格,在经过冗长程序之后,该问题到达联邦法院,合议庭由布莱克首席法官、希尔、森德伯格、马歇尔和肯尼等五位法官组成①,合议庭指出,损害必须与该项行政决定"足够地亲近"。②这是对损害与行政行为之间因果关系的要求。

在艾伦诉市内交通系统连城有限公司案中③,法院推断,上诉人在发展津贴署颁发执照决定中的利益还不足以密切(亲近),以至于达到授予其资格获得由行政上诉裁判所对该项决定进行审查的程度。这里虽然不是关于起诉资格的条件,但是向行政上诉裁判所申请审查的因果关系与申请司法审查的因果关系要求基本相同。

(2)原因可大可小、可多可少。导致当事人利益受损害的行政决定,可以是从非常小的原因到实质性的原因,再到唯一的某个原因中的任何东西。④

(3)直接追溯性。法院在特鲁斯阿布特高速公路有限公司诉麦格理基础设施案中,引用美国露简诉野生生物防卫者案中斯卡利亚法官的经典判决描述了因果关系的程度,他说,这种损害"必须是直接地(相当地)可以追溯到"被告所作的受到挑战的行为那里。⑤ 这说明,澳法院也承认这一点是确定起诉资格的重要条件。

(4)要证明实际的或推定的伤害或者损害。在澳大利亚保育基

---

① Transurban Citylink Ltd v. Allan (1999) 95 FCR 553;[1999] FCA 1723. See Roger Douglas, Douglas and Jones's Administrative Law, 4th ed., The Federation Press 2002, pp. 406—407.
② Transurban City Link v. Allan (1999) 95 FCR 553 at 566 [54].
③ Allan v. Transurban City Link Limited [2001] HCA 58[46].
④ Christopher Enright, Federal Administrative Law, The Federation Press,2001, p. 356.
⑤ Lujan v. Defender of Wildlife 504 US. 555 at 560—561(1992) per Scalia J;Truth About Motorways v. Macquarie Infrastructure (2000) 200 CLR 591 at 634[113] per Gummow J, at 656[169] per Kirby J. 参见 Christopher Enright, Federal Administrative Law, The Federation Press,2001, p. 356.

金会有限公司诉联邦案中①,梅森法官说,一般而言,原告有起诉资格的情况是:"他能证明对其财产或财产性权利,对其经营或经济利益……以及也许对其社会的或政治的利益有实际的或者推定的(apprehended)伤害或损害。"②

总之,根据法院的看法,行政决定与受害行为之间的关连性要密切;行政决定对损害的原因来说可以从小到大、可多可少;损害可以追溯到受挑战的行政行为那里;要证明利益受到实际的或推定的伤害或损害。

4. 间接的因果关系是否足以授予起诉资格具有不确定性

行政行为对原告造成的损害如果是直接的和立即的③,毫无疑问会构成起诉资格。但是如果这种损害是间接的,它是否足以构成资格则存在争议。某些案件认为,它是足够的④,而其他案件认为,它还不充分——只有直接损害才是足够的⑤。这说明,当事人的损害与侵害行为之间的联系,在通常情况下应该是直接的、立即的。在某些情况下,间接联系也能符合起诉资格。

5. 法院要对作为边际约束的关系疏远(remoteness as a side constraint)进行判断⑥

许多行政决定不仅影响个人,且有延伸规范的"影响的涟漪

---

① Australian Conservation Foundation Inc v. Commonwealth (1980) 146 CLR 493.
② Australian Conservation Foundation Inc v. Commonwealth (1980) 28 ALR284.
③ Right to Life Association v. Department of Human Services (1994) 125 ALR 337. See Christopher Enright, Federal Administrative Law, The Federation Press,2001,p.352.
④ Australian Institute of Marine and Power Engineers v. Secretary, Department of Transport (1986) 71 ALR 73.
See Christopher Enright, Federal Administrative Law, The Federation Press,2001,p.352.
⑤ Broadbridge v. Stammers (1987) 76 ALR 339 at 341. See Christopher Enright, Federal Administrative Law, The Federation Press,2001,p.352.
⑥ Margaret ALLARS, Standing:the role and evolution of the test, Federal Law Review 1991 Volume 20 at 108—109.

(ripples of affection)"①,即影响的深远和大小。一般法②中起诉资格的测试标准是流动的且裁量性的,要求法院对其是否已经达到限度加以判断。如果认定超出了其限度,该行政决定对利益的影响太远以至于不能满足在诉讼主题事项中特殊利益的测试标准。③ 在一般法审查和在《行政决定(司法审查)法》下的审查,行政行为与利益(损害)关系疏远的边际约束在不同的公式中表达出来,包括对"某原告在特定主题事项上的关切和原告与主题事项关系的密切程度的重要性"的评估④;要求对此种利益的"强度和程度"加以讨论;是否存在某种"对当事人利益的危险和危害,而且这一点是清楚的和紧迫的,而非疏远的、间接的或不真实的"⑤;这种利益是否达到"在一般公众成员之上的强度和程度"⑥,如果申请人在这种程序中获得成功,其是否会"获得重要的东西"⑦。

尽管艾利考特法官在图希斯案中主张⑧,行政行为对利益影响的间接性本身不必然成为起诉资格的障碍,但是关系疏远的边际约束对行政决定影响申请审查者个人的直接性程度是一个有效的测试标准。据此,根据某项未提到专利持有者的执照协议,执照持有者被

---

① Re McHatten and Collector of Customs (NSW) (1977) 1 ALD 67, 70 per Brennan J (该案涉及在行政上诉裁判所面前申请审查的资格问题,被联邦法院合议庭在《行政决定(司法审查)法》案件 United States Tobacco Company v. Minister for Consumer Affairs (1988) 83 ALR 79, 89 中引用)。

② "一般法"含义参见第二章第一节脚注。

③ Onus v. Alcoa of Australia Ltd (1981) 149 CLR 27, 42; Australian Institute of Marine and Power Engineers v. Secretary, Department of Transport (1986) 71 ALR 73, 82.

④ Onus v. Alcoa of Australia Ltd (1981) 149 CLR 27, 42 per Stephen J; Ogle v. Strickland (1987) 71 ALR 41, 42 per Fisher J.

⑤ Australian Institute of Marine and Power Engineers v. Secretary, Department of Transport (1986) 71 ALR 73, 82 per Gummow J; Broadbridge v. Stammers (1987) 76 ALR 339, 341; Australian Foreman Stevedores Association v. Crone (1989) 98 ALR 276, 282 per Pincus J.

⑥ Australian Institute of Marine and Power Engineers v. Secretary, Department of Transport (1986) 71 ALR 73, 82.

⑦ Australian Foreman Stevedores Association v. Crone (1989) 98 ALR 276, 282 per Pincus J.

⑧ Tooheys Ltd v. Minister for Business and Consumer Affairs (1981) 36 ALR 64. 参见文本伴随的第 24 和 36 注释。

认为没有资格挑战专利委员会延长另一当事人对专利申请提出异议时间的决定。① 与另一案相比,这是对关系疏远施加的人为的虚构的方法(artificial approach to remoteness)。换言之,不能仅仅根据间接性就简单地断言二者之间关系疏远,进而得出当事人无起诉资格的结论。这里所说的另一案是指,根据99年租约占有房屋的某个俱乐部有资格挑战将要拍卖邻近财产的行政决定,就时下政策来说,这些财产的发展可能阻碍该俱乐部对伯利格里芬湖(Lake Burley Griffin)的全景式景观。② 在此案中,该俱乐部只是根据租约获得占有权和经营权,虽然其不是房屋的所有人。可见如何把握关系疏远的边际约束并非易事。

6. 正确理解支持授予起诉资格证据的充分性(Adequacy of Evidence to Support Standing)

利益损害和行政行为之间的因果关系需要起诉人提供相应证据。但是过早或者过严格地要求当事人提供证据,往往会将当事人拒绝在司法救济大门之外。澳大利亚法院在关于普通法案件、图希斯有限公司诉商业及消费事务部长案中③提出了程序性要点问题:多少证据以及达到什么样的标准或者证明(proof),才能支持当事人享有起诉资格。主要有以下几点:

(1)一般情况下,当事人需要提供某些证据作为起诉的必要条件

在图希斯案中,法院确立将一个非常重要的赔偿申诉的某些证据作为享有起诉资格的基础,即使此项权利并不确定。法官看法如下:第一,申请人是否是受害人这一问题是一个法律和事实混合的问题,而且在许多案件中,它最好在最后审理阶段决定,此时所有事实都在法院面前,且法院也可以充分地了解对此事项的辩论。第二,申

---

① Vangedal-Nielsen v. Smith (Commissioner of Patents) (1980) 33 ALR 144,147. 对诉讼资格来说,间接性某种程度上是一个虚构的障碍,因为被许可公司(the licensor company)的名字与专利持有者相同,可能受到颁发执照者控制。
② Canberra Labour Club Ltd v. Hodgman (1982) 47 ALR 781.
③ Tooheys Ltd v. Minister for Business and Consumer Affairs (1981) 36 ALR 64.

请人不必显示,为了确立出庭资格,它在所提到的情况下享有退款的权利。第三,申请人能针对进口商提出一项退款申诉。根据所提供的信息可以确信,这是一项重大而非微不足道的申诉,而且该申诉的申请人基于某些法律理由,可能被很好地建议去努力获得这种资格。……很清楚,它(图希斯)受到了某种损害……这种损害超出了作为一般公众成员所受的损害。① 可见,法院要求当事人提供某些损害的证据。

在布卢韦奇公司诉墨尔本港口公司案中②,突出的问题是,在某原告面临更多程序性紧迫的障碍问题时,某些法官甚至不考虑原告资格问题。2005 年,菲利普港海湾(Port Phillip Bay)是一项关于实施航运水道加深疏浚工程建议的主题。在工程开始前,一项广泛的协商程序已经进行,并在环境影响陈述书方面达到顶点。由规划部长委托的一个小组发现,该环境影响陈述有许多缺点,该部长要求墨尔本港口提供一份补充报告。根据《环境效果法》规定,没有那份报告,疏浚工程就不可能继续。布卢韦奇公司在维多利亚最高法院启动一项程序,主张被建议的工程违法。它申请一项诉讼期间宣告的禁制令来限制此项工程。曼迪法官拒绝授予禁制令——不是由于与原告资格有关的任何问题,而是由于下列事实:布卢韦奇公司不能提供对损害的任何担保。③ 曼迪法官说,也许是为了公共利益而授予一项禁制令时才无需对损害提供通常的担保,或者如果有某个可以证明的不可救济的严重损害的伤害的危险。曼迪法官说,该案没有这样的证据,因此禁制令申请被拒绝。

(2)某些情况下,对提供证据的要求很宽松

如前所说,在基奥瓦诉移民及种族事务部长案中④,申请人是一

---

① Tooheys Ltd v. Minister for Business and Consumer Affairs (1981) 36 ALR 79.
② Blue Wedges Inc v. Port of Melbourne Corporation [2005] VSC 305.
③ Mandie 法官引用了在 Combet v. Commonwealth [2005] HCA Trans 459 案中高等法院在要点上的争论。在对副本进行仔细解读之后曼迪(Mandie)法官似乎提示,海登法官的评论更有一般性(general)。
④ Kioa v. Minister for Immigration and Ethnic Affairs (1984) 53 ALR 658.

岁的澳大利亚国民,其父母受到驱逐令的制裁,他们不可能基于自己的利益而提出直接挑战。未成年人尽管没有受到驱逐令制裁,但是必须被迫随其父母离开澳大利亚。法院裁决,未成年人是受害人,而且有资格挑战针对他们父母的驱逐令。这个决定是建立在申请人母亲所做的下列陈述的基础上的:如果未成年人在汤加国接受培养与其在澳大利亚培养相比,未成年人无论在经济上、社会上和教育上都处于不利地位,但是如果留在澳大利亚享受澳大利亚国民资格的好处,那么就会剥夺其享受父母培养的权利,因为它会导致该未成年人与其父母分开。在基奥瓦案中①,法院实际上没有要求当事人提供作为其主张基础的事实或者细节方面的证据,而只是未成年人母亲的简单明了的主张。

上述两个案件与范格达尔-尼尔森诉斯密斯案形成对照②,在后一案件中,要求当事人提供某争议的直接证明,不过这些很容易从可获得的事实中推导出来。该争议在奥纳斯案中也提了出来③,在那里,法院对基于不充分证据理由所做的资格决定表达了某种关切。④ 在弗雷泽岛屿防卫组织有限公司诉赫维湾城议事会(FIDO)案中⑤,法院对支持诉讼资格只有数量较少但没有相互矛盾的证据(meagre but uncontradicted evidence supporting standing)表达了类似的担忧。⑥

(3) 法院没有提供一般性指导

遗憾的是,法院在这些案件中没有确定处理问题的原则。有时候,可能有理由接受基于不充分的证据而授予资格;在其他情况下,可能需要更强烈的显示,但是法院没有在这些案件中提出任何指导性的结论。

---

① Kioa v. Minister for Immigration and Ethnic Affairs (1984) 53 ALR 658.
② Vangedal-Nielsen v. Smith (1981) 33 ALR 144.
③ Onus v. Alcoa (1981) 36 ALR 425.
④ Ibid 431.
⑤ Fraser Island Defenders Organization Ltd (FIDO) v. Hervey Bay Town Council [1983] 2 Qd. R. 72.
⑥ Ibid., R. 79.

(4) 澳大利亚法律改革委员会报告的建议

该委员会报告直接提出了这个问题。现行法的这种状态被特征化为法院有裁量权把资格看做一个预备性问题或者作为是非曲直的问题。① 在该委员会看来,法院有太大的裁量权,既可以把起诉资格作为预备性问题加以处理,这是程序性问题,也可以把它作为是非曲直问题处理,这是实体性问题。委员会报告研究了支持和批评每一种方法的理由。② 最后,澳大利亚法律改革委员会提出如下建议:"资格不应该被作为预备性的或者诉讼中的事项(preliminary or interlocutory matter)加以决定,除非法院认为,在案件的特定情况下,有特殊的理由这样做。一般的方法应该是保留资格连同是非曲直一起加以决定。"③ 就是说,法律改革委员会建议,如果没有充足的理由,就不要把起诉资格问题放在预备性阶段或者诉讼过程之中加以审查,否则可能发生下列情况:法院在预备性审查阶段和诉讼过程之中,通过程序性审查剥夺当事人的诉讼资格,而导致剥夺当事人实体性权利的结果。所以该委员会主张,要把资格问题与实体性问题一起考虑,这一主张实际上是取消了程序性起诉资格的预设。法律委员会这一建议还有待法院的裁量,但是这些建议确实是对现行法律提出的改进,它为法院(和拥护者)选择何时应该提出或决定资格问题提供了某些特定的标准。

第二节 美国司法审查原告资格的因果关系条件

美国很早就将因果关系纳入起诉资格的必备条件中,强调当事人遭受损害与其控告的行政行为之间存在因果关系。第一,原告向法院申请司法审查不仅必须受到损害,而且这种损害必须由行政行为所产生。因为只有存在因果关系,原告胜诉,法院撤销行政机关的

---

① 澳大利亚法律改革委员会报告第 128 段。
② 澳大利亚法律改革委员会报告第 261 段。
③ 澳大利亚法律改革委员会报告第 262 段。

决定,原告的损害才会得到补救。最高法院认为,宪法第 3 条规定的案件或者争端的限制,还要求法院只能补救由被告机关受攻击的行为产生的损害,而不是由其他独立地行为或第三者行为所产生的损害。① 第二,以事实上的损害作为原告资格的核心要求,必然包括被诉行为引起损害的要求,即被诉行为与所主张的损害之间有因果关系时,才能够赋予起诉人原告资格。② 换言之,原告必须声称和证明,其个人损害能够"合理地归咎为被指控的被告的非法行为,并具有通过被请求的救济获得补救的可能性"。③ 这些要求被称为因果关系和可救济性。

一、公权主体

美国联邦政府的行政主体比较简单,就是《联邦行政程序法》所定义的"行政机构"。在不同法律中对"行政机构"界定不同。《联邦信息自由法》对"机构"的界定比《联邦行政程序法》更宽。一般来说,行为主体必须能以独立名义,采取具备法律约束力的行为,才能被归为受制于行政法控制的"机构"。在总统转接时期,待任总统的工作班子无权行使政府职能,不是"行政机构"。总统执行办公室下属的科技办公室能以独立的名义行使权力,可以作为行政机构而受到起诉。但总统执行办公室下属的经济顾问委员会不是"行政机构",因为其委员会的意见或建议只是参考性的,不具有约束力。总统本身不是美国行政法意义上的"机构",不受行政法的直接约束。不少行政职能被委代为民间企业与团体执行。《信息自由法》就有"受政府控制的企业",使得某些执行政府职能的企业纳入行政法的范围。④

---

① 王名扬著:《美国行政法》(下),中国法制出版社 2005 年第 2 版,第 626—627 页。
② Linda R. S. v. Richard D., 410 U. S. 614 (1973).
③ Allen v. Wright, 468 U. S. 737, 751 (1984).
④ 张千帆、赵娟、黄建军著:《比较行政法》,法律出版社 2008 年版,第 679 页。

二、公权类型

美国也把侵犯当事人权益的公权作为其起诉条件的组成部分。虽然大部分行政行为均可依行政救济程序进行诉愿，但并非所有行政行为均须受到司法审查之拘束与控制，此乃美国实践三权分立理论所获得之必然结果。美国《行政程序法》第701条第1款规定，人民在法律定有排除司法审查的规定，或在行政机关依法享有完全之裁量权时，不得向法院提起属于司法审查之行政诉讼。同法还规定，行政行为的可审查性乃系依据法律之规定。惟有对于行政机关之最后行为（final action），当事人已用尽行政机关所提供一切可资适用之行政救济途径，仍无法获得适当救济，且法院对其亦无特别提供适当之救济时，该最后行为始应受到司法审查之拘束。① 行政机关所行使，具有准备、程序或中间性质之其他行政行为或命令，其本身虽未直接具可审查性，但仍在法院对于最后行为进行司法审查时，同受司法审查之拘束。② 据此，在美国，起诉所针对的行政行为是一种最后性的行为，而非过程中的行为。

王名扬先生对美国司法审查中可受审查的行政行为作了研究。③ 美国联邦《行政程序法》第702节规定："受到行政行为不法侵害的人或不利影响的人……，有权对该行为请求司法审查"。第704节关于可以审查的行为规定："法律规定可以审查的行政行为，以及没有其他适当的法院救济的最后确定的行政行为应受司法审查"。这两节都规定司法审查的对象是行政行为。什么是行政行为？联邦《行政程序法》第551节第13款规定："行政行为包括行政机关的法规、裁定、许可证、制裁、救济的全部或一部分，或者和上述各项相当

---

① 对于上述之用尽行政救济法则，法院仍认可某些不予适用之例外，例如适用行政听证程序及行政命令未经司法干预，将对于当事人或公益肇致无法弥补之伤害，以及行政救济系属不适当等。参照 Greenblatt v. Munro, 161 Cal. App. 2d 596, 326 P. 2d 929 (1st Dist. 1958). 参见《行政行为与美国行政争讼制度之研究》，载史庆璞著：《美国宪法与政府权力》，三民书局2001年版，第105—106页。
② 参见《美国法典》第5篇第704条。
③ 王名扬著：《美国行政法》（下），中国法制出版社2005年第2版，第597—599页。

或否定的行为或不行为"。这一款总结了行政行为的全部内容。究竟什么是法规、裁定、许可证、制裁和救济,又分别规定在该节的 4、6、8、10、11 各款。根据这几款的规定,行政机关制定一个法规、作出一个裁决,给予、拒绝、停止、修改、取消一个许可证,或者科处一个制裁,给予或者拒绝一个救济的行为,都在行政行为范围内,都可作为司法审查的对象。行政机关在上述行为之外的行为,是否也是行政行为,是否也能接受司法审查呢?联邦《行政程序法》没有回答这个问题。

美国法院在司法审查时遇到的行政行为,超过《行政程序法》中规定的几种方式。法院对于这个问题采取实用主义态度,避免作出抽象的定义,而是对每个案件具体分析。然而法院在决定行政行为的意义时,经常以几个原则作为指导。法院首先考察行政机关的行为,是否符合联邦行政程序法中的规定。其次,法院考察行政机关的行为是否对当事人具有拘束力量,是否直接影响当事人的法律地位。如果对当事人没有拘束力量,不直接影响当事人的法律地位,则不是行政行为。例如行政机关命令当事人说明原因的通知,不是一个可以审查的行政行为,因为它对当事人的权利和义务没有发生确定的影响。只有当行政机关作出最后决定,影响当事人的权利、义务或利益时,才是可以审查的行政行为。法院也考察行政机关的意图是否以某种行为作为行使权力的工具,例如一个机关的成员对某项工作发表的个人意见,不能作为司法审查的对象;如果一个委员会的主席以官方身份,代表委员会所发表的意见,则可以认为是委员会有意使用这种方法作为行使行政权力的工具或施加压力的手段,从而成为可以审查的行为。最后,法院考察行政机关的行为是否已经产生损害,如果已经产生损害,则是一个可受审查的行为。例如行政机关拒绝发给临时许可证,尽管临时许可证只是通向取得正式许可证的一个步骤,但是当事人取得正式许可证要在一定时间之后,在此以前可以利用临时许可证。拒绝发给临时许可证已经产生实际的损害,因此法院可以审查这一行为。法院决定某种行为是否可以审查时,根据实际情况判断,不受行政机关使用名称的拘束。

还要注意的是①,美国联邦最高法院有进一步从宽认定行政行为应受司法审查的趋势,甚至在多次判决中主张行政行为应推定具有可审查性。此一推定,虽与美国联邦《行政程序法》所规定之意旨有所冲突②,但并未违反国会立法者之本意。国会于1946年审议美国《行政程序法》草案时曾表示,法律未特别规定司法审查,并不足以证明国会有意否定某一行政行为有接受司法审查之义务。③ 最高法院曾指出,法律无司法审查之规定,并不足以使行政机关豁免于法院针对行政行为的合法性所作之一般性司法检验。④ 当事人如欲表示国会确有制定法律排除司法审查之意图,必须以证据力极高之"明显且具说服力"之证据证明之。否则,前述推定卓然成立。⑤ 法律上单纯之沉默,尚不构成一项有说服力之理由,证明国会有排除系争行政行为接受司法审查之意图,而系借以表明立法者之本意,乃是在将此类个别之行政行为,依美国行政法及行政程序法上之有关规定,归交普通法上已建立之通常司法救济途径予以审查。⑥

三、损害与行为之间存在因果关系⑦

如何确定因果关系(特定的行为引起了损害),这是法院面临的难题。出于确定原告资格的需要,法院必须以某种方式对因果关系作出限制。在制定法对原告资格未作规定时,法院很可能在它们长期用以解决侵权行为中的近因的标准上,如果行为实质性地增加了损害的危险,且因果关系链是相对直接的,行为与损害之间发生的先后次序乃是基于逻辑上可能的关系,就可以符合侵权行为上的因果

---

① 史庆璞著:《美国宪法与政府权力》,三民书局2001年版,第106—107页。
② Abbott Laboratories v. Gardner, 387 U.S. 136 (1967); Johnson v. Robinson, 415 U.S. 361 (1974). 惟"推定得审查"亦有最高法院推翻的情形,例如参照 Block v. Community Nutrition Institute, 467 U.S. 340 (1984)。
③ Administrative Procedure Act: Legislative History 275 (1946)。
④ Stark v. Wickard, 321 U.S. 288 (1944)。
⑤ Abbott Laboratories v. Gardner, 387 U.S. 136, 140 (1967)。
⑥ Ortego v. Weinberger, 516 F. 2d 1005, 1009 (5th Cir. 1975)。
⑦ 本部分主要参考王名扬著:《美国行政法》(下),中国法制出版社2005年第2版;孔祥俊:《行政行为可诉性》,人民法院出版社2005年版;《论行政诉讼中诉之利益》,载法治斌:《人权保障与司法审查》(宪法专论二),月旦出版公司1994年版,第159—214页。

关系要求。相反,如果因果关系是不重要的、遥远的、无关紧要的或推测的,这种因果关系就不符合法律上的因果关系要求。① 美国法院主要提出了下列一些要求。

1. 在同时存在多种受损害利益情况时须强调个体受行政行为的损害②

美国联邦最高法院对损害与行政行为之间关系的确认较为审慎,但不是因为当事人所主张的利益受损,同时也有他人或者公益受损而绝对否定其起诉资格。

在西拉俱乐部诉莫顿案中③,原告是全国性影响案件的保护团体,反对政府颁发允许私人开发森林游乐区的执照。最高法院不承认其适格,因其所主张保护的是自然资源这一公共利益受损的事实,因此虽其竭尽全力地维护自然生态且素负盛名,但仍不足以使其具有起诉资格。

在合众国诉挑战规制性机构程序的学生案中④,原告为一由五位法律学院学生组成的非法人团体。原告反对政府准许铁路公司涨价,因如此将使货物"再利用"不尽合算,形同间接鼓励直接消耗宝贵的自然资源,而影响原告等至美京附近的山川从事露营、垂钓、观赏等消遣身心活动的利益。最高法院承认原告适格。与前案不同,本案原告既非正式组织,亦无社会地位,结果却取得诉讼资格。主要关键则在于本案原告主张自己利益,而非泛称公共利益受损的事实。可见,即使同时有他人遭受相同损害,或此种利益与被告机关所为行政决定之间所存在的因果关系单薄,也无碍其诉讼资格。否则大规模或牵涉广泛的政府侵权行为,反因侵害人数众多,反可成为政府免责借口。⑤ 由于最高法院强调"性质上"而非"数量上"的认定标准,

---

① 孔祥俊著:《行政行为可诉性》,人民法院出版社2005年版,第234—235页。
② 法治斌著:《人权保障与司法审查》(宪法专论二),月旦出版公司1994年版,第173—174页。
③ Sierra Club v. Morton, 405 U. S. 727 (1972).
④ United States v. students Challenging Regulatory Agency Procedures, 412 U. S. 669 (1973).
⑤ Id. , at 688.

而对受害利益的性质,复采取从宽解释,故实际上原告不难满足此一要件,而达成寻求司法救济的目的。①

由上述两案的不同判决可知,假如不是空泛概称其代表社会一般大众的普遍性利益,似乎美国人或主张其成员或自身利益,因公权力行使而受害的团体或组织,几乎都有可能到法院展开诉讼程序②,且纵使仅部分成员利益受损也是如此。③

2. 通常强调直接受损④

在许多案件中,最高法院强调要必须直接受损,即行为与损害间需建立因果关系。如原告利益非因被告行为直接受害,而是案外第三人所为,这样因果关系难以建立,故最高法院未必即采宽容的见解。在沃斯诉赛尔丁案中⑤,原告是低收入者及少数民族,他们主张被告机关若干区域计划的限制措施,使得厂商无法投资兴建其能力所能负担的住宅。最高法院否认原告适格。判决主旨在于原告无法举出特定具体事实,以证明其个人曾因被告行为而受害。而法院介入亦未必即能使其因此明显受惠,盖原告居住利益是否受损,乃系于建筑厂商的决定与能力。当地房屋土地市场之经济或社会因素,也非政府所能控制。且纵使有所建设,原告等购屋所需之资力及意愿为何,也仍是一个未知数。⑥ 因此虽未要求损害与行为间必须具有直接关联,但因果关系的建立仍属必要,故原告败诉。

3. 因果关系有一定的亲近性

它是指行政行为对利益损害的造成有较亲近的关系,如果关系遥

---

① See E. Gellhorn & B. Boyer, Administrative Law and Process in a Nutshell, West Pub Co., 1981, at 312—313.
② E. g., Joint Anti-Fascist Refugee Committee v. Mc Grath, 3441 U. S. 123, 139 (1951); Current v. Laird, 420 F. 2d 122, 124 (D. C. Cir. 169). See Dijk, Judicial Review of Government Action and the Requirement of an Interest to Sue 112—113(1980).
③ National Student Association v. Hershey, 412 F. 2d 1103. 1120 (D. C. Cir. 1969).
④ 法治斌:《人权保障与司法审查》(宪法专论二),月旦出版公司1994年版,第175—176页。
⑤ Warth v. Seldin, 422 U. S. 490 (1975).
⑥ Id., at 502—510.

远,则不足以授予起诉资格。在西蒙诉东部肯塔基福利权利组织案中①,一群穷人及其同路组织主张财政部长及内地税务局长违法变更命令,放宽医院符合慈善团体而得以免税的要件;仅须其急诊室全面对外开放即足,而不必以往必须于财力许可之范围内,全面开放其医疗设施。原告等求医时,因非急诊,曾为医院所拒,所以提起诉讼。由于原告所受损害非直接源自被告机关,而系案外人医院所为,虽然被告决定可能是促成医院"紧缩门户"的诱因,但终非直接使原告受损,不能归责于财税主管机关。② 本案中损害与行为间的因果关系非常遥远,原告即非适格。

4. 可能性和概然性

可能性是指某个公权行为对损害的造成具有可以证明性,如果在客观上根本不具有可能性,则不能授予起诉资格。在1977年阿林顿海格村诉都市住宅发展公司案中③,案件事实与前述沃斯诉塞尔丁案类似,但法院作出了与沃斯案相反的判决,承认原告适格。关键在于因果关系非常明显与确定。原告为一个建设公司及数名黑人,主张被告机关基于种族歧视,而拒绝将某地变更使用,以利少数民族之迁入。由于本案之建设公司已拟有详细工程计划,并已购买所需土地,而仅须主管机关变更使用计划,即可如期进行施工兴建。故与沃斯一案所涉建设公司既非特定亦尚无具体计划、很多未知数的情形有所不同。且如司法审查有利于原告,行政障碍即可排除,而使得原定建设计划"极有可能"得以顺利推展。另共同原告中的一名黑人也表示出强烈迁居的意愿,事实上该地较近于他的工作地点,故亦可进一步引以为其可能迁居的证明。故被告所为拒绝变更决定,与原告所受损害间,具有相当明确可资主张的因果关系(actionable causal relationship)④,而可作成对原告有利的认定。

---

① Simon v. Eastern Kentucky Welfare Rights Organization, 426 U.S. 26 (1976).
② Id., at 34.
③ Village of Arlington Heigh v. Metropolitan Housing Development Corp, 429 U.S. 252 (1977).
④ Id., at 264.

概然性标准主要指偶然性。法院在不少案件中采用了实用主义的概然性标准决定因果关系。在西拉俱乐部诉莫顿案中①，政府许可一家企业在一块未开垦区域建设一个大型开发区，此建设并未对以前享受这种未开发状态的人造成直接损害。被指控的行政行为甚至可能不会造成间接的损害。该行政行为与所主张的损害之间存在很大的偶然性。也许该企业会认为许可中的条件过于苛刻，也许该企业不能得到开发用的融资。法官意见指出，以前享受未开垦区域的人，往往能够足以支持其原告资格的损害。

5. 间接关系也可以构成起诉资格

在杜克电力公司案中②，最高法院认为被诉行为与所主张的损害之间虽然只有间接的和偶然性的因果关系，但足以构成因果关系。起诉人居住于杜克电力公司在建的核电厂的附近，他们认为核电厂的建成和运营将会给其造成多种损害，如湖泊的热污染，少量辐射的排放。但是，被指控的行为与所主张的损害之间有很多环节。他们指控《安德逊价格法》的合宪性，该法限定了核电厂所有人在发生灾害性事故时的最高赔偿，即最高不超过 5.6 亿美元。最高法院认为起诉人具有原告资格，因为倘若没有《安德逊价格法》，该核电厂就有不能建成和运营的"实质可能性"。杜克电力公司在没有该制定法时也许会冒险建成和运营该核电厂，或者倘若该法被宣告无效，政府会通过其他途径使核电厂能够建成，最高法院承认这些可能性。但是，只要在该制定法被宣告违宪时，具有杜克会放弃核电厂及政府放弃其民用核电力承诺的"实质可能性"，这些不确定性就不足以打破因果关系链条。③ 本案中最高法院同意地方法院"除非"因果关系的认定；即除非有本法保护，被告中甚有可能无法兴建此核能电厂。④ 故本法实与原告受损利益间具有因果关系，亦即司法审查之

---

① Sierra Club v. Morton, 405 U. S. 727(1972).
② Duke Power Co. v. Carolina Environmental Study Group 438 U.S. 59 (1978).
③ 孔祥俊著：《行政行为可诉性》，人民法院出版社 2005 年版，第 237—238 页。
④ Duke Power Co. v. Carolina Environmental Study Group 438 U. S. 59 (1978) at 74—77.

结果,将可能直接有利于原告,故原告于本案中具有当事人资格。①

在某些案件中,最高法院根据对行政行为可能产生的后果的评估②,适用因果关系标准。许多新的企业进入某种管制市场的行政行为,并不会对已进入该市场的企业造成直接损害。如果有损害也是间接的。只有在一个或多个新企业实际进入市场,并从已有企业那里夺走了生意,或者迫使已有企业降低价格,已有企业才会受到损害。已有企业可能受到了这种损害,但这种损害又不能确定和特定化。也许新企业并未利用进入市场的机会,或者不能在市场上进行有效的竞争。即使看起来某些已有企业可能受到损害,但常常很难预料哪一个特定的已有企业受到了损害。新企业可能进入了某些地域市场,但并未进入所有地域市场。它们可能与某些已有企业进行了有力的竞争,但并非与所有已有企业都进行了有效竞争。最高法院并不要求已有企业确定性地证明其因为许可新企业进入市场的行政行为而受到的损害。在大多数这种案件中,要求对此进行经济学的市场分析都是勉为其难的。在许多案件中,确定性或具体地证明这些损害都是不可能的。最高法院认为,任何已有企业只要根据其可能因许可进入管制市场造成的间接损害,就可以具有获取司法审查的原告资格。

6. 程序违法所造成的伤害③

对于因行政机关拒绝履行制定法或宪法规定的程序而主张受损害的人,最高法院通常给予其原告资格。这被称为"程序损害方法"。④ 如在有的判例中,起诉人请求审查行政机关未遵守国家环境

---

① 法治斌:《人权保障与司法审查》(宪法专论二),月旦出版公司1994年版,第176—177页。
② E. g., Clarke v. Securities Industry Assn., 479 U. S. 388 (1987); Investment Co. v. Camp, 401 U. S. 617 (1971); Arnold Tours, Inc. v. Camp, 400 U. S. 45 (1971); Association of Data Process-Trucking Servicing Organizations v. Camp, 397 U. S. 150 (1970); American Trucking Assn. v. United States, 364 U. S. 1 (1960); Alton R. Co. v. United States, 315 U. S. 15 (1942).
③ 张千帆、赵娟、黄建军著:《比较行政法》,法律出版社2008年版,第696页。
④ Lujan v. Defenders of Wildlife, 504 U. S. 555, 572—573 (1992).

政策所规定的程序①;在有的判例中,起诉人请求审查行政机关未遵守正当程序的要求。② 不过因未遵守法定程序而对实体权利造成的损害,既是间接的,又是推测的。

某些程序违法可能产生原告资格,尽管原告未必能证明程序违法和实际损害之间的联系。即使不证明违法危及原告的具体实体利益,也可能会产生可被识别的伤害。然而,如果程序要求涉及到纯粹的内部行政活动,像原告这样的人对其没有参与或信息的法律权利,那么国会无权对个人授予不论实体利益是否存在而实施程序要求的资格。

如果程序要求确实对原告这样的人赋予参与行政活动或获得通告或信息的个人权利,但国会没有明确规定这一要求可以不论原告是否具有特定的实体利益而获得实施,且最高法院还没有对立法进行确切解释,其结果是不确定的。这类例子包括《行政程序法》第553条的通告与评议要求,以及许多组织法规定的公众听证要求。

7. 对某些特殊类型案件当事人因果关系的要求宽松

联邦最高法院自20世纪70年代开始,从宽认定环保案件中原告的适格。此可证前述西蒙俱乐部案及学生诉讼两案之判决。③ 这是因为此类案件中的原告,主要系主张其利益受损,而非对政府的社会政策有所不满,与传统侵权行为的诉讼性质相近,法院较为熟悉。且讼争的标的多为法律,而非直接有关宪法的解释与适用,故最高法院通常受理。

至于纳税人起诉资格,1968年弗拉斯特诉科恩案④已允许其有寻求司法救济的可能,但放宽幅度有限,仅于特定情形,始能以纳税人资格诉讼。但本案所涉及者,仅系联邦纳税义务人而已,至于各州

---

① Robertson v. Methow Valley Citizens Council, 490 U.S. 332 (1989).
② Mathews v. Eldridge, 424 U.S. 319 (1976).
③ 参见 Sierra Club v. Morton 405 U.S. 727 (1972)和 United States v. students Challenging Regulatory Agency Procedures, 412 U.S. 669 (1973).
④ Flast v. Cohen, 392 U.S. 83 (1968).

第五章 原告资格的因果关系条件

及更基层县市地方纳税义务人,法院多承认当事人适格。① 值得注意的是,自20世纪70年代开始,若干保护环境法律以立法明定方式,具体承认有提起公民诉讼之可能;联邦《空气清洁法》、《水污染防治法》、《噪音管制法》等均分别制定或修正,针对公私团体违反管制标准的污染行为,及行政机关怠于执行非属其裁量之职务行为,允许个人诉诸于法,而无需证明其利益受有损害。密西根州、明尼苏达州、佛罗里达州等地环境保护法亦跟进,均有类似规定。②

由上述简要分析可知,传统严格要求必须权利受损,始能请求司法救济的原则,在面临司法机关自70年代开始的"自由化"运动后,几已无存在的余地。虽然在实质方面,联邦最高法院立场仍残留有往日遗迹,例如单纯指实际受害恐仍有未足、非必个人受害不得请求、直接因果关系必须建立等,但因其于多数案件中,均采从宽解释,以扩大原告适格范围,减少司法审查障碍,如此不仅有益于司法权提升,更能因此提供人民充分救济机会,使其得以实现诉讼权所能赋予之利益。③

8. 需要相应的证据或证明

损害和行政行为之间因果关系需要有一些简单的证据或者证明,以排除纯粹的主观臆测性主张。下列案件能显示出法院对当事人提出的诉讼主张的证据或证明情况所作的分析。

露简诉野生生物保护者案④

野生生物保护者起诉内务部长露简,要求对内务部1986年颁布

---

① 据统计美国约有四分之三州允许州纳税义务人可请求司法审查。而几乎全部各州均承认人民得以地方纳税义务人身份,声请法院审查县市政府的行政决定。B. Schwartz, Administrative Law, Little, Brown&Company,1976, at 461. 详细情况参见 L. Jaffe, Judicial Control of Administrative Action: A Review, 66 Colum. L. Rev. at 470—473 (1966). 吴庚著:《美国行政法之基本原则》,水牛出版社1973年版,第41、57页。

② Michigan Environmental Protection Act of 1970, Mich. Comp. Laws Ann. 691. 1201—691. 1207; Minnesota Environmental Rights Act, Minn. Stat. Ann. Ch. 116 B (1971); Florida Environmental Protection Act 1971, Fla. Stat. Ann. 403. 412.

③ 法治斌:《人权保障与司法审查》(宪法专论二),月旦出版公司1994年版,第178—180页。

④ Lujan v. Defenders of Wildlife, 504 US. S 555(1992). 参见史蒂文·J. 卡恩著:《行政法原理与案例》,张梦中等译,中山大学出版社2004年版,第149—158页。

的一项规则作出宣告式否决,并同时提请法院要求部长颁布一项新规则。1973年《濒临灭绝物种法》授予内务部主要的执行权,要求部长甄别濒临灭绝危险的物种和它们的栖息地,并进一步要求所有其他的联邦机构在采取任何可能对濒临灭绝物种或其栖息地产生不利影响的行动之前征询部长的意见。1979年内务部颁布一项规则将咨询要求扩大适用到联邦机构打算在国外采取的行动。1986年里根政府颁布一个在此案中受到质疑的规则,把咨询规定限制在国内情势上(而不是海外行动上)。原告野生生物保护者论证的关键是国际开发署借钱给埃及和斯里兰卡进行水利工程建设,这将会对大象、豹和鳄鱼(都属于濒临灭绝的物种)的栖息地产生消极影响。而且国际开发署这样做的时候并没有征询内务部长的意见。在1986年对要求做改变之前,这样的咨询是必要的。

该案涉及对内务部长颁布的法规提出质疑。该法规对1973年《濒临灭绝物种法》第7节做这种解释使它只适用于美国境内及公害发生的行为。首要问题是这里的被上诉人(下文中的原告)是否有资格寻求对该法规的司法审查。修改的《濒临灭绝物种法》试图保护动物免遭人类引起的对它们维持生存的威胁。该法授权内务部长以法规的形式公布一个清单,列明依规定标准判断属于濒临灭绝或者受威胁的物种,并说明这些物种的重要栖息地。

1978年,鱼类与野生生物局和全国海洋渔业局分别代表内务部长和商业部长联合颁发一项规定,宣布由第7节(a)(2)所施加的义务扩展至在别国采取的行动。但第二年,内务部重新审视自己的立场。1983年提出经修改的联合规定,该规定重新解释第7节(a)(2),只要求在美国境内和公害采取的行动必须征询意见。该规定于1986年公布。

不久,被上诉人致力于野生生物保护及其他环境事业的组织对内务部长提起了本诉讼,寻求宣告式判决,宣告新法规对第7节(a)(2)的地域适用范围的解释是错误的,并要求法院颁布一项要求内务部长制定新章的命令,恢复原先的解释。地区法院接受了内务部长以起诉不具备资格驳回起诉的动议。① 第八巡回区上诉法院根据有分歧的投票决定推翻了该判决。② 发回重审时,内务部长提议对起诉资格进行即时审判,而被上诉人则提议对案件的实质问题进行即时判决。地区法院以第八巡回区法院已经对本案中的资格问题作出了裁定为由,驳回了内务部长的动议。它同意了被上诉人要求对实体问题进行审理的动议,并责令内务部长发布一个经修改过的规章。③ 第八巡回区法院维持了该判决。

斯卡利亚法官撰写了司法意见,法官怀特和托马斯以及首席大法官伦奎斯特表示完全同意。法官肯尼迪和苏特以及史蒂文斯各自写了基本同意的意见。法官布莱克蒙和奥康纳持反对意见。法院指出,多年来,我们的判例已经确立,起诉资格的最低合宪构成要件包括三项:首先,原告必须遭受"事实损害",一项对受法律保护的利益的侵害,它是(a)具体的和特定的,……而且(b)"实际的或马上发生的,而不是'推测的'或'假想的'。"第二,在损害和被诉行为之间必须存在因果关系,损害应"可正当地……归因于被告的受诉行为,而不是其他不到庭的第三方的独立行为的结果"。④ 第三,它必须具有损害将会"通过一个有利的判决得到救济的'可能性'",而不仅仅是"推测性"。

诉诸联邦司法管辖的当事人承担确定这些要件的责任。由于它们不仅仅只是申辩上的要求,更是原告诉讼不可或缺的一部分,每一个要件都必须以其他原告承担举证责任的事件一样的方式得到支持,即在接下来的诉讼阶段中所要求的证据形式和证明程度。法院从两方面分析了当事人主张,拒绝了其起诉资格。其中第一方面是要求原告举证。

(1)当事人的证词不包含任何事实表明对物种的伤害如何会对凯利和斯基布雷德两位女士产生"即将发生"的损害。

---

① Defenders of Wildlife v. Hodel, 658 F. S. Supp. 43 (Minn. 1987).
② Defenders of Wildlife v. Hodel, 581 F.2d 1035(1988).
③ Defenders of Wildlife v. Hodel,707F. Supp1082(Minn,1989).
④ Simon v. Eastern Ky. Welfare Rights Organization, 426 US. 26, 41—42(1976).

法院指出,被告人的损害主张是指就特定的接受基金支持的海外活动部咨询部长意见"增加了濒临灭亡和受威胁的物种的灭绝率"。当然,使用或观察动物物种的愿望即使是出于纯粹审美目的,也不可否认是为确定资格所需的一种可识别的利益。"但是'事实损害'审查所要求的要比对一个可认识的利益的损害多。它要求寻求司法审查的当事人本人就是受害人之一"。为了驳斥部长的即决审判动议权,被上诉人得提交宣誓证词或其他的证据,以具体的事实表明不仅列表上的物种事实上正受到在国外的受资助活动的威胁,而且一个或更多的被上诉方成员除了他们对目标的"特别兴趣"外,将会因此受到"直接的"影响。①

上诉法院集中在两个保护者即乔伊斯·凯利和埃米·斯基布雷德的证词上。凯利女士声称她1986年到埃及旅游,"观察那儿濒临灭绝的尼罗河鳄鱼的传统栖息地,并希望再次去那儿以便直接地观察鳄鱼"。她说"由于在监督尼罗河上的阿斯旺高坝的复建……和在发展……埃及的……主要水利工程计划中美国……的角色……,她将会遭受到事实上的损害"。斯基布雷德声称她在1981年到过斯里兰卡并观察了"诸如亚洲象和豹之类的濒临灭绝的物种的栖息地",该地方现在正是由国际开发署资助的马哈威利工程所在地,她说,虽然她"没有能够看到任何的濒危物种";但"这一发展计划","将会严重地减少受危害、受威胁及地方特有的物种的栖息地,包括我所参观的地区……,(这)可能激剧地缩短这些物种的未来";她由此得出结论,那种威胁伤害了她,因为她"打算将来重返斯里兰卡并希望更幸运地至少能见着濒临灭绝的大象和豹"。在随后的作证中,当斯基布雷德女士被问到是否和什么时候打算重返斯里兰卡时,她反复强调说"我准备回到斯里兰卡",但承认她目前暂时没有任何计划。她说:"我不知道(什么时候),现在正发生一场内战,我不知道,肯定不是下一年,在将来。"

然而,这些证词显然不包含任何事实表明对这些物种的伤害如

---

① Hunt v. Washington State Apple Advertising Comm's, 432 US. 333, 343(1997).

何会对凯利和斯基布雷德两位女士产生"即将发生"的损害。在工程开始之前这两位女士曾"参观"过工程的所在地,这一事实并不能证明什么。正如我们在相关的行文中说过的:"过去受非法行为的影响本身并不证明一个当前的有关禁止性救济的案件或争论……假如没有附随任何持续的、现实的不利影响的话"①。而且,两个宣誓者关于"有意"回到以前游览过的地方——这一次他们也许将被剥夺参观濒临灭绝动物物种机会的证言——是绝对不够充分的。类似这种"将来某天"的意图——没有说明任何具体的计划,或甚至是没有任何这一天什么时候来临的详述——不能支持我们的案件所要求的事实或即时的损害认定。

（2）新的理论主张不能支持当事人的起诉资格。被上诉人还提出一系列新颖的资格理论。"生态系统连接"的理论建议任何使用"毗连的生态系统"的任何部分的人,只要他受到受基金资助的活动的不利影响就有起诉资格,即使该活动处于很远的地方。这种路径,如上诉法院正确地评论过的,与我们在露简诉国家野生生物联合会案②中的看法不相一致。该联合会坚持,声称受到来自环境破坏的伤害的原告必须利用了受被质疑行为影响的地区,而不是一个大致在它"附近"的区域。被上诉人的其他理论被称作"动物连接"方法,根据该理论,任何有兴趣研究或观看地球上任一地方的濒危动物的人都有起诉资格;还有另外一种理论叫"职业连接"方法。该方法认为,任何在这些动物身上有职业兴趣的人都可以起诉。根据这些理论,谁去观看布朗克斯动物园里的亚洲大象,或谁是布朗克斯动物园里亚洲大象的看护人,谁就有资格因国际开发署总裁就国际开发署资助的在斯里兰卡的计划没有征询内务部长的意见而提起诉讼。这是毫无道理的。

从该案可看到,法院要求原告举证,如果其没有任何事实支撑,就不能获得起诉资格。

---

① City of Los Angeles v. Lyons, 461 US 55, 102—103 (1983).
② Lujan v. National Wildlife Federation, 497 U. S. 871 (1990).

第三节 比 较

从上面介绍可以看出，澳美两国在损害与行政行为之间的因果关系上既有不少共同点，也有一些差别。澳大利亚法院对此论述相对简单，没有大量的系统阐述。而美国最高法院及其下级法院虽然在因果关系上还不一致，但却形成了基本的适用技术规范。这为其进一步系统化奠定了基础，也为形成更为和谐一致的适用规则和控制路径提供了基础。

1. 两国共同点

（1）两国法官都认识到作为起诉资格条件的因果关系与哲学上、科学上的因果关系不同。把握法律上的因果关系既要立足于立法规定，又要根据实际情况作出适当的补充。

（2）立法都对作为损害的行政行为即公权类型做了相应的规定和限制。澳美两国成文法《行政决定（司法审查）法》和《行政程序法》中所言的行政行为（这是一个泛称，具体有不同的名称）多种多样，法院都根据法律的规定对此做了解释和适用。

根据美国立法和判例，"只有当行政机关作出最后决定，影响当事人的权利、义务或利益时，才是可以审查的行政行为。"[①]美国《联邦行政程序法》第551节第13款规定："行政行为包括行政机关的法规、裁定、许可证、制裁、救济的全部或一部分，或者和上述各项相当或否定的行为或不行为。"另外该法第704节关于可以审查的行为是："法律规定可以审查的行政行为，以及没有其他适当的法院救济的最后确定的行政行为应受司法审查。"

美国《行政程序法》强调法律规定和行政行为的"最后确定"。这与澳大利亚的行政决定相同。但是，这一界定容易导致把行政主体作出的准备行为或中间性的行为排斥在司法审查之外。这一点不同于澳大利亚把"措施"纳入司法审查范围之中。

---

① 王名扬著：《美国行政法》，中国法制出版社2005年版，第598页。

但从实际情况看,美国法院在司法审查时遇到的行政行为,超过行政程序法中规定的几种方式。可贵的是,美国法院通过多种方法,避免对行政行为作出抽象的定义,而是对每个案件作出具体分析。通过下列几个路径,扩大了法院的实际受案范围,克服了立法的不足:第一,法院考察行政机关的行为是否对当事人具有拘束力,从而直接影响当事人的法律地位。对当事人没有拘束力量,不直接影响其法律地位的行为不是行政行为。第二,法院也考察行政机关的意图是否以某种行为作为行使权力的工具,如一个委员会的主席以官方身份,代表委员会所发表的意见,可以认为是委员会有意使用这种方法作为行使权力的工具或施加压力的手段,成为可以审查的行为。第三,法院考察行政机关的行为是否已经产生损害,如果已经产生损害,则是一个可受审查的行为。例如行政机关拒绝发给临时许可证,尽管临时许可证只是通向取得正式许可证的一个步骤,但是当事人取得正式许可证要在一定时间内,在此以前可以利用临时许可证。拒绝发给临时许可证已经产生实际的损害,因此法院可以审查这一行为。[①]

上述情况表明,美国法院并没有机械地适用《行政程序法》对行政行为的界定,特别是没有把该法规定的"最后确定的行政行为"简单化地等同于法院只能审查行政主体作出的"最后的行为",而是根据实际情况,把行政主体作出的准备行为或中间性的行为纳入司法审查的受案范围。法院通过判例弥补了立法不足。

(3) 都对造成损害的主体有所限制。两国在此方面有很多共同点。一般根据立法和惯例确定损害利益的主体。

(4) 都强调损害和行政行为之间某种因果关系,特别是承认直接性是确定起诉资格的条件。至于间接因果关系能否构成资格要件,都没有全盘否定,而强调根据不同情况予以处理。两国都承认立法不要求当事人提供特殊的个人利益或者个人损害的相关证据,不意味着不需要提供其利益受损害和行政行为之间存在某种因果关系

---

① 参见王名扬著:《美国行政法》,中国法制出版社2005年版,第597—599页。

的证据或证明。两国都认为,损害的原因可大可小、可多可少,要具体情况具体分析。两国承认行政行为与损害关系的亲近性。两国都承认可追溯性是一项重要的标准。两国都承认因果关系要有可能性。

2. 两国差别

(1) 对构成行政行为的情形立法和司法实践不同。澳大利亚立法规定了行政决定、措施和懈怠行使权力三种情形。美国法律规定没澳大利亚的清楚。但是,美国最高法院通过大量判例把一些类似澳大利亚措施的行为纳入司法审查范围之中。①

(2) 在阐述因果关系对起诉资格的构成要件时,澳大利亚远没有美国法院那样清楚明确。澳大利亚法院系统阐述利益损害与行政行为之间因果关系的案件不多。学界和实务界都认为,法院特别是高等法院对因果关系的论述还不足以指导实践的需要。

美国法院在许多案件中都有阐述。法院总结出很多带有结论性的技术规范,便于法院形成自我约束机制,尽管在此方面仍然不一致。如法院认为,当事人主张起诉资格,其遭受的损害不能仅仅因为公众利益也受到损害,就否定其资格;美国人或主张其成员或自身利益,因公权力行使而受害团体或组织,几乎均有可能至法院展开诉讼程序②,且纵使仅部分成员利益受损亦然。③ 法院对当事人证明责任的检审非常细致入微,但澳大利亚的审查和论述都很简单、粗疏。

3. 反映治理行政权的经验

两国立法以及判例都推动对利益损害与行政行为之间因果关系做宽泛的解释,从而放宽起诉资格的要求。这种与时俱进的做法满足了社会发展的要求。两国之间的共同点,反映了人类治理公权的经验,反映了澳大利亚对美国经验的总结和借鉴。两国之间的差异

---

① 朱应平:《扩大行政诉讼受案范围的两条新路径》,《政治与法律》2008 年第 5 期。
② E.g., Joint Anti-Fascist Refugee Committee v. Mc Grath, 3441 U.S. 123, 139 (1951); Current v. Laird, 420 F. 2d 122, 124 (D.C. Cir. 169). See Dijk, Judicial Review of Government Action and the Requirement of an Interest to Sue 112—113(1980).
③ National Student Association v. Hershey, 412 F. 2d 1103. 1120 (D.C. Cir. 1969).

反映各国有自己的国情。比如,两国立法对公权类型的规定不同。两国在承认公民诉讼问题上,美国对环境保护和税收方面的立法规定比澳大利亚更多更完善,也给美国法院更好地解释和适用法律提供了依据。

第六章

原告资格的可救济性条件

澳美两国通过判例都确认,起诉资格条件之一是,其申请的司法审查对其受到的损害具有某种程度的可救济性或补救性。两国具体做法既有相同点也有不同点。

第一节 澳大利亚司法审查原告资格的可救济性条件

一、可救济性具体要求

一般情况下,当事人申请的司法审查须能对其受到的利益损害有某种补救或者矫正作用。这个条件又称作司法救济的实益性,或可救济性。司法救济可救济性是指,在行政诉讼(司法审查)中,原告申请的司法审查必须能对其利益损害有某种矫正或者补救作用。如果司法审查不能起到救济作用,或者救济效率不高、成本较大,就可能不被授予资格;或者在当事人放弃原告资格时不能获得司法救济。

澳大利亚立法上没有明确规定起诉资格需要以可救济性为条件,但是立法所设定的相关限制和要求,内含了对起诉资格需要以一定的救济作用为条件。如穷尽其他救济和排除司法审查事项的规定,往往内含了可救济性有限的含义,因为这些因素使得起诉无法获得目的,或者实现目的的成本过大,或者由司法救济会带来严重的后果等。

司法判例确立了起诉资格的救济性条件。如前指出,起诉资格条件之一是申请人须有某种特殊利益。但仅仅有特殊利益并不必然成为原告资格,申请人能否成为适格的原告还取决于当事人申请的司法审查对利益损害是否有补救或矫正作用,利益与救济效果之间有密切的关系。正如联邦法院在市内交通系统环城公司诉艾伦案中所说[1]:"重要的是,就本上诉来说,埃克金法官说过,特殊利益问题将要通过考查原告主张的利益与其申请的救济之间的关系加以回答。他说,在某项诉讼主题事项中原告的'利益'必须能担保授予其所申请的救济……原告的利益应该是一种与申请陈述中所主张的救济有关系的利益。"(第 45 段)

法院多次强调,出庭资格必须"与所申请的救济相关"。[2] 在澳大利亚保育基金会有限公司诉联邦案中[3],梅森法官说:"就现在的目的来说,某种利益并不意指仅仅是一种智力的或感情的关切(事务)。某人不享有在此规则范围内的利益,除非其诉讼获得成功,其可能获得某种好处"(第 530 页)。在奥纳斯诉澳大利亚铝业公司案中[4],布仁南法官说:至少原告必须能证明,诉讼成功能授予他——尽管作为某个阶层的成员——某种比授予普通共同体成员更大的利益或好处;或者另一种选择就是,成功的诉讼将使之减轻危害或者减轻因此受到的损害——尽管作为某个阶层的成员——其遭受的程度比一般共同体成员遭受的程度更大。

可见,成功的诉讼能使申请人获得某种比普通共同体成员更大的利益或好处;成功的诉讼将使之减轻危害或者减轻因此受到的损害。前者是积极的救济功能,后者是消极救济功能。

---

[1] Transurban Citylink Ltd v. Allan(1999) 95 FCR 553;[1999] FCA 1723.
[2] Australian Conservation Foundation v. Commonwealth (1980) 146 CLR 493 at 511 per Aickin J.
[3] Australian Conservation Foundation Inc v. Commonwealth (1980) 146 CLR 493.
[4] Onus v. Alcoa of Australia Ltd (1981) 149 CLR 27 at 76.

二、申请的救济种类须与利益损害的情形相适应

当事人申请司法审查的种类与利益救济要适应。司法救济有普通法和制定法两种。

第一章介绍了普通法上的司法救济主要有两类。特权性命令主要是禁令、调取案卷令、训令、人身保护令等。也有责问某人根据什么行使职权的令状（quo warranto）、禁止出国令、强制判决令（procedendo）。衡平救济包括禁制令（指令）和宣告令。① 要获得有实益的救济，必须把握普通法各种救济的特点和适用范围。相关内容在第一章已经说明。

由于传统救济方法特别是普通法中的特权令，有突出的技术性、复杂性和不确定性特点，使得这种令状作用难以充分地发挥出来。1977 年联邦《行政决定（司法审查）法》吸收了传统救济方法，并使之更方便相对人救济。

联邦《行政决定（司法审查）法》确立了成文法救济，第 16 条规定，联邦法院和联邦治安法院对审查令申请，可以根据不同情况作出下列四类不同的审查令。

第 1 款规定，对当事人申请法院审查决定的命令，法院在其权限内发布所有的或其中一种命令：(1) 对决定予以撤销或者宣布其为无效的令状，或者对决定的部分内容予以撤销或者宣告无效的令状。该令状从颁发之日起生效或者从法院规定之日起生效。(2) 命令将该事项交付原来作出决定的人进一步复议，复议者必须根据法院认为合适的要求进行。(3) 宣布当事人享有与该决定相关权利的命令。(4) 指令当事人做或者不做法院认为有必要在当事人之间公平对待的某个行为或事情。

第 2 款规定，对为作出决定而已采取、正在采取或准备采取的措施申请审查令的，法院可以作出下列一种或两种命令：(1) 宣布当

---

① 在公法中对衡平救济的讨论参见 Bateman's Bay Local Aboriginal Land Council v. Aboriginal Community Benefit Fund (1998) 194 CLR 247 at [24—32].

事人与该项措施有关的权利。(2)命令当事人做或不做法院认为有必要在当事人之间公平对待的行为或事情。

第3款规定,对未作出决定的懈怠行为或未在规定期限内作出决定的懈怠行为申请审查令的,法院可以运用其裁量权,同时颁发下列各项令状,或者颁发下列任一令状:(1)指令作出决定;(2)宣布与作出的决定有关当事人的权利;(3)指令当事人做或不做法院认为有必要在当事人之间公平对待的行为或事情。

第4款规定,法院可以在任何时候,主动采取或根据当事人的申请撤销、变更或者中止依据本条规定颁布的任何命令的效力。

上述每一类审查令状都有其特有的作用。申请人在申请时,如果不根据其具体特点、适用范围和针对的利益损害,就很难实现权利救济的目的,从而会导致救济无实益。

此外一些州也有制定法上的司法审查救济方法。

三、可救济性案例、条件和适用

作为起诉资格要件的可救济性至少包含三方面内容:基本原理、条件和适用。

1. 可救济性经典案例介绍

市内交通系统环城公司诉艾伦案件[①]

第五章介绍了该案。在下列案件中,法院比较集中讨论了关于起诉资格可救济性条件的看法。高等法院在本案中提出如下看法:

(1)如果所申请的救济不能促进申请人的利益,或者不能导致同意该机构损害当事人的行为失败,那么普通常识将提示,司法审查的申请人将缺乏资格(第46段)。这是法院从正反两方面对救济性作出的概括性说明。

(2)审查某项行政决定的资格问题是通过查阅包含在受审查的行政决定中原告具有的利益来确定的。它是通过查看此项审查的性质和主题事项,以及申请人个人或其代表机构与此项审查之间的关

---

① Transurban Citylink Ltd v. Allan(1999) 95 FCR 553;[1999] FCA 1723.

系来确定的。在审查结果之中的利益可能引起资格。但是在此项审查的实际结果不会对申请人产生影响的情况下,则不能享有资格(第50段)。"在审查结果之中的利益可能引起资格"、"审查的实际结果不会对申请人产生影响",这两句话是从正反两方面对可救济性的说明。还要注意的是,这一段话中涉及到两种利益,一种是行政决定所影响的利益,此种利益也是确定起诉资格的条件之一。本书在第三、四、五章探讨的就是这种利益。另一种就是本章涉及的利益,即经过司法审查以后可能获得的利益,这种利益需要在审查结果之中才能发现,属于可救济性内容。在起诉资格确认阶段,要证明审查结果之中有利益,确实有一定难度,实际上要证明在审查结果中当事人能够获得利益的可能性。

(3) 在决定艾伦先生所主张的利益是否太遥远时,有必要考虑是否在相关时间即他向裁判所提出申请时,他是否可能从此项审查中获得某种好处。换言之,有必要追问,他所主张的利益是否能以任何方式受到此项审查结果的促进(advanced)或者损害。这一点似乎从未被确定。可能被接受的看法是,在资助该项城市环形工程资金贷款的税收负担方面,艾伦先生与其他公众成员相比没有什么不同的利益。市内交通公司是否获得扣除利息,或者在被该项许可包括的基础设施的公债中投资人是否已经从该公司支付的利益中豁免税收,这并非是艾伦先生真正关心的事情。艾伦先生试图通过审查所做的事情是结束此项环城工程。在我们看来,那是不可能通过此项审查能够达到的,而且此项审查的结果不可能对他产生影响(第52段)。这是法院结合案例说明,由于当事人申请的救济不能达到其所主张的利益。因为即使法院宣告政府的豁免税收等决定违法,也只是中止这些措施的执行,并不能导致当事人艾伦所希望的此项工程的结束,因此被法院确认为没有资格。

2. 可救济性须达到的条件

司法审查要求申请的救济种类对其利益损害有矫正或补偿功能,须符合以下要求:

(1) 可能性。为了拥有起诉资格,原告必须能显示出,"救济是可能的,这与单纯的猜测性不同,这种损害将可以由某种有利的决定而得到矫正"。① 当然可能性并不意指:"起诉资格依赖于必须显示出,这种裁量权必须得到有利的行使"。② 换言之,它并不意味着,当事人要证明,法院行使司法救济必然带来有利的结果。因为那是将审理过程要解决的实体问题作为起诉资格阶段要解决的问题。起诉资格审查阶段提出过于严格的要求,必然导致剥夺起诉资格的结果,也是把起诉以后要解决的实体问题作为判断起诉资格的条件。起诉资格所要求的救济手段的矫正性,实际上是强调,在原告受到的损害和原告主张的救济之间须有某种联系。这种联系在很多情况下是一种可能性。

在市内交通系统环城公司诉艾伦案中③,联邦法院法官认为:申请人艾伦不是一位有资格申请上诉裁判所救济的当事人,这仅仅是因为这项审查的结果使他有受到指控或使他豁免受指控的可能。而艾伦先生要求审查发展津贴署拒绝重新考虑其颁布执照的决定,目的是通过审查结束此项环城工程。总体而言不受该项审查结果影响的当事人不享有起诉资格。

(2)真实可靠性。它是指原告必须受到审查行政决定的"真实结果"的"影响"④,或者在这种结果中有某种"利害关系"。⑤ 如果它们在"总体上不受这种审查结果的影响",则缺乏起诉资格。⑥ 即使他们得到了某种救济,他们也"不会避免"由受挑战决定对它们的

---

① Lujan v. Defender of Wildlife 504 US 555 at 560—561(1992) per Scalia J; Truth About Motorways v. Macquarie Infrastructure (2000) 200 CLR 591 at 634 [113] per Gummow J, at 656 [169] per Kirby J.
② Truth About Motorways v. Macquarie Infrastructure (2000) 200 CLR 591 at 612 [47] per Gaudron J.
③ Transurban Citylink Ltd v. Allan(1999) 95 FCR 553; [1999] FCA 1723.
④ Transurban City Link v. Allan (1990) 95 FCR 553 at 565 [50]; 168 ALR 687 at 698.
⑤ United States Parole Commission v. Geraghty 445 US 388 at 397 (1980).
⑥ Transurban City Link v. Allan (1990) 95 FCR 553 at 564 [48]; 168 ALR 687 at 697—698.

"任何危害"。① 此时,当事人就没有获得这种救济的资格。审查结果对当事人利益的影响既可以是促进申请人的利益,也可以是导致行政主体损害当事人的行为失败。

(3) 贯穿全程性和可重复性。"原告申请的救济必须能对损害有某种矫正作用。"这个要求必须贯穿于整个诉讼程序中。如果"随着申请人环境的变化,这件事情变得毫无意义的话",②他们就会失去资格。尽管也有例外。在美国罗伊诉韦德案中③,挑战堕胎法律合宪性的原告,在上诉到达法院时,已经没有人还处于怀孕状态,但是他们获得准许对其案件进行争论,因为这种被申诉的且受到挑战的行为有重复出现的情况。④ 但是此种例外不能适用于下列情况:"甚至在该行为开始之前,此项争议已经变得毫无意义。"⑤换言之,只要某种争议有意义而且有重复出现的可能,当事人就应当被赋予起诉资格。

(4) 充分性。如果某人申请的司法审查对其利益损害只有不充分的影响,则缺乏起诉资格。⑥ 例如如果工会申请成功,它只能显示出在获得工作方面有一种"轻微的合比例的增长"。对授予起诉资格来说,这还不是"充分的重要性"。⑦ 在该案中,当事人没有证据证明,根据《行政决定(司法审查)法》规定提起的诉讼如果获得成功,必然会导致取消政府与非联合会工人的雇主与政府缔结的合同,或者带来授予给联合会工人的雇主获得许可的结果。换言之,当事人即使获得起诉资格,也不能获得充分救济的实效,对联合会工人雇主

---

① Maritime Union of Australia v. Anderson (2000) 100 FCR 58 at 78[48]。
② Allan v. Development Allowance Authority (1999) 93FCR 264 at 567—569 par [50]; Transurban City Link v. Allan (1990) 95 FCR 553 at [60][69]。
③ Roe v. Wade 410 US 113 (1973)。
④ Maritime Union of Australia v. Anderson (2000) 100 FCR 58, at 80—81[55]。
⑤ Maritime Union of Australia v. Anderson (2000) 100 FCR 58, at 80—81[55];引自 Renne v. Geary 501 US 312 at 320—321 (1991)。
⑥ Transurban City Link v. Allan (1990) 95 FCR 553 at 564—565 [49]; 168 ALR 687 at 697—698。
⑦ Australian Foreman Stevedores Association v. Crone (1989) 20 FCR 377 at 380—381。

能否获得缔结合同的利益不产生实质性影响。

综上,司法审查对原告受害救济来说须有可能性、真实可靠性、全程性和可重复性、充分性等特点。

四、正确适用起诉资格的可救济性条件

需要指出的是,对于可救济性的理解要根据案件具体情况加以分析,过于严格地要求当事人证明救济的充分性,会将当事人拒绝在司法救济的大门之外。法院对此的观点如下。

1. 强调不能对可救济性提出过于严格的要求,一般来说只要有可能性和部分救济性即可

在多伊尔诉总参谋长案中①,部队一位少校被拒绝升职,进而寻求延长申请对该行政决定进行审查的时间。法院直接表达了在可以获得的救济和起诉资格要求之间的关系。答辩人参谋长建议法院驳回当事人的请求,其理由是,实际审理该案件时,多伊尔少校已经被解除了军队职务。法院拒绝在早期阶段对参谋长提起的争议作出决定。法院评论说:"被告没有争辩说法院没有管辖权"②。法院引用了图希斯案支持其拒绝对起诉资格作出决定的争议,并陈述道:"在早期预备性阶段过多地考虑申请人缺乏有利的材料这样一个因素,对法院的决定来说是不正确的"。③

多伊尔案裁决类似于图希斯案。在后一案中,法院确认,获得赔偿的可能性足以授予资格,但这并不要求法院裁决将肯定能提供某种救济。"它也许致力于申诉但却败诉,这一事实,在我看来,都无关紧要"(to the point)。④ 从这里可以看出,有某种可能性就会证明其救济的实益性,即使其实际结果并没有带来实益也不例外。

这个裁决也类似于在奥纳斯诉澳大利亚铝业公司案的裁决。法

---

① Doyle v. Chief of General Staff (1982) 42 ALR 283.
② Ibid 287;假设在这个意义上的"管辖的"意指由《行政决定(司法审查)法》授予的司法权的范围内。
③ Ibid 288.
④ Tooheys Ltd v. Minister for Business and Consumer Affairs (1981) 36 ALR 80.

院认为,土著人有某种文化上的利益存在于法院应该采取措施加以保护的这块土地上,"一旦上诉人显示出他们有某种充分的利益,他们就没有丧失提起诉讼的资格,因为他们可以获得的救济并不要求是完全的救济。"① 换言之,即使他们能够获得的救济不是完全的,只要有可能获得一点救济,也不影响其享有这种资格。

2. 不具有救济实益的不予起诉资格

法院通过考查关系疏远的边际约束来判断当事人是否享有起诉资格。② 对有关关系疏远的边际约束的适用表明,在当事人声称受到影响的利益是某种经济利益的情况下,法院不得不对其程度作出仔细的判断。根据一般法下提起的某个诉讼如在耶茨证券服务有限公司诉基廷案中③,联邦法院合议庭认为,申请人在开发悉尼帕迪市场位置(Paddy's Market site)时的利益太远,以至于不能为其挑战司库继续允许另一发展商取得该地点这一决定的合法性奠定起诉资格基础。无论案件输赢如何,申请人都有为了取得和发展该地点商业上的利益。诉讼的成功并不授予任何种类上的商业好处,更不用说超出其他公众成员之上的好处。尽管法院并不期待某个申请人证明从该项诉讼的成功中利益增值,但是在本案中,申请人没有证据证明,它将是取得这个地点的最大竞争者。④ 这说明缺乏证据证明诉讼成功能对当事人的利益损益产生实质性影响。

在澳大利亚装卸工工头联合会诉克龙案中⑤,联合会和两位联合会成员挑战一项许可由某非联合会工人的雇主进口船只的决定。尽管联合会成员预期由于该行政决定将会产生减少就业机会的结果,但是联合会或个人申请人都没有资格挑战此项行政决定。因为他们一直希望政府能授予某个联合会工人的雇主获得许可,而且认

---

① Onus v. Alcoa (1981) 36ALR 433.
② Margaret ALLARS, Standing: the role and evolution of the test, Federal Law Review 1991 Volume 20 at 109.
③ Yates Security Services Pty Ltd v. Keating (1990) 98 ALR 68, 81, 87, 95—98(rev'g Yates Security Service Pty Ltd v. Keating (1990) 98 ALR 21).
④ Yates Security Services Pty Ltd v. Keating (1990) 98 ALR 68, 95—97 per Pincus J.
⑤ Australian Foreman Stevedores Association v. Crone (1989) 98ALR 276.

为政府准予非联合会工人的雇主获得缔结合同的决定是错误的（out）。但是，当事人没有证据证明，根据《行政决定（司法审查）法》规定提起的诉讼即使获得成功，必然会导致取消政府与非联合会工人的雇主与政府缔结的合同，或者带来授予给联合会工人的雇主获得许可的结果。换言之，在该案中，法院认为，当事人即使获得起诉资格，也不能获得任何实效，对联合会工人雇主能否获得缔结合同的利益不产生实质性影响。

综上，在澳大利亚，是否授予相对人起诉资格，就司法审查对利益损害救济实益来说，有很多因素要考虑。第一，了解可救济性基本原理：如果所申请的救济不能促进申请人的利益，或者不能导致行政机构损害当事人的行为失败，那么申请人将缺乏获得司法审查的资格；在审查结果之中的利益可能引起资格，但是在此项审查的实际结果不会对申请人产生影响的情况下，则不能享有资格；当事人所主张的利益是否能以任何方式受到申请的司法审查结果的促进或者损害。第二，可救济性符合要求的条件：申请救济的手段必须与利益损害之间相适应；救济具有矫正或补偿作用须达到的条件包括可能性、真实可靠性、贯穿全程性和可重复性、充分性。第三，在适用可救济性时，强调不能对其提出过于严格的要求，一般来说只要有可能性和部分救济性即可；确实不具有救济实益的不予起诉资格。

第二节　美国司法审查原告资格的可救济性条件

一、可救济性的必要性[①]

在美国，要获得诉讼资格，当事人必须证明其所受到的损害是"可追究的"并"可纠正"的。虽然这两个要求是不同的概念，但它们一般放在一起解决。但如果有关立法限制了法院的救济手段，那么

[①] 本部分主要参考王名扬著：《美国行政法》（下），中国法制出版社2005年第2版；孔祥俊著：《行政行为可诉性》，人民法院出版社2005年版；《论行政诉讼中诉之利益》，载法治斌：《人权保障与司法审查》（宪法专论二），月旦出版公司1994年版，第159—214页。

即使损害可被追究于被告的行为,该行为仍然可能是不可纠正的,因而得不到任何司法救济。① 可救济性作为起诉资格条件早就获得法院承认。法院认为,原告必须声称和证明,其个人损害能够"合理地归咎为被指控的被告的非法行为,并具有通过被请求的救济获得补救的可能性"。② 可救济性是指原告必须说明满足其要求的判决能够使其损害得到救济。最高法院已宣布,因果关系和可救济性均为原告资格的宪法要求。③

最初,最高法院将因果关系和可救济性作为一个标准,要求因果关系的原因是,只有在损害是由被告引起时,阻止被告的行为才能够停止损害。可救济性也是针对同样的损害,因而法院有时对二者不作区分。如在沃斯诉赛尔丁案中,最高法院指出,为了具有原告资格,原告必须主张,"被指控的损害是被告行为的结果,或者将来的救济将消除该损害"。④ 但在艾伦诉赖特案中,最高法院指出,两者是各自独立的原告资格要件。⑤ 在合众国诉海斯案中⑥,最高法院指出两者为不同的原告资格要件,联邦法院在审理案件时必须要求同时满足两项要件。……在有些案件中,最高法院以起诉人的损害不能由司法干预进行救济为由,也即即使法院撤销该被诉行为亦不能阻止该损害的发生,否定其原告资格。在大多数案件中,因果关系和可救济性问题是不能分开的,即如果被诉行为引起了某项损害,废除该行为的法院命令可使该损害得到救济。⑦

总之,综合上述法院观点,是否授予相对人起诉资格,就司法审查对利益损害救济实益来说,救济须有用,司法审查不产生实际作用

---

① 张千帆、赵娟、黄建军著:《比较行政法》,法律出版社 2008 年版,第 694 页。
② Allen v. Wright, 468 U.S. 737, 751 (1984).
③ See, e.g., United States v. Hays, 515 U.S. 737, 743 (1995). 参见孔祥俊著:《行政行为可诉性》,人民法院出版社 2005 年版,第 234 页。
④ Warth v. Seldin 422 U.S. 737, 753 n. 19 (1984).
⑤ Allen v. Wright 468 U.S. 737, 753 n. 19 (1984).
⑥ United States v. Hays, 515 U.S. 737 (1995).
⑦ 参见孔祥俊著:《行政行为可诉性》,人民法院出版社 2005 年版,第 233、234、236 页。

的无须赋予起诉资格。

二、可救济性须具备的条件

由于可救济性经常与因果关系作为一个条件加以考虑,或者二者作为不可分割的组成部分加以考虑,第五章涉及二者因果关系的不少内容也基本适用这里对可救济性的要求。

1. 可能性

在露简诉野生生物保护者案中①,法院指出,我们的判例已经确立,起诉资格的最低合宪构成要件包括三项:……第三,它必须具有损害将会"通过一个有利的判决得到救济的'可能性'",而不仅仅是"推测性"。同时,原告负有责任摆出事实来证明那些选择已经或将会以这样的方式作出以致产生了因果关系和允许了损害的可救济性。② 它将可能性作为其要件。

露简诉野生生物保护者案③

第五章介绍了该案。该案涉及对内务部长颁布的法规提出质疑。该法规对1973年《濒临灭绝物种法》第7节做出解释,使它只适用于美国境内和发生公害的行为。被上诉人致力于野生生物保护及其他环境事业的组织对内务部长提起了诉讼,寻求宣告令判决宣告新法规对第7节(a)(2)的地域适用范围的解释是错误的,并要求法院颁布一项要求内务部长制定新规章的命令,恢复原先的解释。地区法院接受了内务部长以起诉不具备资格驳回起诉的动议。第八巡回区上诉法院根据有分歧的投票决定推翻了该判决。发回重审时,内务部长提议对起诉资格进行即时审判,而被上诉人则提议对案件的实质问题进行即时判决。地区法院以第八巡回区法院已经对本案中的资格问题作出了裁定为由,驳回了内务部长的动议。它同意

---

① Lujan v. Defenders of Wildlife, 504 US. S 555(1992).
② 〔美〕史蒂文·J. 卡恩著:《行政法原理与案例》,张梦中等译,中山大学出版社2004年版,第150—151页。
③ Lujan v. Defenders of Wildlife)504 US. S 555(1992). 参见史蒂文·J. 卡恩著:《行政法原理与案例》,张梦中等译,中山大学出版社2004年版,第149—158页。

了被上诉人要求对实体问题进行审理的动议,并责令内务部长发布一个经修改过的规章。第八巡回区法院维持了该判决。最高法院准予复审令。法院要解决的问题之一是,被上诉人(下文中的原告)是否有资格寻求对该法规的司法审查。法院强调原告要承担举证责任。法院主要从两个方面分析了当事人的主张,进而拒绝了其起诉资格。其中第二方面是被上诉人申请的救济是否对其遭受的损害具有可救济性。

法院认为,被上诉人不能证明可救济性。分析如下:(1)攻击对象不当。被上诉人不挑战据称是使他们受到损害的特定工程提供资金的单独的决定,而是选择攻击更一般化的政府行为(关于征询的规则),此规则的无效将会影响所有的海外计划。这种纲领性的方法有明显的实际优势,但就因果关系或可救济性的证明方法有明显的困难。就像我们在另一背景中提到的,"不是控告具体的可识别的政府违法行为,而是控告机构确立的以执行他们法定义务的特定计划的诉讼……甚至是以几个违法事例的主张为前提时,……即使有也是很少适合于由联邦法庭的宣判"①。法院分析表明,当事人攻击抽象的规则不如攻击更具有可识别的具体违法行为。(2)即使法院命令修改行政机关颁布的规则也不能保证所有机构不提供基金。因为援助这些计划的机构并不是案件中的当事人,地区法院只能针对内务部长作出决定。他可被命令去修改他所颁布的规定;要求国外项目也须征求意见。但这不能为被上诉人所声称的损害提供救济,除非提供资助的机构受内务部长的规章的约束。而这是一个很难解决的问题。这个问题的要点在于被上诉人所控诉的唯一的事实损害的补偿要求由各个资助机构采取行为(在咨询之前终止资金的提供)。而地区法院在该案中所能提供的任何针对内务部长的救济都不太可能产生那种行为。(3)即使取消援助基金也不能保证项目终止。可救济性的另一个妨碍是,机构通常只为外国工程提供全部资金中的一小部分。如国际开发署只向马哈威利项目提供不到

---

① Allen v. Wright 468 U.S. 737, 759—760 (1984).

10%的资金。被上诉人并未提出任何事实来证明,如果援助基金被取消,他们所提及的项目将会中止或减少对所列动物的损害。

基于上述分析,法院认为被上诉人没有提起诉讼的资格,上诉法院驳回合众国提出的即时判决的动议是错误的。上诉法院的意见因此被推翻,该案发回按本意见诉讼。

2.救济具有更直接或更实在性

在前述露简诉野生生物保护者案中,法院指出:"我们一贯主张,如果原告提出的只是一般意义上常见的对政府的不满——声称的只是他自己和每一个公民对正确适用宪法或法律的利益受到侵害,并且所寻求的救济对他的好处并不比对普通大众的更直接或更实在,他就不能提出第三条的诉讼或争议。"①这一点也是澳大利亚法院承认的。

3.有效性

在少数情况下,行政行为的受益人如果不满意其受益程度,也有资格提出诉讼。在1970年一案中②,劳动关系委员会命令雇主停止干预雇员权利,恢复被不适当解雇工作的雇员岗位并补发工资。工会挑战这项决定的适当性,并要求补偿救济,因为雇主拒绝集体谈判的行为是显然违法的。哥伦比亚特区上诉法院认为,有效救济确实要求补偿受到损害的工人,并剥夺雇主通过违法行为所获得的果实,否则委员会将在这个领域内鼓励滥诉。上诉法院将案件发回委员会,以决定救济的具体数额。③ 需要指出的是,由于起诉阶段尚未对实体问题进行审查,证明可救济性的充分性往往困难,所以对此要予以正确的理解,不能扩大其适用。

4.可能重复性及附随效果

在罗伊诉韦德案中④,挑战堕胎法律合宪性的原告,在上诉到达

---

① 〔美〕史蒂文·J.卡恩著(Steven · J.Cann):《行政法原理与案例》,张梦中、曾二秀、蔡立辉等译,中山大学出版社2004年版,第154页。
② International Union of Electrical, Radio & Machine Workers v. NLRB, 426 F. 2 d 1243 (D.C. Cir. 1970).
③ 张千帆、赵娟、黄建军著:《比较行政法》,法律出版社2008年版,第700页。
④ Roe v. Wade 410 US 113 (1973).

法院时,已经没有人处于怀孕状态,但是他们获得准许对其案件进行争论,因为这种被申诉的且受到挑战的行为有重复出现的情况。① 但是这种例外将不能适用于下列情况:"甚至在该行为开始之前,此项争议已经变得毫无意义。"② 我国台湾地区学者指出③:美国联邦宪法上司法审查须有个案争议之要件,除须当事人适格外,如起诉时,事件因事实经过或法律变更④当事人就该争议之解决已无实益时,法院仍得拒绝审查⑤。在迪福尼斯诉奥迪伽德案中,美国联邦最高法院即曾认定上诉时之争议已无决定必要。⑥ 起诉是否已无实益,美国联邦最高法院曾例外地对部分已无决定必要之案件予以审查,即该项争议可能重复而规避司法审查⑦;学者则主张被告虽自愿终止其行为,惟如有极大可能仍将重新作成相同之行为及行为有附随效果⑧,例如附带停权效果,亦应视为应予审查之例外。⑨ 可见,美国对目前不具有可救济性的诉讼在有重复发生或者附带停权效果时,仍然需要受理,即赋予起诉资格。

综上,作为起诉资格的可救济性须符合可能性、直接实在性、有

---

① Maritime Union of Australia v. Anderson (2000) 100 FCR 58, at 80—81[55].
② Ibid. ;引用 Renne v. Geary 501 US 312 at 320—321 (1991).
③ 郭介恒:《行政诉讼之当事人适格》,载翁岳生教授七秩诞辰祝寿论文集:《当代公法新论》(下),元照出版公司 2002 年版,第 38—39 页。
④ 美国联邦最高法院于 1990 年 Lewis v. Continental Bank (110 S. Ct. 1249)一案,因《银行控股公司法》的修正,对系争法律禁止非佛罗里达州之控股公司不得经营工业储蓄银行之规定,已无实益。
⑤ See Liner v. Jafco. Inc., 375 U. S. 301(1964). 美国联邦最高法院认为本案对已不复存在之争议作成决定,其结果与法院提供美国宪法上所禁止之"建议性意见"(advisory opinion)无异。
⑥ DeFunis v. Odegaard 416 U. S. 312 (1974). 本案系法学院学生控告州立大学入学许可程序违反种族平等,惟其已入学就读,于上诉时正就读法学院最后一年,且学校已同意其毕业。
⑦ Southern Pacific Terminal Co. v. ICC. 219 U. S. 498 (1911). 本案中原告提起怀孕妇女之团体诉讼,主张州立法禁止堕胎为违宪,于系属美国联邦最高法院时,原告已不再怀孕,惟仍认为原告或其他妇女将来仍有适用该项州法之可能。
⑧ Cf. Sibron v. New York, 392 U. S. 40 (1968); North Carolina v. Rice, 402 U. S. 244 (1971).
⑨ Lawrence Tribe, American Constitutional Law, 2nd ed, 1988, Mincola, N. Y: The Foundation Press, pp. 89—92.

效性、可能重复性及附随效果性要求。

三、适用可救济性要注意的问题

1. 可救济性是一种可能性，不能提出过于严格的要求

可救济性是对司法审查产生有利于原告结果的要求，这种可救济性的证明不能过于严格，否则就会把起诉资格审查阶段的程序性要求等同于审查过程对实体性问题的审查。

本书第四章介绍过助困医院免税案[①]，联邦税务局允许某些只对穷人提供急救服务的非营利医院获得有利的税收待遇。某些穷人及其组织起诉财政部长和税务局负责人，宣称其决定违反了《内部岁入法》和《行政程序法》，因为税务减免的决定鼓励这些医院拒绝为穷人提供服务。原告中的某些人曾因交不出钱而遭到医院拒绝提供服务，但最高法院判决原告缺乏诉讼资格。法院指出，尽管原告承受了事实上的伤害，但这并不足以满足宪法第3条的"具体争议"要求，因为本案的被告不是医院，而只是财政部长和税务局负责人。原告隐含假设了其所获得的救济——要求医院为穷人提供服务，以作为税务减免的条件——将对拒绝为其提供服务的医院有所遏制，但这完全是一种猜测，因为它假定医院在财务上是如此依赖于对其有利的税务待遇，以致于如果法院将法律解释为了要求接受穷人才能获得税务减免，那么医院就不得不接受穷人。且医院是否因税务减免的决定才拒绝为穷人提供服务，也纯粹是一种猜测。因此，原告未能证明对行政行为的司法救济将有效解决这个问题。

布仁南和马歇尔法官的少数意见承认当事人的起诉资格，他们认为，本案的原告所主张的利益损害是指获得医院服务的"机会和能力"，因为税务局的决定对这些非营利医院传递了错误的经济信号。在这个意义上，事实损害已经存在，因而原告应被认为具备了诉讼资格。如果法院将这类主张作为纯粹的"猜测"而不予受理，那么

---

① Simon v. Eastern Kentucky Welfare Rights Organization, 426 U.S. 26. 参见张千帆、赵娟、黄建军著：《比较行政法》，法律出版社2008年版，第694—695页。

少数族群的孩子是否必须证明政府对种族隔离学校的税务减免导致了学校不愿放弃种族隔离,才算具有适当的起诉资格？在许多案件中,损害是概率性的,因而不带有确定性。譬如某人下毒但未能将人毒死,但他仍然将被认为构成了事实损害。因此,原告不需要证明胜诉所带来的好处,就能证明赢得好处的概率之存在。可见,在这两位法官看来,多数法官对损害和可救济性的要求太高。

法院在不少案件中主要是以不太高的可能性来判断可救济性条件是否符合要求。

在杜克电力公司案中①,最高法院认为起诉人具有原告资格,因为倘若没有《安德逊价格法》,该核电厂就具有不能建成和运营的"实质可能性"。杜克电力公司在没有该制定法时也许会冒险建成和运营该核电厂,或者倘若该法被宣告无效,政府会通过其他途径使核电厂能够建成,最高法院承认这些可能性。但是,只要在该制定法被宣告违宪时,具有杜克会放弃核电厂及政府放弃其民用核电力承诺的"实质可能性",这些不确定性就不足以打破因果关系链条。②这里的实质可能性既包括因果关系的要求,也是可救济性的要求。

在总统咨询委员会诉里佐案中③,布罗德里克根据沃斯案判决那些被拒绝给予住房机会的人有权利取得资格,因为他们既能证明真实的侵害又能证明法院能够提供何种救济措施。法院判决,居民顾问委员会是一个有资格代表其成员的适格原告。原告寻求的只是宣告性和禁止性的救济,这种救济实际上可以预期,而且任何给予的救济都能被合理地预期将适用于居民顾问委员会中真正受到侵害的成员的利益(1012 页)。在阿灵顿海茨村诉大都市住房公司案中④,最高法院判决,应该给予大都会住房开发公司——一个希望为低收

---

① Duke Power Co. v. Carolina Environmental Study Group 438 U.S. 59 (1978).
② 孔祥俊著:《行政行为可诉性》,人民法院出版社 2005 年版,第 237—238 页。
③ 参见《联邦地区法院判例补编》,第 425 卷,第 987 页,东部地区,宾夕法尼亚州判例,1976。引自〔美〕肯尼思·F. 沃伦著:《政治体制中的行政法》(第 3 版),中国人民大学出版社 2005 年版,第 461 页。
④ 参见《美国最高法院判例汇编》,第 429 卷,第 252 页,1977。〔美〕肯尼思·F. 沃伦著:《政治体制中的行政法》(第 3 版),中国人民大学出版社 2005 年版,第 462 页。

入的人建造住房的非营利组织起诉资格。法院强调,应该给予该公司资格的原因在于它可能会从有利的法院判决中受益。① 这些案件是以可预期性和可能性作为符合条件的标准。

2. 确实无可救济性的不予起诉资格

在琳达诉理查德案中②,一个非婚生小孩的妈妈起诉德克萨斯州检察官和孩子的父亲。德州法律规定,任何人对自己的孩子如果遗弃、忽视或不提供支持或给予生活费,将犯轻罪。该法对犯有该罪的任何人处以两年有期徒刑。但是,德州法院将该法律解释为只能适用于婚生子女的父母,对于非婚生子女的父母,德州没有强加任何法律上的抚养义务。本案中的妈妈起诉要求检察官对没有抚养小孩的父亲提起公诉。检察官拒绝提起控告以保持与德州法院对该法律的解释相一致。这位母亲也要求联邦法院强使小孩父亲承担合理的抚养小孩的义务。1973年的该案是明确可补救性概念较早期的判例。这位母亲想得到的是要人抚养小孩。假如法院迫使检察官和德州去控诉这个父亲,孩子父亲被投入监狱两年,她就不能得到她真正想要的。她是要求联邦法院迫使德州平等地将该法律适用于非婚生和婚生子女的父母。之所以缺乏起诉资格是因为她申请的审查没有可补救性。③ 就是说,即使法院授予其起诉资格,其目的也不能实现。可见,诉讼对其起诉要达到的目的即通过司法强制使得孩子父亲承担抚养义务来说没有助益。

在 AKA 芝加哥钢铁和酸洗公司下属的钢铁公司诉争取更优环境的公民案中④,争取更优环境的公民组织不能证明事实损害或可补救性,不享有起诉资格。

---

① 〔美〕肯尼思·F.沃伦著:《政治体制中的行政法》(第3版),中国人民大学出版社2005年版,第461—462页。
② Linda R.S. v. Richard D., 410 US 614 (1973).
③ Linda R.S. v. Richard D., 410 US 614 (1973).参见史蒂文·J.卡恩著:《行政法原理与案例》,张梦中等译,中山大学出版社2004年版,第158页。
④ Steel Company, AKA Chicago Steel and Pickling Co. v. Citizens for a Better Environment)(CBE) 523 US 88 (1998).参见史蒂文·J.卡恩著:《行政法原理与案例》,张梦中等译,中山大学出版社2004年版,第143—145页。

1986年《紧急计划和社区知情权法》设立国家、区域和地方机构以告知公众危险和有毒化学制品的存在。该法案还规定如果发生危害健康的有毒化学品泄漏时可采取的紧急措施。该法要求使用危险和有毒化学制品的公司每年都要向环境保护局(EPA)和州以及地方机构提交一份报告,从而达到它通知公众的目的。因此,公众就会知道有哪些危险物质被列入在其居住区的公司的存货清单上,并且能对这些有毒化学制品的性质、数量和处理方法进行评估。《紧急计划和社区知情权法》的报告要求在1998年开始生效。该法可通过很多方式加以强制执行:环境保护局可寻求对违反报告的行为采取刑事的、民事的或行政上的惩罚措施;州政府可寻求民事处罚措施或禁令形式的衡平救助;或像其他法律一样,本法准许公民诉讼作为执行的一种方式。任何人都可以代表自己提起民事诉讼对抗……设备的拥有人或操作者,因为他们没有提交适当的报告。作为提起公民诉讼的先决条件,可能的原告必须在开始诉讼前60天通知环境保护局、州和地方机构以及被告违法者。假如环境保护局、州和地方政府计划对违法被告提起诉讼,就不允许公民提起诉讼。

芝加哥钢铁公司库存里有危险物质,他们处理了有毒化学制品。该公司被归入依《紧急计划和社区知情权法》该提交报告的单位之列。争取更优环境的公民(CBE)是一个环保监督群体。正如法院所描述的,CBE是"对环保有兴趣的个体协会"。芝加哥钢铁公司一直忽视《紧急计划和社区知情权法》的报告要求直到它被CBE盯上。在收到60天的拟提起诉讼通知后,芝加哥钢铁公司向所有有关的机构提交了所有的被要求的报告文件。环境保护局决定不提起法律或行政的诉讼。伊利诺斯州也决定不起诉。因此,CBE在60天的等候期满后,向法院提起了公民诉讼。芝加哥钢铁公司则提议驳回起诉。

最高法院最后作出一致判决。但是9:0的判决只形成一个三人的多数意见。斯卡利亚法官写了法庭意见,但只有伦奎斯特和托马斯法官完全赞同。有两个问题摆在法庭面前:(a)《紧急计划和社区知情权法》是否准许对"纯粹过去的违反"报告要求的行为起诉？因为提起诉讼时,芝加哥钢铁公司是完全遵守报告要求的,这一被指称的(并且已被承认的)违法行为纯粹是属于过去的。这个法律问题的答案依法律使用的语言看并不明确,理性人也会发生意见不一致。(b)第二个法律问题涉及到争取更优环境的公民组织是否有起诉资格？

法院采用三重验证法:(a)损害事实,(b)可归因性,(c)可补救性。可补救性意指纠正,每起法律诉讼都必须向法院提出纠正要求以补偿(或纠正)对原告造成的损害。

法院认为当事人主张的诉讼不具有可救济性。第一,CBE要求法院宣告钢铁公司违反了《紧急计划和社区知情权法》,钢铁公司承认了它的违法行为。对此不存在任何争议,而且这样一个宣告对CBE也没有任何帮助。因为,CBE要求对该公司在其违法期间的两个违法行为予以每天2.5万美元的罚款,但是根据法律,假如法院判定罚款,这笔钱必须上缴国库而不是归入CBE的金库里。CBE要求法院授权他们检查该公司的记录和设施,但由于CBE没有指证该公司在未来会违反《紧急计划和社区知情权法》,这种检查将构成对过去的所有人都承认发生了的违法行为的检查。第二,CBE要求法院判定补偿其用于调查的费用(CBE查证该公司违法所须的成本)。CBE同时要求偿付合理的律师费用。然而,依斯卡利亚法官的意见:原告不得以起诉费用为由得到就实体问题诉讼的资格。除了属于诉讼本身的副产品的费用补偿外,诉讼还必须给予原告一些其他的利益……CBE发现自己陷入了一个两难选择的困境:要使费用依制定法得到补偿,他们必须是诉讼费;但是诉讼费的补偿并不能单独支持起诉资格。法院还认为,即使同意了CBE在此案件中提出的一切要求,CBE的处境也不会比诉讼前好。因此,不存在可补救性。假如一个有利的判决对CBE没有帮助,那么它就不应该起诉。CBE不能够起诉,因此芝加哥钢铁公司确实公然违法而未受到任何处罚。关键问题是对司法权的行使存在制度上的限制,起诉资格只是其中之一。①

综上,可救济性须具备可能性、直接实在性、有效性、可能重复性及附随效果性要求;既不能过于严格,一般以可能性为判断标准,又要在确实不具有实益情况下拒绝其起诉资格。

第三节 比 较

通过前文分别介绍澳美两国的做法,可以得出如下几点结论。

1. 两国都将可救济性作为起诉资格条件之一。两国通过司法判例确认,原告申请的救济须能对利益损害有某种实益。这是为了防止当事人滥诉,为了有效利用司法资源。"'在与其他争议解决途径的比较中来判断法院的救济是否最有效或最必要'的问题"。②

2. 在是否将可救济性与因果关系结合起来方面,两国做法有一定的渊源关系。澳大利亚法院在审理案件时,有时参考美国判例。如澳大利亚法院提出了判断起诉资格的四个条件来自美国的斯卡利亚法官在露简诉野生生物防卫者案,特鲁斯阿布特高速公路有限公司诉麦格理基础设施案中,古姆法官和科比法官接受这些看法并对此进行了分析。

澳大利亚通常将可救济性与因果关系分开,分别作为起诉资格的条件。在美国,通常把可救济性与因果关系结合在一起。但总体看,把二者结合起来考查的情况较多。

3. 两国都将可救济性的直接可靠性和可能性有机结合起来。如何把握可救济性的限度和程度,两国面临同样难题。如果提出过严的要求,无异于把当事人拒之于司法审查的救济大门之外。如果不予相应的举证要求,则可能会导致滥用诉讼程序,耗费大量的司法

---

① Steel Company, AKA Chicago Steel and Pickling Co. v. Citizens for a Better Enviroment) (CBE) 523 US 88,107—108 (1998). 参见史蒂文·J. 卡恩著:《行政法原理与案例》,张梦中、曾二秀、蔡立辉等译,中山大学出版社2004年版,第144—145页。

② 参见蒋岚:《论行政诉讼的诉讼利益》,载罗豪才主编:《行政法论丛》第8卷,法律出版社2005年版,第248页。

资源。

两国法院都强调可救济性的直接性和可靠性。原告必须受到审查行政决定的"真实结果"的"影响",或者在审查的结果中有某种"利害关系"。如果当事人申请的救济手段对其利益损害不具有任何矫正作用或者补救作用,则当事人不享有起诉资格。如美国法院承认,当事人就该争议之解决已无实益时,法院仍得拒绝审查。

两国承认可救济性是一种可能性,不能要求申请人在起诉阶段去完成法院通过审理实体性争议才能解决的问题。可救济性通常是指救济的可能性,因为当事人实际上无法真实地证明其目的能够真正得到实现。此目的只有在完成诉讼程序之后才能得到检验。可救济性并不要求当事人能够达到完全和充分的救济才符合要求,只要能证明有某种程度的救济即可。

4. 两国法院都承认可救济性的变化性,但强调其贯穿始终和可重复性。两国都强调可救济性须贯穿于整个程序中。如果环境发生变化,诉讼不再有意义,就应该结束起诉资格。但是,如果某种状态结束了但仍然有重复发生的可能,就要授予起诉资格。美国法院还承认在已经结束的行为会产生附随效果时特别是对权利产生不利影响时,当事人仍有起诉资格。

5. 两国法院都把可救济性与举证责任联系起来。法院在审查起诉资格时都要求当事人提供相应的证据证明其提起的诉讼具有可救济性。如果当事人申请的诉讼对其主观目的的实现根本不具有可救济性,或者在客观上根本不具有实现的可能性,就不授予当事人起诉资格。

综上可见,两国有很多相同点。这种相同性绝非偶然。在某种意义上可以说是人类治理行政权、治理社会的可行经验总结,也是权力运行规律的反映。

附录一

中英文对照表

一、法律名称中英文对照

Administrative Appeals Tribunal Act 1975（Cth），1975 年联邦《行政上诉裁判所法》

Administrative decisions（Judicial Review） Act 1977（Cth），1977 年联邦《行政决定（司法审查）法》

Administrative decisions（Judicial Review）Act 1989（ACT），澳大利亚首都地区《行政决定（司法审查）法》

Archaeological and Aboriginal Relics Preservation Act 1972（Vic），1972 年维多利亚州《考古和原住民遗迹保存法》

Australian Bicentennial Authority Act 1980（Cth），1980 年联邦《澳大利亚二百年当局法》

Australian Security Intelligence. Organization Act 1979，1979 年《澳大利亚安全情报组织法》

Banking Act（Commonwealth of Australia））1959，1959 年联邦银行法

Customs（Cinematograph Films）Films 1956（Cth），1956 年联邦《海关（电影）法规》

Customs（prohibited imports）Regulations 1956，1956 年联邦《海关（禁止进口）法规》

Development Allowance Authority Act 1992(Cth),1992 年联邦《发展津贴署法》

Environmental Planning and Assessment Act 1979 (NSW),1979 年新南威尔士州《环境规划和评估法》

Environment Protection Act 1994 (Qld), 1994 年昆士兰州《环境保护法》

Environmental Protection and Biodiversity Conservation Act (Cth),1999 年联邦《环境保护和生物多样化保护法》

Environment Protection (Impact of Proposals) Act 1974 (Cth),1974 年联邦《环境保护(建议影响)法》

Fair Trading Act 1989 (Qld), 1989 年昆士兰州《公平贸易法》

Funeral Funds Act 1979 (NSW),1979 年新南威尔士州《丧葬基金法》

Hazardous waste (Regulation of Exports and Imports) Act 1989 (Cth),1989 年联邦《危险废物进出口法实施办法》

Heritage Commission Act 1975 (Cth),1975 年联邦《遗产委员会法》

Human Rights and Equal Opportunity Commission Act 1986 (Cth),1986 年联邦《人权和平等机会委员会法》

Integrated Planning Act (Qld),昆士兰州《综合规划法》

Judicial Review Act 1991 (Qld),1991 年昆士兰州《司法审查法》

Land (Planning and Environment) Act 1991 (ACT),1991 年澳大利亚首都地区《土地(规划和环境)法》

Land Rights Act 1983 (NSW),1983 年新南威尔士州《土地权利法》

Land Tax Management Act 1956 (NSW),1956 年新南威尔士州《土地税收管理法》

Ombudsman Act 1976(Cth), 1976 年联邦《议会监督专员法》

Trade Practice Act 1974(Cth),1974 年联邦《贸易惯例法》

二、案例中英文对照

Accident Insurance Mutual Ltd v. Trade Practices Commission (1983) 51 ALR 792,意外伤害保险互助有限公司诉贸易惯例委员会案

Allan v. Development Allowance Authority (1998) 152 ALR 439 艾伦诉发展津贴署

Allan v. Development Allowance Authority [1999] FCA 426,艾伦诉发展津贴署

Allan v. Transurban City Link Ltd (2001) 208 CLR 167,艾伦诉市内交通系统环城公司案

Allen v. Wright 52 Law Week 5110 (1984),艾伦诉赖特案

Alphapharm Pty Ltd v. Smithkline Beecham (Australia) Pty Ltd (1994) 49 FCR 250；[1994] FCA 996,阿尔法法尔姆有限公司诉史密丝克莱恩比彻姆（澳大利亚）有限公司案

Anderson v. Commonwealth (1932) 47 CLR 50,安德森诉联邦案

Association of Data Processing Service Organization, Inc. v. Camp, 397 U.S. 150 (1970),资料处理服务组织联合会（法人）诉坎普案

Australian Broadcasting Commission Staff Association v. Bonner (1984) 54 ALR 653,澳大利亚广播委员会工作人员联合会诉邦纳案

Australian Conservation Foundation v. Minister for Resources (1989) 19 ALD 70,澳大利亚保育基金公司诉能源部长案

Australian Conservation Foundation v. Commonwealth (1980) 146 CLR 493,澳大利亚保育基金公司诉联邦案

Australian Foremen Stevedores Association v. Crone (1989) 98 ALR 276；20 FCR 377,澳大利亚码头搬运工头协会诉克龙案

Bateman's Bay Local Aboriginal Land Council v. Aboriginal Community Benefit Fund Pty Ltd (1998) 194 CLR 247,巴特曼斯湾地方原住民土地委员会诉原住民共同体利益基金有限公司案

Blue Wedges Inc. v. Port of Melbourne Corporation [2005] VSC 305,布卢韦奇斯公司诉墨尔本港口公司案

Boyce v. Paddington Borough Council [1903] 1Ch 109,博伊斯诉帕丁顿镇议事会案

Byron Environment Centre Inc v. Arakwal People (1997) 78 FCR 1,拜伦环境中心有限公司诉阿拉瓦克尔人案

Canberra Labor Club Ltd v. Hodgman (1982) 47 ALR 781,堪培拉劳动者俱乐部有限公司诉霍德曼案

Clarke v. Securities Industry Assn. 479 U. S. 388 (1987),克拉克诉证券产业协会案

Clinton v. New York 524 U. S. 417 (1998),克林顿诉纽约州一案

Davis v. Commonwealth (1986) 68 ALR 18,戴维斯诉联邦案

Defence Coalition Against RDC Inc v. Minister [1997] FCA 163 防卫联盟诉部长案

Doyle v. Chief of General Staff (1982) 42 ALR 283,多伊尔诉总参谋长案

Duke Power Co. v. Carolina Environmental Study Group 438 U. S. 59 (1978),杜克电力公司案

Environment East Gippsland Inc v. Vicforests [2009] VSC 386,东吉普斯兰环境公司诉维多福利斯特公司案

Executive Council of Australian Jewry v. Scully (1998) 79 FCR 537 澳大利亚犹太人行政委员会诉斯库利案

FCC v. Sanders Brothers Radio Station, 309 U. S. 470(1940),联邦电讯委员会诉桑德斯兄弟无线电广播站案

Flast v. Cohen, 392 U. S. 83 (1968),弗拉斯特诉科恩案

Fowell v. Ioannou (1982) 42 ALR 491;(1984)52 ALR 460,弗维尔诉约安诺案

Fraser Island Defenders Organization Ltd (FIDO) v. Hervey Bay Town Council [1983] 2 Qd. R. 72,弗雷泽岛屿防卫组织有限公司诉

赫维湾城议事会案

Gouriet v. Union of Post Office Workers［1978］AC 435,古里特诉邮电工人工会案

Hawker Pacific Pty Ltd v. Freeland (1983) 52 ALR 185,霍克太平洋有限公司诉弗里兰案

Kioa v. Minister for Immigration and Ethnic Affairs (1984) 53 ALR 658,基奥瓦诉移民及种族事务部长案

Linda R. S. v. Richard D., 410 US 614 (1973),琳达诉理查德案

Lujian v. Defenders of Wildlife 504 US. S 555 (1992),露简诉野生生物保护者案

McWhirter v. independent Broadcasting Authority［1973］QB 629 麦克沃特诉独立广播管理局案

National Association for the Advancement of Colored People v. Button, 371 U.S. 428 (1963),改进有色人种地位全国协会诉巴顿案

North Coast Environment Council Inc v. Minister of Resources (1994) 55 FCR 492;［1994］FCA 1556 北部海岸环境委员会股份有限公司诉能源部长案

Ogle v. Strickland (1987) 71 ALR 41;13 FCR 306,奥格尔诉斯特里克兰案

Onesteel Manufacturing Pty Ltd v. Whyalla Red Dust Action Group Inc (2006) 94 SASR 357,一钢生产有限公司诉怀阿拉红尘行动小组公司案

Onus v. Alcoa of Australia, Ltd (1981) 149 CLR 27,昂纳斯诉澳大利亚铝业有限公司案

Parkes Rural Distributions Pty Ltd v. Glasson (1983) ALR 601,帕克斯农村分销有限公司诉格拉森案

Peter Allan v. Development Allowance Authority［1997］738 FCA,彼得艾伦诉发展津贴署案

Ralkon Agricultural Pty Ltd v. Aboriginal Development Commission

(1982) 43 ALR 535,拉尔昆农业有限公司诉原住民发展委员会案

Re Australian Institute of Marine and Power Engineers v. Secretary, Department of Transport (1986) 13 FCR 124,澳大利亚海洋和电力工程师研究所诉交通部长案

Rice Growers Co-operative Mills Ltd v. Bannerman (1981) 38 ALR 535,水稻种植合作磨粉厂有限公司诉班纳曼案

Right to Life Association (NSW) Inc v. Secretary, Department of Human Services and Health (1994) 56 FCR 50; 128 ALR 238,新南威尔士州生命权协会案

Robinson v. South East Queensland Indigenous Regional Council (1996) 140 ALR 641,罗宾逊诉东南部昆士兰原住民地区议事会案

Robinson v. Western Australian Museum (1977) 138 CLR 283,罗宾逊诉西澳大利亚博物馆案

Roe v. Wade 410 US 113 (1973),罗伊诉韦德案

R v. Federal Court of Australia; Ex parte WA National Football League: (1979) 143 CLR 190 at 201,西澳大利亚国家足球联盟案

Safadi v. Minister for Immigration (1981) 38 ALR 399,萨法迪诉移民部长案

Steel Company, AKA Chicago Steel and Pickling Co. v. Citizens for a Better Enviroment (CBE) 523 US 88 (1998),AKA 芝加哥钢铁和酸洗公司下属的钢铁公司诉争取更优环境的公民案

Sierra Club v. Morton 405 US 727 (1972),西拉俱乐部诉莫顿案

Simon v. Eastern Kentucky Welfare Rights Organization, 426 U.S. 26,西蒙诉东部肯塔基福利权利组织案

Sinclair v. Mining Warden at Maryborough (1975) 132 CLR 473 at 481; 5 ALR 513,辛克莱诉马里伯勒矿山监察员案

Tasmanian Conservation Trust v. Minister for Resources (1995) 55 FCR 516; (1995) 127 ALR 580,塔斯马尼亚州保育信托有限公司诉能源部长案

Tasmanian Wilderness Society v. Fraser (1982) 42 ALR 51,塔斯

马尼亚原野协会诉弗雷泽案

　　Tooheys Ltd v. Minister for Business and Consumer Affairs（1981）36 ALR 64，图希斯有限公司诉商业及消费事务部长案

　　Transurban City Link Ltd v. Allan［1999］FCA 1723，市内交通系统环城公司诉艾伦案

　　Truth about Motorways Pty Limited v. Macquarie Infrastructure Investment Management Limited（2000）200 CLR 591；（2000）169 ALR 616，特鲁斯阿布特高速公路有限公司诉麦格理基础设施投资管理公司案

　　Yates Security Services Pty Ltd v. Keating（1990）98 ALR 68；［1990］FCA 432；（1990）25 FCR 1，耶茨证券服务有限公司诉基廷案

　　United States v. Students Challenging Regulatory Agency Procedures 412 US 669（1973），合众国诉挑战规制性机构程序的学生案

　　Vangedal-Nielsen v. Smith（1981）33 ALR 144，范格达尔-尼尔森诉斯密斯案

　　Village of Arlington Heigh v. Metropolitan Housing Development Corp，429 U. S. 252（1977），阿林顿海格村诉都市住宅发展公司案

　　Worthington v. Jeffries（1875）LR 10 CP 379 at 382，沃辛顿诉杰弗里斯案

　　三、法官和其他重要人物姓名中英文对照

　　Aickin 埃克金

　　Allars 阿拉斯

　　Barwick 巴维克

　　Benfield 本菲尔德

　　Black 布莱克

　　Brennan 布仁南

　　Brett 布雷特

　　Buckley 巴克利

Burchett 伯彻特

Chesterman 切斯特曼

Davies 戴维斯

Dawson 道森

Debelle 德贝尔

Dutney 达尼

Ellicott 艾利考特 皇家律师(QC)

Evatt 伊瓦特

Fisher 费希尔

Forrest 福利斯特

Gaudron 高准

Gavan Duffy 加万达菲

Gibbs 吉本斯

Gummow 古姆

Hill 希尔

Jacobs 雅各布斯

Kenny 肯尼

Kirby 科比

Lazurus 拉热勒斯

Lindgren 林格伦

Lockhart 洛克哈特

Mandie 曼迪

Marshall 马歇尔

Mason 梅森

McHugh 麦克休

McLelland 麦克利兰

Merkel 默克尔

Morling 莫林

Murphy 墨菲

Pincus 平卡斯

Sackville 萨科维尔

Sheppard 谢泼德

Spry 斯普赖

Starke 斯塔克

Staunch 斯汤奇

Stephen 斯蒂芬

Sundberg 森德伯格

Toohey 图休

White 怀特

Wilcox 威尔科克斯

四、其他词语中英文对照

ABC Appeals Board 澳大利亚广播委员会申诉局

ATSIC = Aboriginal and Torres Strait Islander Commission 澳大利亚原住民族委员会

Aboriginal Community Benefit Fund Pty Ltd 原住民群体利益基金有限公司

abuse of process 滥用程序

actionable causal relationship 相当明确可资主张的因果关系

administration of justice 执法

alter ego 他我

assets 资产

Association of Professional Engineers Australia 澳大利亚职业工程师联合会

Attorney-General 总检察长

Australian Law Reform Commission 澳大利亚法律改革委员会

Bateman's Bay Local Aboriginal Council 巴特曼斯湾地方原住民土地议事会

bounty 某种奖金

capital 资本性资产

cause of injury 损害的事由
Certiorari 复审令
civics and politics 公民和政治
Common Law Remedies 普通法救济
Commonwealth Aboriginal Land Commission 联邦土著人土地委员会
conduct 措施
constitutional test of standing 资格的宪法性标准
constitutional requirement 宪法性要求
decision 决定
declaration 宣告令
derived subjects 派生主题
discretionary entitlements 裁量性资格
equitable Remedies 衡平救济
ex rel(ex relatione 的缩写)根据告发人
failure to make a decision 懈怠作出决定
floodgates 洪水闸门
General Law 一般法
Gournditch-jmara 古尔恩迪奇-杰马拉族人
Governor-General in Council 总督会同行政局
habeas corpus 人身保护令
Hail Mary《圣母玛丽亚》
incentive payment 增产奖金
injunctions 禁制令
injury in fact 事实损害
intellectual or emotional concern 智力方面的或情感方面的关切
interested person 利害关系人
interlocutory application 诉讼期间宣告的申请
locus standi 出庭资格
Mandamus 训令

matters 事项

merits 是非曲直

ministers of religion 宗教领袖

objection to competency 对权能的异议

order of review 审查令

orthodox tests of interest 传统的利益标准

outcome 后果

parents patriae 政府监护

permission 许可

person aggrieved 受害人

Point McLeay Council 波因特麦克利委员会

preliminary matter 预备性事项

prerogative orders 特权性令状

procedendo 强制判决令

Prohibition 禁令

Promotions Appeals Board 晋升申诉局

proximity 亲近性（接近性）

Public Interest Litigation 公益诉讼

public rights 公权利

qango 准自治性非政府组织

quo warranto 责问某人根据什么行使职权的令状

recreation 娱乐

redress of injury 损害救济/损害矫正

relator 告发人

relief 救济

remedy 纠正

result 结果

review on the merits 是非曲直审查

right type of interest 适当类型的利益

secondary relationships 从属关系

special injury 特殊损害
special interest in the subject matter 主题事项中的特殊利益
staff association 工作人员联合会
standing 原告资格
standing as a prudential rule 审慎性规则的资格
standing of public interest groups 公益团体的资格
statutory authorities 制定法上的机关
statutory bodies 法定机构
statutory offices 法定办公室
stream of income 收益流
subject of this interest 利益的主题
subsidy 补助金
sufficient special interest 充分的特殊利益
symbolic relationships 象征性关系
symbolic things 象征性事物
tort of nuisance 损害侵权
vocation 职业
zone of interest 利益范围

五、杂志报告缩写、中英文名称对照

Administrative Appeals Reports—AAR,行政上诉报告（澳大利亚）
Law Reports, House of Lords, Appeal Cases, UK(1890—)—AC,英国上议院上诉案例报告
Australian Criminal Reports—A Crim R,澳大利亚刑事报告
Australian Capital Territory Reports—ACTR,澳大利亚首都地区报告
All England Law Reports, UK(1936—)—All ER,所有英国法律报告
Administrative Law Decisions [Aust.]—ALD,澳大利亚行政法决定

Administrative Law Notes—ALN,行政法注解(澳大利亚)

Australian Law Reports, Australia(1973—)—ALR,澳大利亚法律报告

Australian Law Journal Reports, Australia(1958—)—ALJR,澳大利亚法律杂志报告

Australian Law Journal (1927—1958)—ALJ,澳大利亚法律杂志

Auckland University Law Review—Auckland Uni. L. R,奥克兰大学法律评论

Canadian Bar Review—Can. Bar. Review,加拿大律师协会评论

Common Bench Reports, New Series—CBNS,英国普通王座法官报告,新系列

Community Care Law Reports (*UK*)—CCLR,英国社区护理法报告

Authorised Reports (UK):Chancery—Ch,英国衡平诉讼报告

Chancery Division Law Reports—CHD,英国大法官法庭判例报告

Commonwealth Law Reports, Australia(1903—)—CLR,澳大利亚联邦法律报告

Criminal Law Journal—Crim LJ,刑法杂志(澳大利亚)

Dominion Law Reports (2nd Series) (Canada)—DLR (2d),加拿大判例报告(第二系列)

Dominion Law Reports (3rd Series) (Canada)—DLR (3d),加拿大判例报告(第三系列)

European Human Rights Reports, EU (1980—)—EHRR,欧洲人权报告

English Reports, UK(1220—1867)—ER,英国报告

Federal Court of Australia(December 1994—)—FCA,澳大利亚联邦法院

Federal Court of Australia Full Court—FCAFC,澳大利亚联邦法院全体合议庭

Federal Court Reports, Australia(1984—)—FCR,联邦法院报告

Federal Law Reports, Australia(1956—)—FLR,联邦法律报告

Federal Law Review, Australia (1964—)—FLRev.,联邦法律评论

High Court of Australia—HCA,澳大利亚高等法院

House of Lords Cases (UK)—HLC,英国上议院判例

Industrial Cases Reports (UK)—ICR,英国产业案件报告

Industrial Reports, Australia(1982—)—IR,澳大利亚产业报告

Journal of Planning and Environment Law—JPL,英国规划和环境法杂志

Law Reports, King's Bench—K.B.,英国王座法庭案例报告

Local Government and Environmental Reports of Australia—LGERA,澳大利亚地方政府和环境报告

Butterworths Local Government Reports(1997—)—LGR,澳大利亚地方政府报告

Local Government Reports of Australia—LGRA,澳大利亚地方政府报告

Lloyd's Law Reports (England)—Lloyd's LR,英国劳埃德法律报告

Law Society Judgment Scheme of South Australia (1982)—LSJS,南澳大利亚法律协会判决规划

Moore's Privy Council Cases (1836—1862) [ER 12—15]—Moo PC,英国穆尔的枢密院判例

Melbourne University Law Review, Australia(1957—)—MULR:澳大利亚墨尔本大学法律评论

Monash University Law Review, Australia—Monash ULRev,澳大利亚莫纳什大学法律评论

New South Wales Law Reports, Australia(1971—)—NSWLR,澳大利亚新南威尔士法律报告

Northern Territory Reports—NTR,澳大利亚北部地区报告

North West University Law Review—NW ULR,澳大利亚西北大学

法律评论

New Zealand Law Reports, New Zealand(1883—)—NZLR,新西兰法律报告

Oxford Journal of Legal Studies Headington (1981—)—O. J. L. S.,英国牛津法律研究杂志

PUBLIC Law—PL,英国公法杂志

Planning Law Reports (UK)—PLR,英国规划法报告

Queen's Bench (L. R.)(1952—)—Q. B.,英国王座法庭案例报告

Queen's Bench Division, Law Reports—QBD,英国女王法庭案例报告

Queensland Reports, Australia(1958—)—Qd R,澳大利亚昆士兰州报告

Queensland Justice of the Peace Reports, Australia (1969—1972)—QJPR,澳大利亚昆士兰州治安官报告

South Australian State Reports—S. A. S. R,澳大利亚南澳大利亚州报告

Canada Supreme Court Reports, Canada(1876—1922;1970—)—SCR,加拿大最高法院报告

State Reports, New South Wales—SR (NSW),澳大利亚新南威尔士州报告

Sydney Law Review, Australia(1953—)—Syd. L. R,澳大利亚悉尼法律评论

University of New South Wales Law Journal, Australia(1975—)—UNSWLJ,澳大利亚新南威尔士大学法律杂志

Victorian Administrative Reports—VAR,澳大利亚维多利亚州行政报告

Victoria Reports, Australia(1957—)—VR,澳大利亚维多利亚州报告

Supreme Court of Victoria—VSC,澳大利亚维多利亚州最高法院

Western Australia Law Reports, Australia(1899—1959)—WALR,澳大利亚西澳大利亚州法律报告

Weekly Law Reports(1953—)—WLR,判例汇编周报(英国)

Weekly Notes, New South Wales—WN (NSW),澳大利亚新南威尔士州每周通告

附录二

注释体例说明[①]

1. Ibid、Id

翻译为"同上"、"同前"。通常被用来指向立法以外资料的来源,而且是指所引用资料的惟一来源与其前一个的脚注相同,不管其前面的脚注使用"ibid"、"above n"、"完整的引用语"。

如果所引用资料来源的具体位置(pinpoint reference)与前一个脚注出处相同,直接使用"ibid"即可。如果资料来源的具体页码与上一个脚注不同,那么除了使用"ibid"外,在此后还指出其具体页码,且在 ibid 和具体页码之间有一空格。如①Ibid 表示本注释出处同上,包括资料和页码均同上。②Ibid 62—3. 表示,本脚注资料出处同上,但页码不同,本注释在同上脚注资料的第 62—63 页。

当"ibid"指引读者回到前一个脚注时,不仅在本脚注中引用了前一脚注的资料名称,且直接跟前一脚注中该出处的引文(citation),此时应当在引文之后使用 at。如 Ibid 311, 313—14, 320. He told the Court, 'with an air of superior rectitude', that the Bible teaches that 'foolishness is bound up in the heart of a child and the rod of correction will drive it far from hom' : at 307. 在该例中,"Ibid 311, 313—14, 320"表示本脚注的资料出处与前一脚注相同,但页码不同前一脚注,而是在"311, 313—14, 320"页。在引文后的"at 307"表明,注

[①] 除另外注释外,主要参见:Concise Australian Legal Dictionary, 2nd ed, Butterworths 1998.

释的资料来源同上,但页码在 307 页。

2. 参考资料的表达:

"See"、"See, eg":在权威资料给本文建议主张提供有力支持的情况下使用。

"See also":用在权威性资料给本文的建议主张提供另外的或一般的支持。

"See especially":在若干份权威性资料对本文主张都有支持作用时,其中指称支持作用最强的权威性资料时使用。

"See generallly":在权威性资料能给本文讨论的主题提供背景性资料的情况下使用。

"Cf"('compare'):在权威性资料可以为阐明本文主张提供强烈对比情况下使用。

"But see":用在权威资料部分地不同于本文建议(命题)的场合下。

3. 案例的表达含义

例证	R v. Hughes	(2000)	202	CLR	535	,548
构成要素	案例名称	年份	卷	报告名称的简写	起始页码	具体页码

说明:

(1) 在当事人是公司的情况下,应当使用下列缩写:

and—&

Company—Co

Limited—Ltd

Proprietary—Pty

Incorporated—Inc

(2) 当事人一方是联邦(Commonwealth)时,使用该词语。在当事人一方是联邦的州(State)或地区(territory)时,只用州或地区名,如昆士兰州表达为"Queensland"不能使用"State of Queensland"。

一方当事人是总检察长时(Attorney-General),正文使用原文,脚注使用"A—G"。

(3) 君主(the Crown)的表达

Rex(the King,英王)和 Regina(the Queen,女王)简写成'R',但君主是答辩人(被告)(respondent)时除外。如:

R v. Falconer(1990)171 CLR 30:表示"女王诉福尔克纳"。

Ryan v. The Queen(2001)179 ALR 193:表示"瑞安诉女王"。

(4) Re 和 Ex parte

"Re"翻译为"就……而论"(in the matter of),"关于"(about)。通常指法院在从事顾问性事务或保护性权能时使用,就像在涉及到意愿(wills)或信托(trusts)的解释那样。比如,如果 *Re Smith* 是一个信托案件,那么 Smith 就是立有遗嘱的人或财产授予人。扩展的案例名称如:Morgan v. Jones; Re Williams,翻译为:Williams 把财产留给 Jones,但委托 Morgan 具体实施,Morgan 起诉 Jones,以便实施委托人的意志。

"Ex parte"表明在缺乏另一方当事人的情况下一方当事人提起的诉讼。如 *Ex parte Livingston* 意指 *Livingston* 提起诉讼。扩展的案例如:*Ex parte Livingston*; Jocic,此类案例名称意指:*Livingston* 提起一项涉及矿工权利的诉讼,他们根据 Jocic 意志行事的矿工(Livingston brings an action concerning Collier's rights under Jocic' will.)

R v. Smith; *Ex parte* Jones:此类案例名称意指,申请特权令状(prerogative writs)和藐视法庭程序(contempt proceedings)。在特权令状的情况下,该案意指 Jones 针对 Smith 向女王提出的申请特权令状。

(5) Ex rel(是 ex relatione 的简写)

它用于某个告发人的行为,意味着"有关……的关系或信息"。在某人无权以自己名义起诉的情况下,总检察长可以应他的请求提起诉讼,该私人个人被称为"告发人"(relator),该案件被称为"告发人案件"。

(6) 年份和卷

法律报告的期刊可以根据年份或卷数(volume number)进行组织。如果法律报告是根据卷数加以组织的,判决书下达的年份应当出现在圆括号内。如果法律报告是根据年份组织的,判决书的年份应当出现在方括号内。如

Federal Commissioner of Taxation v. Vogt [1975] 1 NSWLR 194:该报告是根据年份组织的,使用的是方括号。

General Newspapers Pty Ltd v. Telstra Corporation (1993) 45 FCR 164:该报告是根据卷数编排的,用圆括号表示。

(7) 开始页码

案例的第一页应该出现在报告系列的缩写之后。Theophanous v. Herald & Weekly Times Ltd (1994) 182 CLR 104:在这个表达中,案例的开始页码是 104 页。

Westpac Banking Corporation v. Royal Tongan Airlines [1996] Aust Torts Reports ¶ 81—403:在这个案例中,符号"¶"代表开始页码,即 81 页。

具体位置(pinpoint reference):它通常用在逗号和一个空格之前。在具体位置是该报告第一页时,该页码重复使用。当有不止一个具体位置时,用逗号而不使用"and"隔开。如

Cole v. Whitfield (1988) 165 CLR 360, 360.

Lawson v. Lawson [1999] FLC ¶ 92—874, 86, 375.

Cubillo v. Commonwealth (2000) 174 ALR 97, 267, 449, 452.

(7) 法官的识别

在案例引用判决内容能确定是由某个或某几个法官所说的情况下,可以在该法官姓名之前使用 per,但是如果该法官身份不明显,则不应将某法官包括在其中,此时不应使用"Per"。如 Church of Scientology v. Woodward (1982) 43 ALR 587 at 599 per Mason J。

下列对司法官的缩写应出现在法官姓名之后,但是下列带有星号的头衔(titles)只能完整地出现在该法官姓名之前。

Acting Chief Justice ·················· ACJ 代理首席法官

Acting Justice ·· AJ 代理法官
Chief ··· CJ 首席法官
Judge ··· Judge* 法官 ①
Justice ·· J 法官 ②
Justices ··· JJ 几位高等法院法官
Justice of Appeal ·· JA 上诉法院法官
Justices of Appeal ··· JJA 几位上诉法院法官
Magistrate ··· Magistrate* 地方司法行政官 ③
Master ··· Master* 法院主事官
President ··· P 法庭庭长、法院院长
Vice-President ·· V-P 法院副院长

例句:The Commonwealth v. New South Wales(1923)33CLR1 at 20—21(Knox CJ & Starke J).

4. 立法

(1)法律的表达形式

Example	Trustees	1962	(WA)	S90
element	标题	年份	管辖领域(联邦中央或州、地区)	具体条款

(2)当某部立法通过后,关于该立法缩写的管辖区域形式应当置于年份之后的括号中。而关于澳大利亚的管辖区域情况简写如下:

Commonwealth ·· Cth 澳大利亚联邦
New South Wales ··· NSW 新南威尔士州

---

① 被授权对某项法律救济申请的事项加以决定并给犯罪者以适当惩罚的法官。See Concise Australian Legal Dictionary, 2nd ed, Butterworths, 1998, p.248.

② 在澳大利亚,它主要有两个含义:第一,指某个州最高法院、联邦法院或联邦高等法院的法官。第二,地方司法行政官(Magistrate)或治安法官(Justice of the Peace)。See Concise Australian Legal Dictionary, 2nd ed, Butterworths, 1998, p.253.

③ 由政府(executive government)任命的在简易管辖法院管辖的民事和刑事案件中,听审和决定案件的司法官。See Concise Australian Legal Dictionary, 2nd ed, Butterworths, 1998, p.280.

Queensland ………………………………	Qld 昆士兰州
South Australia …………………………	SA 南澳大利亚州
Tasmania …………………………………	Tas 塔斯马尼亚州
Victoria ……………………………………	Vic 维多利亚州
Western Australia ………………………	WA 西澳大利亚州
Australian Capital Territory ……………	ACT 澳大利亚首都地区
Northern Territory ………………………	NT 北部地区

具体例子如 Aboriginal Lands Act 1995（Tas）:塔斯马尼亚州1995年土著居民土地法。

（3）法条缩写

除了某个词语置于某个句子开头外，应当采用缩写形式。

Section ……………………………………	s 某条
Sections …………………………………	ss 某几条
Subsection ………………………………	sub-s 款①
Subsections ………………………………	sub-ss 某几款
Paragraph …………………………………	para 款②
Paragraphs ………………………………	paras 某几款
Schedule …………………………………	sch 细目表③
Schedules …………………………………	schs 几个细目表
Part ………………………………………	pt 编
Division ……………………………………	div 节

---

① 当某款与其所在的条结合在一起时，应当使用"section"表示，而不能用"subsection"。如 S31（1）表示第 31 条第 1 款，不能写成"sub-s31（1）"。

② "paragraph"和"subsection"都翻译为"款"，二者区别在于：当所说的"款"（subsection）属于"没有编号的"（unnumbered）或"无字的"（unlettered）时候，必须使用"paragraph"。而有编号的或有文字的款则在该条编号之后用一个圆括号表达，款的编号不能用空格分开。如 S31（1）表示第 31 条第 1 款。

③ 通常置于某部法律之后的一个部分，包括了那些附属于该法律主要目的的相关事项。See Concise Australian Legal Dictionary, 2nd ed, Butterworths, 1998, p.390.

(4) 委任立法(delegated legislation)的表达

例证	Aboriginal Land Rights regulations	1996	(NSW)	Reg23(a)
内容要素	标题	年份	颁布的管辖领域	具体条文

说明：委任立法是指行政机关根据议会授权制定的行政法规或规章。

除了某种立法上的词语置于句子开头外，在其他地方出现时应当采用缩写形式。

Chapter ·· ch 章
Chapters ··· chs 某几章
Order ·· O 命令①
Regulation ··· reg 法规
Regulations ··· regs 法规②
Rule ·· r 规章③
Rules ··· rr
Sub-regulation ··· sub-reg 附属性法规
Sub-regulations ·· sub-regs
Sub-rule ··· sub-r
Sub-rules ·· sub-rr

---

① 在澳大利亚，order 通常指由法院或裁判所依法发布的指示或指令。本文指的是作为委任立法的命令，通常表达为"Order in council"，通常指由非议会机关包括联邦总督、州总督、委员会和局等制定的一种规章。See Concise Australian Legal Dictionary, 2nd ed, Butterworths, 1998, p. 318.

② 指根据法律制定的委任立法。See Concise Australian Legal Dictionary, 2nd ed, Butterworths, 1998, p. 373.

③ 指由政府部门或有关当局根据在该机关内部所涉事务的行为所制定的法规。See Concise Australian Legal Dictionary, 2nd ed, Butterworths, 1998, p. 387. 但要注意的是，有关法院的"规则"(rule)并非政府行政机关所制定的"规章"，以区别于由行政机关制定的规章。

结 束 语

前面几章探讨了澳美两国司法审查原告资格的法律渊源、发展脉络以及四个要件的具体内容。每一章既介绍了相关立法的规定,更注重案例研究;既从宏观上描述了两国起诉资格的各自演进过程,又从微观上介绍了两国的具体立法和案例。具体内容在这里不再重复,这里侧重于从社会管理创新角度谈点看法,以作为结语。

一、起诉资格法律制度的完善需要丰富的理论支撑

澳美两国通过宪法、法律和司法途径确定司法审查起诉资格,是为了防止滥诉和充分利用紧缺的司法资源,它是把现实问题纳入法治轨道进行治理的重要方法。两国起诉资格法律制度的发展得益于其有丰富的理论支撑。我国应该借鉴两国的经验,积极发展和构建符合我国国情的行政诉讼法律理论,推动立法和司法实践的发展。

(1)澳大利亚起诉资格法律制度建立在扎实的理论和实践基础上。① 澳洲理论和实务认为,"公众中的普通成员"没有"一般的权利请求民事法院强制实施公法权利或义务"。② 强制实施公法上的权

---

① Hayley Katzen, Roger Douglas, Administrative Law, Butterworths, 1999, at 85—88. Christopher Enright, Federal Administrative Law, The Federation Press, 2001, at 322—363.

② Bateman's Bay Local Aboriginal Land Council v. Aboriginal Community Benefit Fund (1998) 194 CLR 247 at [69] per McHugh J; Australian Conservation Foundation v. Commonwealth (1980) 146 CLR 493 at 526 per Gibbs J.

利义务,就最大的职责来说,这是"行政机关"①的事务,常常通过总检察长办公室。这一命题的主要例外是,在许多案件中,法定或普通法条款通常授予在该决定中有充分利益的某公民享有要求强制实施公法的诉讼权。这一要求被称为起诉资格,或者在拉丁语中的出庭资格。② 从理论上说,在涉及行政权力行使的某部法律对特定个人或团体利益进行调整的情况下,并不产生起诉资格争议。例如,在条件获得满足时授予一项许可的某部法律创设私法上的权利。某个预期许可证的持有者(a prospective licence holder),在满足条件时,有一项私权利,因而有资格申请对影响那些权利的行政行为进行审查。但是,调整行政权力行使的许多法律是为了保护公共利益。例如,调整公共卫生和安全的法律创设某项公权利,而非一项私法上的权利。与这些创设公权利的法律有关,才会产生起诉资格的争议。起诉资格规则调整的是某人能起诉另一个人的权利或利益或跟该私人没有密切关系的公共事务(public concern)的一般争议。但是,从实际情况看,无论行政权行使依据的法律是对特定个人或团体利益进行调整,还是对公益进行调整,都涉及到对其进行具体判断以确定是否符合起诉资格要求的问题。设定起诉资格既是为了防止爱管闲事的人借公益随意滥使诉讼权,或者防止个人把很小的争议事项诉诸于法院,也是为了更好更充分地保护个人或者团体的权益急于受到更大侵害。

在澳大利亚,通过界定谁可以启动诉讼并变成诉讼当事人,谁可以为公众说话等方式,起诉资格充当了一种过滤器。已经由许多学者提出多种主张以支持需要起诉资格的原理:第一,它保护法院免遭爱管闲事者和干涉者的干扰。③ 第二,它保护人们免遭那些在行政

---

① Bateman's Bay Local Aboriginal Land Council v. Aboriginal Community Benefit Fund (1998) 194 CLR 247 at 276—277 [83] per McHugh J.
② Truth About Motorways v. Macquarie Infrastructure (2000) 200 CLR 591 at 624—625 [88]—[89].
③ R v. Inland Revenue Commissioners Ex parte National Federation of Self-Employed and Small Businesses Ltd [1980] 2 WLR 579.

决定中没有利害关系的人对其利益的干涉。① 第三,通过确保法院不被淹没在大量不能处理的激增案件中,保障这种制度能够有效率地发挥作用。这被称为"防洪闸门的主张"。第四,它确保争议被适当地提交到法院。如果申请人没有某项法律上的权利或者某些物质方面的利益处于危险中,这些争议将不被提交给法院。在联邦《行政决定(司法审查)法》第 13 条②背景下,起诉资格的限制是为了确保政府机关不承担过重的说明理由负担。而如果没有相应的资格限制,将会浪费更多纳税人的钱来支付这些支出成本。

起诉资格也受到某些批评,特别是对起诉资格规则做狭义的司法解释受到很多批评。第一,这些规则与参与式民主及公共责任理念相冲突,因为它排除一般利益的个人或团体使用法院挑战行政行为。第二,通过给予法律的和财产的利益优先权,起诉资格不承认可能受影响的公共利益有更宽的范围。第三,通过或者借助于总检察长的同意,公权利的实施由于一系列政治的、经济的和官僚的因素而变得不可靠③。正因为如此,有人提出要按照新的理念来构建起诉资格。一种更广义的观点认为,起诉资格规则的功能应该是:要确保只有正当诉由的当事人才能接近法院;确保政府决定和立法的有效性能够获得检测,"公权利"能够获得保护;当做出某项具有超越程序当事人之外含义的决定时,它具有增强法院拥有信息的性质。

澳大利亚起诉资格制度的改革发展还有实践方面的基础。澳大利亚设立了一个重要机构,经常对法律制度的实施情况进行跟踪调

---

① Alphapharm Pty Ltd v. Smithkline Beecham (Aust) Pty Ltd (1994) 49 FCR 250; 121 ALR 373.

② 第 13 条第 1 款规定:被赋予权利提出司法审查的人有权要求行政决定者提供有事实材料证据的书面决定书,并注意提供形成该决定的证据和其他材料。申请人也可以要求行政决定者提供作出决定的理由说明书。

第 13 条第 2 款规定:作出行政决定的公务员应当根据本条规定在收到请求后 14 日内,准备报告书提供给提出请求的个人;并附有提供第 1 款下的通知的收据:以书面形式提供陈述,列举出以事实方面材料问题为基础的事实裁决(findings),提到那些裁决奠定的证据或其他材料的基础,提供作出决定的理由。

③ 参见 Australian Law Reform Commission Standing in Public Interest Litigation, Report No 27, AGPS, Canberra, 1985 at para 167.

查评估并提出修改完善的建议。这个机构就是澳大利亚法律改革委员会。1985年,该机构建议修正公益诉讼方面的起诉资格法律。①1995年澳大利亚法律改革委员会确认了1985年建议中的大部分。②该报告拒绝"防洪闸门"的主张,评论说:法院有权在当事人的诉讼是不重要的(frivolous)、缠讼的(vexatious),或者滥用程序的情况下,驳回程序(dismiss)或者撤销(strike out))程序。③它建议引进一种单一的开放的标准、尽可能少一些门槛的标准,代之以范围广泛的标准。这种标准应该使公法程序便利。该标准应规定,任何人可以开始公法程序,除非相关立法作出其他规定或该项诉讼不合理地干涉了某当事人私人利益。

防洪闸门的主张即起诉资格能够阻止防洪闸门的打开——它是阻止微不足道的或无根据的诉讼当事人的过滤器,这些人可以被生动地称为爱管闲事的人,起诉资格可以阻止他们大量地进来并致使法院拥堵。澳大利亚许多案件已经不赞同起诉资格的这一基础,反对者争辩说:即使没有起诉资格,也有足够的约束因素对诉讼进行限制。④一个是费用,原告自己诉讼的代价,以及担心针对他们的费用的裁决。另一个制约措施,是"法院有权控制他们自己的程序,包括如果那些诉讼是无根据的、微不足道的或滥用程序的话,法院有撤销程序的权力,或者结束其诉讼"。⑤

(2)美国设定起诉资格制度与澳大利亚具有类似的理由。⑥美国虽是司法一元体系之国家,其法院有关诉讼中当事人适格之问题,在公法事件仍较民事事件具争议性,理论上当事人适格问题乃裁判

---

① Australian Law Reform Commission Standing in Public Interest Litigation, Report No 27, AGPS, Canberra, 1985.

② Australian Law Reform Commission Beyond the Door-keeper: Standing to Sue for Public Remedies, Report No 78, AGPS, Canberra, 1996.

③ ALRC Report 78 at para 4.32.

④ Ogle v. Strickland (1987) 13 FCR 306 at 315.

⑤ Ibid.

⑥ 王名扬著:《美国行政法》(下),中国法制出版社2005年第2版,第612页。郭介恒:《行政诉讼之当事人适格》,载翁岳生教授七秩诞辰祝寿论文集:《当代公法新论》(下),元照出版公司2002年版,第34页。

性要件,其判断基准在于诉讼请求的一方是否于争议中具有足够之利益足以对之争讼,从而须审酌者,乃何种诉讼结果之利益始为足够①,此项理论的政策目的在于确保法院在判决前有完整的诉辩利益,保护法院不致浪费时间在轻率或干扰性的诉讼上及对行政行为的干扰仅限于实质影响之虞的情形。美国早期司法裁判认为须法律上或习惯法上所保护的利益受影响始能寻求司法审查,即须有权利受侵害加上违法性相当于适格的要件②。自1940年以降,关于公法事件中适格问题的认定,则有放宽的趋势③,1970年美国联邦最高法院于两件诉讼中放弃过去须有法律上利益始为当事人适格的要件,改以两项标准判断当事人是否适格,一为须寻求司法救济有包括受到"具体不利益"在内的个人利益,亦即仅须表明"事实上、经济上或其他损害"即为已足;其二为立法者未明定应予救济的个案,须表明所请求保护的利益系于宪法或法律所保护或规范之范围内④。规定起诉资格的目的是为了防止滥诉,正确地执行司法审查的职能,使司法审查成为解决争端,保证行政机关合法地行使职权,尊重个人利益的工具,而不是成为妨碍行政的绊脚石。当然,对于是否需要设定起诉资格条件,学界和实务界也有不同主张。

二、起诉资格法律制度是治理社会的重要途径

司法审查原告资格制度是人类治理社会、治理行政权的重要制度和路径,人民积极争取权益保护、立法机关积极立法放宽起诉资格条件、司法机关与时俱进解释和适用宪法法律,是澳美两国司法审查起诉资格法律制度逐步完善的必由之路,澳美两国经验值得我国借鉴。

---

① Lawrence Tribe, American Constitutional Law, 2nd ed, 1988, Mincola, N.Y., The Foundation Press, p. 107.
② Cf. Glen O. Robinson, Ernest Gellhorn, Harold H. Bruff, The Administrative Process, 2nd ed. St. Paul. Minn., West Pushing Co., 1980, pp. 214—215.
③ FCC v. Sanders Bros. Radio Station, 309 U.S. 470(1940).
④ See Association of Data Processing Serv. Organizations, Inc. v. Camp, 397 U.S.150 (1970); Barlow v. Collins, 397 U.S. 159 (1970).

（1）以宪法为展开起诉资格的最高法律渊源，既从中获得支持，又从中归纳限制标准。从宪法高度探讨起诉资格问题是澳美两国起诉资格制度发展和社会治理获得成效的重要经验。

（2）立法进步对一国起诉资格起着直接的影响。澳美两国都有专门法律如澳大利亚1977年联邦《行政决定（司法审查）法》、美国1946年联邦《行政程序法》。此外还有不少单行部门法，如关于环境保护、纳税等领域的立法。两国立法不断拓宽起诉资格，为法院解释和适用起诉资格的规定提供了依据。

（3）法院与时俱进解释和适用法律是起诉资格展开和完善的直接操盘手。

从两国实践可以看出，一方面，法院积极解释和适用宪法和法律，使静态的法条文成为有生命的规则规范。另一方面，成文法的滞后性要求法院能根据时代发展的要求作出符合社会发展要求的解释。美国法院在此方面的积极能动作用比较明显。法院对起诉资格的自由主义发展起到了推波助澜的作用，同时也推动了立法的进步。立法和司法相互促进，共同促使起诉资格走向宽松。澳大利亚法院在此方面也有所成就，但与美国相比稍逊。

立法和司法互动所产生的结果在两国呈现不同形态。澳大利亚立法给法院解释和适用成文法推动起诉资格法制度的发展提供了远比美国更好的条件，但是由于长期受到英国判例和本国法院早期判例的消极影响，高等法院在起诉资格法方面比较保守。虽然高等法院在审理某些案件时已经研究了美国法院的判例，但是法院没有对美国一些案例作出正确的解读，而是作出不准确的理解，结果仍然没有走出自我设置的限制框架之中。这是值得记取的教训。

（4）两国人民信仰宪法法律，不断运用宪法法律主张权益、维护法治的民众精神是其起诉资格法律制度不断进步的最终力量源泉。

（5）澳美两国的起诉资格法律制度发展历程给我国提供了重要的启发。

一国法律制度的完善需要各方面共同努力，各方面按照宪法法律精神的要求，构建和完善具体的操作性技术规范，将抽象的立法规定转变为可以适用的技术途径。我国人民对司法救济的需求很高,但是限于法律制度的限制(很多法律没有规定起诉资格或者限制严格),以及法院解释和适用的限制,起诉资格法律制度还很不完善,这需要各方面的共同努力。

澳美两国经验告诉我们,法院应当密切关注民众和社会对司法的需求,不时检讨其解释和适用法律的情况,不断推动起诉资格制度的发展;司法创新的根本路径就在于按照宪法法律精神,不断与时俱进,把宪法法律的抽象规定具体细化,转变成可以适用的技术规则,构建和完善符合时代发展潮流的起诉资格制度,并努力构建和完善这个制度。目前我国法院也强调司法创新,但是这些创新是否有偏离宪法法律精神的嫌疑,这是值得我们检讨的。

研究澳美两国司法审查起诉资格制度表明,两国有很多共同点,积累的经验大多具有同质性。这说明,在起诉资格制度上,尽管各国有自己特色,但仍有很多共同之处,两国不同之处也可以相互学习和借鉴。澳美两国积累的这些经验不是资本主义的本质制度,而是两国人民治理社会和治理行政权方面的宝贵精神财富,很多做法反映了社会发展本身的规律,是人类治理社会的经验总结。认真体会、借鉴和对待他国的经验,把我们的管理创新纳入到法治轨道上,或许是我国行政诉讼原告起诉资格制度完善的捷径,也是我国宪法精神的要求。

参 考 文 献

（按时间顺序）

一、中文专著

1. 罗传贤著：《美国行政程序法论》，五南图书出版公司1985年版。
2. 〔美〕伯纳德·施瓦茨著：《行政法》，徐炳译，群众出版社1986年版。
3. 王名扬著：《英国行政法》，中国政法大学出版社1987年版。
4. 法治斌著：《人权保障与司法审查》，月旦出版公司1994年版。
5. 〔美〕E.盖尔霍恩、利文著：《行政法和行政程序概要》，黄列译，中国社会科学出版社1996年版。
6. 〔英〕威廉·韦德：《行政法》，徐炳译，中国大百科全书出版社1997年版。
7. 金太军：《当代各国政治体制——澳大利亚》，兰州大学出版社1998年版。
8. 许章润、徐平编：《法律：理性与历史》，中国法制出版社2000年版。
9. 施文森编辑：《美国联邦最高法院宪法判决选译》（第1辑），"司法院"印行，2001年8月。
10. 史庆璞著：《美国宪法与政府权力》，三民书局2001年版。
11. 翁岳生编：《行政法》（上下册），中国法制出版社2002年版。
12. 翁岳生教授七秩诞辰祝寿论文集：《当代公法新论（下）》，元照出版公司2002年版。
13. 〔美〕理查德·B.斯图尔特著：《美国行政法的重构》，沈岿译，商务印书馆2002年版。
14. 〔美〕史蒂文·J.卡恩著：《行政法原理与案例》，张梦中、曾二秀、蔡立辉等译,中山大学出版社2004年版。

15.〔英〕卡罗尔·哈洛、理查德·罗林斯著:《法律与行政》(下卷),杨伟东等译,商务印书馆2004年版。

16. 何勤华主编:《澳大利亚法律发达史》,法律出版社2004年版。

17. 张越著:《英国行政法》,中国政法大学出版社2004年版。

18. 王名扬著:《美国行政法》(上下册),中国法制出版社2005年版。

19.〔美〕肯尼思·F.沃伦著:《政治体制中的行政法》(第3版),中国人民大学出版社2005年版。

20. 孔祥俊著:《行政行为可诉性、原告资格与司法审查》,人民法院出版社2005年版。

21.〔美〕杰瑞·L.马肖著:《行政国的正当程序》,沈岿译,高等教育出版社2005年版。

22. 余凌云著:《行政自由裁量论》,中国人民公安大学出版社2005年版。

23. 朱应平著:《澳大利亚宪法权利研究》,法律出版社2006年版。

24.〔英〕莱兰、〔英〕安东尼著:《英国行政法教科书(第5版)》,杨伟东译,北京大学出版社2007年版。

25. 张千帆、赵娟、黄建军著:《比较行政法》,法律出版社2008年版。

26. 朱应平著:《澳美宪法权利比较研究》,上海人民出版社2008年版。

27.〔美〕肯尼斯·卡尔普·戴维斯著:《裁量正义》,毕洪海译,商务印书馆2009年版。

28. 朱应平著:《澳大利亚行政裁量司法审查研究》,法律出版社2011年版。

二、中文论文

1. 梁素珍、陈建国:《澳大利亚行政法概述》,《比较法研究》1989年第3—4期。

2. 姜明安:《澳大利亚"新行政法"的产生及其主要内容》,《中外法学》1995年第2期。

3. 叶必丰译:《澳大利亚1977年行政决定(司法审查)法》,《行政法学研究》1996年第1期。

4. 蒋岚:《论行政诉讼的诉讼利益》,载罗豪才主编:《行政法论丛》第8卷,法律出版社2005年版。

5. 朱应平:《宪法保护世界自然遗产的典范:澳大利亚的宪治经验及其启

发》,《华东法律评论》2005 年第 3 卷。

6. 朱应平:《论澳高等法院对制宪会议辩论记录的运用》,载《西南政法大学学报》2006 年第 2 期。

7. 朱应平:《澳大利亚行政说明理由制度研究》,载《行政法学研究》2007 年第 2 期。

8. 朱应平、有笑晨:《论澳大利亚违宪审查制度的建立》,《公法评论》第 4 卷,北京大学出版社 2007 年版。

9. 朱应平:《扩大行政诉讼受案范围的两条新路径》,《政治与法律》2008 年第 5 期。

10. 朱应平:《澳大利亚行政法上的程序公平规则及其在移民法领域的发展》,《南京大学法律评论》2009 年春季号。

11. 朱应平:《澳大利亚司法审查原告资格探析》,《行政法学研究》2011 年第 2 期。

12. 朱应平:《澳大利亚行政公益诉讼原告资格探析》,《行政法学研究》2012 年第 3 期。

三、外文专著和教材

1. E. I. Sykes, D. J. Lanham, R. R. S. Tracey, General Principles of Administrative Law, 2nd ed, Butterworths, 1980.

2. S. D. Hotop, Principles of Australian Administrative Law, 6th edition, The Law Book Company Limited, 1985.

3. Allars M, An Introduction to Administrative Law, Butterworths, Sydney, 1990.

4. Roman Tomasic, Don Fleming, Australian Administrative Law, the Law Book Company Limited, 1991.

5. Allars M, Australian Administrative Law: Cases and Materials, Butterworths, 1997.

6. Cane P, An Introduction to Administrative Law, 3rd ed, Oxford: Clarendon Press, 1996.

7. E I Sykes, D J Lanham, R R S Tracey, KW Esser, General Principles of Administrative Law, 4th ed., Butterworths, Sydney 1997.

8. Hayley Katzen, Roger Douglas: Administrative Law, Butterworths 1999.

9. Mark Aronson, Bruce Dyer, Judicial Review of Administrative Action, 2nd

ed., LBC Information Services 2000.

10. 〔美〕恩斯特·盖尔霍恩、罗纳德·M.莱文著:《行政法》(影印本),法律出版社2001年版。

11. Christopher Enright, Federal Administrative Law, The Federation Press 2001.

12. Roger Douglas, Douglas and Jones's Administrative Law, 4th edition, The Federal Press 2002.

13. Matthew Groves HP Lee, Australian Administrative Law, Cambridge University Press 2007.

四、外文论文

1. Daniel A Bronstein, An American Perspective on Australian Conservation Foundation Incorporated v. Commonwealth of Australian and the Status of Environmental Law in Australia, (1982) Federal Law Review 76—89.

2. Kathleen M Mack, Standing to Sue under Federal Administrative Law, Federal Law Review 1986, Volume 16.

3. Margaret ALLARS, Standing: the Role and Evolution of the Test, Federal Law Review 1991 Volume 20.

4. The Hon Mr Justice W M C Gummow, Reflections on the Current Operation of the ADJR Act, Federal Law Review, 1991, pp. 128—137.

5. Michael L Barker, Standing to Sue in Public Interest Environmental Litigation-from ACF v. Commonwealth to Tasmanaian Trust v. Minister for Resources, (1996) 13 Environmental and Planning Law Journal 186.

6. Enderbury, James, Equity and Public Law in the Law of Standing: Bateman's Bay Local Aboriginal Land Council v. the Aboriginal Community Benefit Fund Pty Ltd, (1999) 21 Sydney Law Review 129.

7. Sackville, Justice Ronald, The Limits of Judicial Review of Executive Action: Some Comparisons between Australia and the United States [2000], FedLawRw 16; (2000) 28(2) Federal Law Review 315.

8. Sir Mason, The Scope of Judicial Review, (2001) 31 Australian Institute of Administrative Law Forum 21.

9. J McMillan, Judicial Restraint and Activism in Administrative Law, (2002) 30 Federal Law Review 335.

10. Standing in Public Interest Cases, Queensland Public Interest Law Clearing House Incorporated, July 2005, http://www.qpilch.org.au/_dbase _upl/Standing.pdf.

11. Dr. Joshua D. Wilson SC and Michael McKiterick, Locus Standing in Australia—A Review of the Principal Authorities and Where It is All Going, The University of Melbourne 2010 Conference of the CIVL Justice Research Group, http://www.bawp.org.au/attachments/article/15/LOCUS% 20STANDI% 20IN% 20AUSTRALIA% 20-% 20A% 20REVIEW% 20OF% 20THE% 20PRINCIPAL% 20AUTHORITIES.pdf. 2011 年 8 月 8 日下载.

12. Cassimatis, Anthony E. (2010) Judicial attitudes to judicial review: A comparative examination of justifications offered for restricting the scope of judicial review in Australia, Canada and England. Melbourne University Law Review, 34/1: 1—33.

五、中英文工具书

1. 《英汉法律词典》，法律出版社 1985 年版。
2. 李华驹主编:《大英汉词典》，外语教学与研究出版社 1992 年版。
3. 萧榕主编:《世界著名法典选编》(行政法卷)，中国民主法制出版社 1997 年版。
4. 萧榕主编:《世界著名法典选编》(宪法卷)，中国民主法制出版社 1997 年。
5. 彭金瑞编著:《英汉法律词典》，中国法制出版社 2001 年版。
6. 李忠华编:《英语人名词典》，上海外语教育出版社 2002 年版。
7. 新华通讯社译名资料组编:《英语姓名译名手册》(第 4 版)，商务印书馆 2004 年第 4 版。
8. 张咏、陈慧编著:《常用名称术语英文缩写中文速查手册》，中国财政经济出版社 2005 年版。
9. Concise Australian Legal Dictionary, 2nd ed, Butterworths, 1998.
10. Peter Alderson, Legal Dictionary for Australians, revised edition, 1999, reprinted 2001.
11. Australian Guide to Legal Citation, 2nd ed., Melbourne University Law Review Association Inc, 2002.